城 市 社 会 与 文 化 研 究 丛 书

落脚城市

长三角新生代农民工的
居住生活调查

ARRIVAL CITY

A SURVEY ON THE LIVING CONDITION OF
THE NEW GENERATION MIGRANT WORKERS
IN THE YANGTZE RIVER DELTA

赵晔琴　谢永祥　等　著

社会科学文献出版社
SOCIAL SCIENCES ACADEMIC PRESS (CHINA)

"城市社会与文化研究"丛书总序

  "城市"作为人类文明的载体一直是社会学关注的重要议题。可以说，社会学学科在很大程度上是基于对近代城市社会与文化剧烈变革的极度关注而逐步形成和发展起来的。从某种意义上说，社会学学科的命运与现代化背景下的城市发展的命运一样，二者是在互为哺育中紧密伴随而共同成长的。

  然而，犹如现代性本身所蕴含的内在矛盾和张力一样，现代城市社会与文化也一直充斥着各种难以厘清的问题甚至矛盾。尤其是近年来突如其来的新冠肺炎疫情在全球爆发和反复蔓延，标志着不确定性正在作为一种结构性力量登场。不确定性与流动性、个体化、陌生化以及数字化等特征既是现代性的宏大叙事，也真实影响着城市居民的生活体验。可以说，当今各种不确定性因素在城市生活中喷涌而出，各种新事物、新现象、新技术不断出现，并且还呈现向人自身转移的内生化趋势，城市居民价值认知、心理情感、个体行为以及群体关系的不确定性程度空前高涨。当不确定性成为一种普遍存在的新常态，人们在城市生活中真实地体验着"现代性的撕裂"，导致本体性安全的衰弱、存在性焦虑的增长以及指向未来的信任和信心的缺乏。因此，不确定性不仅是外在的客观事实和内在的主观状态，也日益成为城市社会中的文化结构和心态秩序，重塑着城市社会和文化形态。

  不过，不确定性中风险与机遇并存，在对传统秩序和整合造成挑战的同时，也为城市社会发展注入了新的活力和巨大的发展动力。近一二十年来，在中国经济快速增长和社会高速转型的大背景下，城市作为现代社会中的经济"增长机器"，正在迅速地催生中国"城市奇迹"的出现，已经有越来越多的中国城市进入了世界 500 强城市之列。社会经济发展水平的提高尤其是数字化时代的到来也在重塑着都市居民的生产生活方式，虽然数字经济的兴起、数字就业和数字劳动的新形态、数字生活的开启、数字服务的普及、数字治理体系的建立、数字商品和数字消费的流行等当代城市生活日新月异，但新的社会文化危机也在不断上演。这种城市社会经济繁荣与社会文化危机并存的独特现象不仅极大地影响到中国城市的经济社会发展与公共治理，还将对城市基层社会的政治生态和文化体验产生巨大的挑战。毫无疑问，在社会发展不确定性全面增长的背后，"城市奇迹"与城市社会文化危机并存的现象已经成为一个极为重要且亟需探究的理论议题与现实问题，也亟待城市社会学者和文化学者的高度关注和重视。因此，我们不仅必须时刻保持自身对"城市社会与文化"的想象力和洞察力，还应当始终培养一种实践品格，以积极的姿态介入城市居民的日常生活之中，用"社会学的想象力"直面中国城市社会中的诸多不确定性因素，以此探求一种更具包容性和韧性的城市文化和社会心态，在不确定性中寻求甚至创造相对的确定性。

华东师范大学社会学学科具有悠久的历史和深厚的根基。自 1913 年中国第一个社会学系建立以来，华东师范大学在其前身沪江大学、大夏大学等的学术前辈的开拓性贡献下，为城市研究打下了坚实的学科基础，建立了深厚的学术传统。1979 年中国大陆恢复重建社会学学科伊始，华东师范大学就率先并明确提出了把"城市社会与文化"作为学科建设和学术研究的主攻方向。经过 40 余年的学科发展，我们逐步建立了从本科、硕士到博士，再到开设博士后流动站的完整的社会学一级学科培养体系，不仅设立了以共同突出"城市社会与文化研究"为学术特色的社会学、人口学、民俗学、人类学、社会工作与社会政策五个专业博士点，还建立了一批跨学科的城市研究机构，并由此成为教育部人文社会科学重点研究基地华东师范大学中国现代城市研究中心的核心组成单位。

2009 年，在原社会学系和人口研究所的基础上，华东师范大学整合了校内社会学学科资源和城市研究队伍，建立了社会发展学院，下设社会学系、社会工作系、人口学研究所、民俗学研究所和人类学研究所五个基本单位,各专业在继承"城市社会与文化"研究传统的基础上得到了均衡发展和有效管理。为了进一步凸显这一学科特色和共同的研究方向,学院以丛书的形式组织和资助了一批学术专著的出版,并明确强调该丛书不仅要突出现代城市社会与文化研究的原创性、实证研究特色,而且要积极鼓励各种跨学科、前沿性、国际化的城市研究,不断拓展城市社会与文化研究的视野。"十三五"期间,学院与中国社会出版社合作,完成了第一轮"城市社会与文化研究"丛书的十余本学术专著的出版工作,并且产生了良好的学术影响和社会效应。进入"十四五"发展阶段,我们将与社会科学文献出版社展开第二轮新的合作,"以中国为观照,以时代为观照",继续以丛书的形式组织和资助一批高质量学术专著的出版,推动开展具有中国特色的城市社会与文化研究,为新阶段的中国城市发展贡献智慧。本丛书所有受到资助出版的专著都是经过学院学术委员会的严格评审,代表了近期我院有关城市社会与文化研究的最新成果。

毫无疑问,以"现代性"作为问题意识,在不确定性的情境叙事中展开对"城市社会与文化"的多面向解析,自觉地把"城市研究"的视野与"现代性反思"的论域有机地结合起来,力图在跨学科、跨文化的意义上推动以"社会与文化"为中心的城市研究具有非常重要的现实意义和学术价值。近年来"城市研究"之所以渐成热点,不仅因其顺应了当代社会理论发展的一个新趋向,即企图超越以"现代民族国家"为基本单位的分析范畴,寻找研究历史和现实的更具体、更微观,同时也更生动的分析单位,更重要的是,"城市"始终处于"现代社会与文化"的核心位置,是我们理解社会文化变迁轨迹和把握未来发展趋势的风向标,也是人、社会、环境多向互动的重要场所。反观实践,随着城市社会不确定性因素的增长,重返共同体和找寻新的文化认同也愈发成为一种迫切的现实需求。因此,在"现代性反思"的视野中,我们不仅需要重新考量中国现代城市社会与文化的发展历程、社会动力和文化影响,而且必须把"城市"作为一个整体,置于经济环境、人文地理、自然生态的复杂关系网络以及不确定性发展中予以重新定位,通过现代性的反思和不确定性的思维来促进中国城市社会与文化的实践发展与理论提升,进而培育出一个能够激发更多学科兴趣的城市研究方向和学科特色。或许，这正是我们今后持续努力的一个共同目标。

文军

华东师范大学社会发展学院院长、教授

2022 年 11 月·上海·

目 录
CONTENTS

第二编　实证调查：上海

第三编　实证调查：江苏

第五编 落脚城市何以可能

第一章 绪论

一 研究背景与意义

改革开放 40 多年来，中国经济发展迅速，但城乡之间、地区之间存在较大的差距。国家统计局发布的《2018 年农民工监测调查报告》显示，"全国农民工总人数为 2.88 亿。1980 年及以后出生的新生代农民工占全国农民工总人数的 51.5%，比 2017 年提高 1.0%"。从输入地看，在东部地区就业的农民工为 15808 万人，"占农民工总人数的 54.8%。其中，在京津冀地区和珠三角地区就业的农民工数量分别下降 1.2% 和 3.9%"，而在长三角地区就业的农民工为 5452 万人，增长 1.2%。①

新生代农民工的城市"常住化"趋势及其引发的居住困境值得深入研究。农民工的城市居住问题是反映其在城市生存状态的一个重要方面，也是学界关注的重要研究领域之一。随着第一代农民工年龄不断增长，返乡人数逐渐增多，新生代农民工开始流入城市，并逐渐成为农民工群体的主要力量。与第一代农民工外出务工诉求不同的是，新生代农民工已经逐渐从"经济型"向"生活型"转变。他们当中的大部分没有务农经历，对城市的认同超过了农村；他们不再是暂居城市，而是倾向于在城市长期居住，并且有举家迁移的倾向。这些都使得他们对获得城市稳定居住的需求更加强烈。能否在城市安居生活直接关系到新生代农民工的市民化问题，进而关系到城乡的社会稳定。因此，新生代农民工的"常住化"、"移民

---

① 国家统计局：《2018 年农民工监测调查报告》，http://www.stats.gov.cn/tjsj/zxfb/201904/t20190429_1662268.html。

化"和"生活型"的迁移转型及其引发的城市居住困境亟待相关研究的深入。

农民工的居住研究是社会治理与公共政策制定的需要。2016年初召开的中央经济工作会议再一次明确提出,要加快农民工市民化,明确深化住房制度改革方向,把公租房配租对象扩大到非户籍人口。近年来,各级地方政府响应中央号召,陆续推行保障农民工住房权益的政策,如农民工住房公积金、农民工申请廉租房等,但目前很多已出台的地方性政策仅是对住房问题的初步探索,对根本解决农民工在城市的居住问题尚有不足。特别是对新生代农民工集中的大中城市而言,人口的大量流入一方面优化了城市人口结构,增强了城市发展的动力;另一方面也对有限的城市居住空间资源造成了压力。如何在有限的城市资源中让"常住化"的农民工享有均等的城市公共服务,推进以人为本的新型城镇化建设,这些问题对大城市的社会治理和城市管理提出了挑战,需要开展包括社会学在内的多学科研究。

二 概念界定与既有研究

借助现有统计数据和学术界既有研究,我们试图从概念界定、群体性特征、居住问题等方面勾勒出新生代农民工的群体镜像。我们发现,新生代农民工与老一代农民工在性别比例、受教育程度、婚姻状况、家庭结构、行业结构及留城定居意愿等方面都呈现出了较大的代际差异。新生代农民工的受教育水平和职业期望更高,同时面临着婚、育两方面的压力,体现了新时期产业工人的特征。

(一) 概念界定

2010年中央一号文件《关于加大统筹城乡发展力度进一步夯实农业农村发展基础的若干意见》中第一次提出新生代农民工这一概念。[①] 新生代

---

① 中共中央、国务院:《关于加大统筹城乡发展力度进一步夯实农业农村发展基础的若干意见》,http://politics.people.com.cn/GB/1026/10893985.html。

农民工主要指"1980 年以后出生、年龄在 16 周岁以上,在异地的非农就业为主的农业户籍人口"。目前,学术界对新生代农民工的划分主要有两种方法。一是根据外出务工时间进行划分。如王春光根据流动人口初次外出时间,将 20 世纪 80 年代初次外出的农村流动人口界定为第一代,20 世纪 90 年代初次外出的界定为新生代,并对两代农民工的年龄结构、受教育程度及外出原因进行了区分。[①] 邓大才提出,改革开放以来共出现了三代打工者,分别是 20 世纪 70 年代末 80 年代初的第一代打工者,20 世纪 90 年代后的第二代打工者,2000 年以后的第三代打工者。[②]

二是代际划分的方法,即根据农民工的年龄进行动态划分。例如,有学者从人口学定义对农民工进行划分,认为从 20 世纪 90 年代初期开始出现"民工潮"至今,农村共流出了三代人:"第一代为 1960 年—1969 年左右生人;第二代人出生在 1970 年—1979 年左右;第三代是 1980 年之后出生的,即新生代农民工。"[③] 刘传江同样根据出生年代对农民工进行了划分,他将 1980 年以前出生的农民工称为第一代,1980 年后出生的农民工称为第二代,1990 年后出生的则称为第三代。[④] 但是在他的研究中,只有第二代农民工被称为新生代。在中国青少年研究中心 2011 年进行的一项关于新生代农民工的报告中,新生代农民工被界定为"1980 年以后出生、年龄在 16 周岁到 25 周岁之间、在城市工作的农业户籍青年劳动力"。段成荣提出可以将"1980—1994 年出生的界定为新生代农民工(他们的年龄为16—30 岁);将 1980 年之前出生的农民工细分为:中生代农民工(他们的年龄为 31—45 岁)和老一代农民工(他们的年龄为 46 岁及以上)"。2015 年北京一项调查数据则显示新生代农民工的年龄在 16~34 岁。总体而言,这种以"出生年代"划分代际的标准是动态的,比如 2020 年分析农民工代际差异的时候就需要重新确定"出生年代",而各代际农民工的年

① 王春光:《对新生代农民工城市融合问题的认识》,《人口研究》2010 年第 2 期。
② 邓大才:《农民打工:动机与行为逻辑——劳动力社会化的动机—行为分析框架》,《社会科学战线》2008 年第 9 期。
③ 杨婷:《新生代农民工的"半城市化"问题研究》,《当代青年研究》2008 年第 9 期。
④ 刘传江:《新生代农民工的特点、挑战与市民化》,《人口研究》2010 年第 2 期。

龄段间隔可以依然保持不变。①

综合学者们的观点与政策界定，本书将新生代农民工界定为 1980 年后出生、年龄在 16 周岁以上、在城市从事非农业劳动的农业户籍劳动者。

《中国流动人口发展报告 2017》显示，劳动年龄为 16~59 岁的流动人口中，出生在 20 世纪 80 年代以后的流动人口比重由 2011 年的 50%以下增长到 2016 年的 56.5%；20 世纪 90 年代以后出生的流动人口比重由 2013 年的 14.5%增长到 2016 年的 18.7%，呈现稳步增长的趋势。② 国家统计局发布的《2018 年农民工监测调查报告》指出，1980 年及以后出生的新生代农民工占全国农民工总量的 51.5%，比 2017 年提高 1.0%。其中，从代际分布来看，"80 后"占 50.4%；"90 后"占 43.2%；"00 后"占 6.4%。③ 这些统计数据足以证明新生代农民工已日趋成为进城务工人员的主体。

（二）学术界对新生代农民工的研究热点和趋势变化

为了了解学术界对新生代农民工的研究热点和趋势变化，我们在中国知网（CNKI）数据库④中以主题词检索新生代农民工，限定社会科学，时间设置为 2005~2018 年，来源类别为 CSSCI⑤，共获得关于新生代农民工的期刊论文样本 1178 篇。⑥

1. 发文量统计

从发文数量来看，关于新生代农民工的论文发表整体上呈现先上升后

---

① 段成荣、马学阳：《当前我国新生代农民工的"新"状况》，《人口与经济》2011 年第 4 期。

② 《〈中国流动人口发展报告 2017〉：我国流动人口规模为 2.45 亿人 总量连续两年下降》，http://shanghai.xinmin.cn/xmsq/2017/11/10/31332612.html。

③ 国家统计局：《2018 年农民工监测调查报告》，http://www.stats.gov.cn/tjsj/zxfb/201904/t20190429_1662268.html。

④ CNKI 数据库收录的来源期刊最为完整，因而选择该数据库可以相对全面地呈现学术界的研究热点和研究趋势。

⑤ CSSCI 是中文社会科学引文索引（Chinese Social Sciences Citation Index）的英文缩写。该数据库由南京大学中国社会科学研究评价中心开发研制，用来检索中文社会科学领域的论文收录和文献被引用情况，是我国人文社会科学评价领域的标志性工程。

⑥ 数据更新时间为 2019 年 7 月。

下降的状态。具体而言，2005~2009 年，关于新生代农民工的核心论文数量极少，五年发表的论文总量仅 60 篇。2010 年，中央一号文件中首次使用新生代农民工，至此，学术界对新生代农民工的关注热度逐步上升。2010 年论文数达 71 篇，超过了 2005~2009 年的发文总量。2011 年和 2012 年发文数均超过 160 篇，2013 年增至 205 篇，是发表论文最多的一年。2014 年下降至 170 篇，此后关于新生代农民工的论文发表数量逐年下降，但历年论文数均高于 2010 年之前（见图 1-1）。

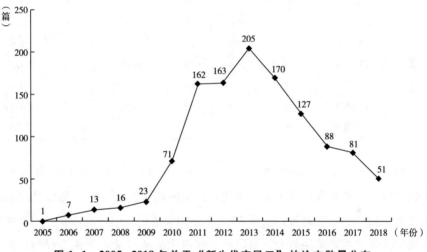

图 1-1 2005~2018 年关于"新生代农民工"的论文数量分布

2. 研究主题分布

我们进一步对上述 1178 篇 C 刊论文进行主题分类检索，结果显示，在新生代农民工的研究主题中，排前 10 位的主题分别是就业、市民化、城市化①、城市融入、户籍制度、劳动力、代际差异、消费、政治参与、人力资本。其中，以就业的关注度最高，达 233 篇，占 19.8%；其次是市民化 127 篇，占 10.8%；城市化 118 篇，占 10.0%；城市融入 93 篇，占 7.9%；户籍制度 87 篇，占 7.4%。相对而言，较少论文涉及幸福感（20 篇）、社会资本（19 篇）、住房（15 篇）、留城意愿（4 篇）（见表 1-1）。

---

① 此处所指的城市化包括城镇化和城市化两种说法。

由此，我们可以判断，就业和城市化等议题是十多年来新生代农民工研究的主旋律。

表 1-1　2005～2018 年新生代农民工研究主题分布情况

单位：篇，%

序号	主题	篇数	百分比	序号	主题	篇数	百分比
1	就业	233	19.8	11	身份认同	50	4.2
2	市民化	127	10.8	12	企业管理	39	3.3
3	城市化	118	10.0	13	职业培训	27	2.3
4	城市融入	93	7.9	14	婚姻	26	2.2
5	户籍制度	87	7.4	15	幸福感	20	1.7
6	劳动力	83	7.0	16	社会资本	19	1.6
7	代际差异	66	5.6	17	住房	15	1.3
8	消费	58	4.9	18	留城意愿	4	0.3
9	政治参与	55	4.7	19	其他	8	0.7
10	人力资本	50	4.2		总计	1178	100

综上所述，学术界对新生代农民工的研究起步较晚，至 2010 年才进入快速增长期。纵观近十年关于新生代农民工的论文发表情况，总体呈现先急速上升后缓慢下降的趋势，其中 2013 年是相关成果产出的高峰期。对新生代农民工的研究主要关注就业、市民化、城市化、城市融入等核心议题，同时涵盖消费、身份认同、婚姻等，相关研究内容逐步趋于丰富和完善。

（三）新生代农民工的群体特征

2011 年"新生代农民工基本情况研究"课题组使用了国家统计局 2009 年农民工监测调查数据和 2010 年新生代农民工专项调研数据进行了研究。研究结果显示：与老一代农民工相比，新生代农民工受教育水平相对较高；大多数人以从事第二、第三产业为主要工作，不再选择"工农兼顾"的就业方式；半数以上的新生代农民工想要在城市定居。① 这里，我们将从性别、受教育程度、职业类型、婚姻状况、家庭结构及定居意愿等

---

① "新生代农民工基本情况研究"课题组：《直面新生代农民工》，《调研世界》2011 年第 3 期。

六个方面概况新生代农民工的群体性特征。

1. 新生代农民工中女性人口比例高于老一代农民工

新生代农民工中女性的比例略高于第一代农民工中的女性比例,并呈上升趋势。国家统计局办公室 2011 年发布的报告显示,农村女性从业劳动力的比重是 46.8%;而外出女性农民工的比例仅有 34.9%。且女性占农民工整体比例与群体年龄相关。如图 1-2,随着年龄的增加,女性农民工的比例逐渐降低。在年轻一代农民工中,性别比例相对均衡,其中,年龄在16~20 岁的农民工,女性的比重达到 50%。但在年龄超过 40 岁的农民工中,女性的比重仅为 25% 左右,只占年轻一代女性农民工的一半。从整体上看,新生代农民工中女性的占比为 40.8%,而老一代女性农民工的比例仅为 26.9%。[①]

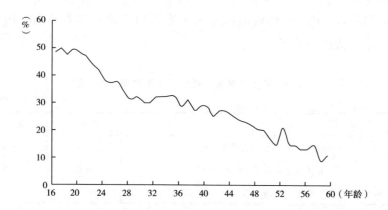

图 1-2　2010 年外出农民工中女性的比例随年龄变化的情况

资料来源:国家统计局住户调查办公室:《新生代农民工的数量、结构和特点》,http://www.stats.gov.cn/ztjc/ztfx/fxbg/201103/t20110310_16148.html。

《2010 年流动人口动态监测调查数据》显示,新生代农民工中女性的比例已经达到 55.3%,远超过了男性的 44.7%。[②]《2018 年农民工监测调

---

① 国家统计局住户调查办公室:《新生代农民工的数量、结构和特点》,http://www.stats.gov.cn/ztjc/ztfx/fxbg/201103/t20110310_16148.html。

② 李荣彬、袁城、王国宏、王领:《新生代农民工市民化水平的现状及影响因素分析——基于我国 106 个城市调查数据的实证研究》,《青年研究》2013 年第 1 期。

查报告》显示，在全部农民工中女性农民工比重较 2017 年提高 0.4 个百分点。其中，女性外出农民工的占比为 30.8%，比 2017 年下降 0.5 个百分点；女性本地农民工中的占比为 38.6%，比 2017 年提高 1.2 个百分点。[1]

2. 新生代农民工的受教育年限高于老一代农民工，且差距逐渐增大

李培林等基于中国社会科学院社会学所 2008 年 "全国社会状况综合调查" 的研究显示，新生代农民工的平均受教育时间为 9.9 年，老一代农民工的平均受教育时间为 7.8 年，比新生代农民工低 2.1 年。[2] 2010 年流动人口动态监测调查也显示，新生代农民工的受教育时间有明显提高，平均达到 9.8 年，而同期中老一代只有 7.6 年。[3] 中国人民大学公共管理学院的 "新生代农民工调查" 结果显示，新生代农民工的平均受教育时间达到 10.81 年（见表 1-2），其中拥有初中学历的人占 47.92%，拥有高中学历的人占比超过 30%，大专、本科及以上教育水平的人占比较高，均接近 15%。[4] 此后的研究大多采用同年份的调查数据，测得的受教育水平数据相差无几。

表 1-2　新生代与老一代农民工平均受教育年限

单位：年

	新生代	老一代
2008 年 "全国社会综合情况调查"	9.9	7.8
2010 年流动人口动态监测调查	9.8	7.6
2010 年中国人民大学公共管理学院 "新生代农民工调查"	10.81	—

《2018 年农民工监测调查报告》显示，受教育水平在大专及以上的农民工人数不断增多。从整体情况来看，小学文化及以下学历的农民工占比为 16.7%，拥有初中学历的人占比为 55.8%，拥有高中文化程度的人占比为 16.6%，拥有大专及以上学历的人占比 10.9%。值得注意的

---

[1] 国家统计局：《2018 年农民工监测调查报告》，http://www.stats.gov.cn/tjsj/zxfb/201904/t20190429_1662268.html。

[2] 李培林、田丰：《中国新生代农民工：社会态度和行为选择》，《社会》2011 年第 3 期。

[3] 段成荣、马学阳：《当前我国新生代农民工的 "新" 状况》，《人口与经济》2011 年第 4 期。

[4] 张斐：《新生代农民工市民化现状及影响因素分析》，《人口研究》2011 年第 6 期。

是，大专及以上学历的农民工比例比 2017 年提高 0.6 个百分点。在外出农民工中，大专及以上学历的人占 13.8%，比 2017 年提高 0.3 个百分点；在本地农民工中，大专及以上学历的人占 8.1%，比 2017 年提高 0.7 个百分点。[①]

3. 新生代农民工从事服务业比重高于老一代农民工

《2018 年农民工监测调查报告》显示，第三产业从业农民工比重为 50.5%，比 2017 年提高 2.5 个百分点。一方面，传统服务业从业农民工人数继续增加。其中，住宿和餐饮业从业农民工比重为 6.7%，比 2017 年提高 0.5 个百分点；居民服务、修理和其他服务业从业农民工比重为 12.2%，比 2017 年提高 0.9 个百分点。另一方面，中央提倡的脱贫攻坚行动提供了大量公益岗位，公共管理、社会保障和社会组织行业从业农民工占比有所增长，达到 3.5%，比 2017 年提高 0.8 个百分点。第二产业从业农民工比重为 49.1%，比 2017 年降低 2.4 个百分点。其中，制造业从业农民工人数占总体的 27.9%，比 2017 年下降 2 个百分点；建筑业从业农民工人数占总体的 18.6%，比 2017 年下降 0.3 个百分点[②]（见表 1-3）。

表 1-3 全国农民工从业行业构成变化

单位：%

	2014 年	2015 年	2016 年	2017 年	2018 年
第一产业	0.5	0.4	0.4	0.5	0.4
第二产业	56.6	55.1	52.9	51.5	49.1
制造业	31.3	31.1	30.5	29.9	27.9
建筑业	22.3	21.1	19.7	18.9	18.6
第三产业	42.9	44.5	46.7	48.0	50.5
批发和零售业	11.4	11.9	12.3	12.3	12.1
交通运输、仓储和邮政业	6.5	6.4	6.4	6.6	6.6

---

① 国家统计局：《2018 年农民工监测调查报告》，http：//www.stats.gov.cn/tjsj/zxfb/201904/t20190429_1662268.html。

② 国家统计局：《2018 年农民工监测调查报告》，http：//www.gov.cn/xinwen/2019－04/30/content_5387773.htm。

续表

	2014 年	2015 年	2016 年	2017 年	2018 年
住宿和餐饮业	6.0	5.8	5.9	6.2	6.7
居民服务、修理和其他服务业	10.2	10.6	11.1	11.3	12.2

通过历年的数据比对，我们可以明显看出，农民工在服务业中的比重大幅上升，而在制造业和建筑业有所下降。这一方面与我国各大城市的产业结构调整有关，另一方面也说明新生代农民工相对于老一代农民工更偏向劳动环境和工作条件更好的行业，同时新生代农民工的受教育程度也给予了他们实现行业转移的可能。

4. 新生代农民工的家庭规模偏小，以核心家庭为主

学界对新生代农民工家庭结构的研究比较匮乏。有学者利用 2011 年中国流动人口动态监测数据进行分析，指出居住于流入地的流动人口家庭规模平均为 2.46 人；结构主要为核心家庭，占比达到 68.6%，单人家庭次之，约 27%。① 2013 年 CGSS 数据显示，44.7% 的新生代农民工组建了新的家庭，和配偶及其子女共同居住，家庭结构趋向核心化。② 江苏的一项调查发现，随着城市接纳农民工条件的改善，农民工举家进城打工成为趋势。最初由家庭中的一个人外出打工，积累经验和资本，但随着时间的延续和条件的逐步成熟，越来越多的农民工夫妻成对外出，甚至是举家外出。③ 家庭化的迁移模式已经成为当下农民工迁移的主流。

5. 新生代农民工的城市定居意愿高于老一代农民工

刘传江和程建林在武汉进行了进城农民工市民化意愿的调查，结果显示：年龄变量对未来归属倾向、农民工市民化意愿和自我身份判断影响最为明显。具体来说，农民工年龄越小，自我认同感及未来归属城市的倾向越强。与第一代农民工相比，第二代农民工留城意愿和留城能力更高，是

---

① 杨菊华、陈传波：《流动家庭的现状与特征分析》，《人口学刊》2013 年第 5 期。
② 龙翠红、陈鹏：《新生代农民工住房选择影响因素分析：基于 CGSS 数据的实证检验》，《华东师范大学学报》（哲学社会科学版）2016 第 4 期。
③ 邹农俭：《江苏沿江农民工现状调查报告》，《南京师大学报》（社会科学版）2008 年第 3 期。

市民化意愿最强也是最容易市民化的群体。①

就其影响因素来说,黄晨熹对苏州市外来人口留城意愿的调查表明:"在众多影响因素中,社会变量、迁移变量和制度变量(户口性质除外)是影响苏州外来人口居留意愿最为显著的因素,经济变量产生边际显著效应,而人口学变量(性别、年龄等)无显著影响。受教育年限、是否家庭迁移、收入、社会融合程度、是否省内迁移、是否有子女在苏就读等变量对居留意愿有显著影响。"② 段志刚和熊萍对我国七省市的实地调研分析结果表明,性别、年龄、受教育程度、职业等个人特征,住房类型、有无农地、社会保险状况等经济因素,子女读书地和配偶工作地等家庭及社会因素,对农民工留城意愿有显著影响;而农民工工作地、在城市居住时间和就业状况等因素对农民工留城意愿没有显著影响。③ 陈春和冯长春以重庆市为例研究农民工住房状况与留城意愿之间的关系。研究发现,住房状况、户籍是否在川渝两地、学历水平、在渝务工时间、年龄等因素对农民工留城意愿均有显著影响,其中住房状况对农民工留城意愿的影响最大,农民工如果住房状况好会增加其留城的可能性。④ 也有学者研究发现,性别、受教育程度、工作单位性质、对居住条件的满意程度、对城市青年的态度和户籍制度对新生代农民工定居城市的意愿有显著影响。此外,婚姻状况、月储蓄、参加社会保险的情况和原住地经济水平也在一定程度上对新生代农民工迁移城市的意愿产生影响。⑤

综上所述,新老生代农民工定居城市意愿的因素都是复杂多元的,但其中,住房因素对其定居城市意愿的影响较为凸显,居住问题是探讨新生代农民工留城意愿的重要切入点。

---

① 刘传江、程建林:《我国农民工的代际差异与市民化》,《经济纵横》2007 年第 7 期。
② 黄晨熹:《城市外来人口居留意愿的影响因素研究:以苏州市为例》,《西北人口》2011 年第 6 期。
③ 段志刚、熊萍:《农民工留城意愿影响因素分析——基于我国七省市的实证研究》,《西部论坛》2010 年第 5 期。
④ 陈春、冯长春:《农民工住房状况与留城意愿研究》,《经济体制改革》2011 年第 1 期。
⑤ 夏显力等:《新生代农民工定居城市意愿影响因素分析》,《人口学刊》2012 年第 4 期。

（四）农民工居住问题的既有研究

目前学界对于农民工居住问题已有一定研究，但将新生代农民工作为研究对象的成果仍旧较少。然而就现实看来，我国新生代农民工已出现了"常住化""移民化"特征。作为反映新生代农民工在城市生活状态的指标，对居住议题的讨论和研究具有非常重要的意义。

周大鸣、杨小柳提出城乡二元结构视野中形成的农民工研究具有特殊的时代背景和一定的局限性，应该用移民视角来消解城乡二元结构并对其进行研究。我国流动人口研究表明，我国早期的流动人口只流动却不定居在流入地，具有定居意向的是新生代的流动人口，他们的城市定居意愿不断增强、移民家庭化趋势日益明显以及移民在城市代际再生产的逐渐增多等，体现了城市社会融合的良好开端。①

我们对农民工居住问题进行文献梳理，发现到目前为止，学界关于农民工住房问题的研究总体而言比较分散，大部分研究散落在城市化、适应与融入、社会保障等主题中。下面，我们将分别从居住现状调查、住房获得与社会融入、住房保障与市民化、居住的权力关系四个方面进行文献梳理。

1. 农民工居住现状调查

不同于传统农民工的特征和利益诉求，新生代农民工对工作和生活有更高的期望。新生代农民工融入城市所面临的首要问题就是住房，因而，要实现新生代农民工的市民化，关键在于解决其住房问题。②

（1）居住面积小、环境差是农民工面临的最大问题

住房面积小而导致的住房配套设施不全、生活环境质量差等问题使得农民工在城市缺乏安全感。根据2010年武汉市的调查，18%的农民工的人均住房面积不到3平方米，甚至出现人均住房面积不到2平方米的情况。③

① 周大鸣、杨小柳：《从农民工到城市新移民：一个概念、一种思路》，《中山大学学报》（社会科学版）2014年第5期。
② 陈锡文：《当前农业和农村经济形势与"三农"面临的挑战》，《中国农村经济》2010年第1期。
③ 黄烈佳、童心、王勇：《武汉市农民工住房现状调查分析及其保障对策探讨》，《湖北经济学院学报》（人文社会科学版）2010年第2期。

2007 年对宁波的调查发现，宁波农民工人均住房面积在 5 年内始终维持在 3~18 平方米。① 2011 年一项对上海市新生代农民工的调查显示，17.3% 的受访者人均居住面积不到 5 平方米，人均居住面积 5~10 平方米的占 34.6%，11~20 平方米的占 28.5%，21~50 平方米的仅占 13.1%。同期，上海市 2010 年人均居住面积为 17.5 平方米。②

新生代农民工的居住状况总体比老一代农民工的居住状况有所改善，但与城市居民的居住水平存在较大的差距。此外，新生代农民工聚居模式主要表现为以下三类：一是"村落型"聚居，即集中租住在城市边缘地区；二是集中居住在由单位提供的宿舍或工棚；三是分散居住在城市单元住房或城中村。由此看来，新生代农民工在居住空间上是处于一种隔离较为明显的状态。③

（2）住房来源以租房为主

现有研究显示，在平均工资较低、增长缓慢的情况下，农民工群体普遍遭受严峻的住房压力，无力负担正规的商品房，而是居住于"非正规住房"中。其中又以城中村和"群租房"的居住形式最为普遍。④ 农民工以租房为主，占住房来源的 47%~80%；其他的形式还包括住在单位宿舍、借用住房、亲戚家、工地和工棚内等。在北京市⑤、温州市⑥、江苏省⑦等地的调查发现，农民工租房居住的分别占 62%、77.11%、47.20%，住集体宿舍的则分别占 20%、6.20%、30.80%，其他获得住房的形式一般占 10% 以下。

（3）居住模式复杂且与家人同住比例持续上升

邹农俭基于 2006 年对江苏沿江 3000 多位农民工的问卷调查指出，随

① 李斌、王晓京：《城市农民工的住房》，《石家庄学院学报》2006 年第 5 期。
② 上海市统计局、国家统计局上海调查总队：《2010 年上海市国民经济和社会发展统计公报》，tjcn.org/tigb/09sh/18159_3.html。
③ 郑志华：《新生代农民工居住状况和发展趋势》，《中国青年研究》2011 年第 1 期。
④ 《农民工落脚城市，如何提供住房保障》，https://m.thepaper.cn/newsDetail_forward_2636399? from=timeline。
⑤ 张智：《对北京市农民工住房情况的调查研究》，《中国房地产金融》2010 年第 7 期。
⑥ 郑志华：《新生代农民工居住状况和发展趋势》，《中国青年研究》2011 年第 1 期。
⑦ 邹农俭：《江苏沿江农民工现状调查报告》，《南京师大学报》（社会科学版）2008 年第 3 期。

着家庭迁移趋势化，与家人同住比例也在上升。① 李斌、王晓京对浙江省宁波市研究发现，2000~2004 年，与家人同住的农民工比例从 16.7% 上升到 23.3%，集体居住的农民工则由 35% 上升到 58.3%。② 2012 年全国农民工监测调查报告显示，2008~2012 年外出农民工与他人合租的比例从 16.7% 上升至 19.7%。③ 与家人同住比例的升高反映出城市外来人员由"游离型""摆动型"向"固定型"转变。④

也有研究关注新生代农民工的住房意愿特征和住房选择倾向，研究表明新生代农民工住房选择行为的影响因素有很多，其中性别、年龄、受教育程度、子女是否随迁等因素作用显著。⑤ 女性和较高学历务工者，更可能选择居住体验更好的社区居住。⑥ 子女随迁成为影响新生代农民工选择在城市定居的重要因素，并且其通常会选择具有更好体验的住房以便为子女的教育和生活提供便利。⑦ 新生代农民工的购房和租房行为受到来自年龄变量的正相关关系影响，即其住房消费的支付能力和意愿会随着年龄的增长而增加。⑧

这类研究多采用从现状描述、因素分析到政策建议的路径，认为制度因素是影响新生代农民工居住的主要因素，受教育水平、职业类型、家庭结构、工作特征、收入特征和个人特征是影响新生代农民工居住状况的重要因素。⑨

---

① 邹农俭：《江苏沿江农民工现状调查报告》，《南京师大学报》（社会科学版）2008 年第 3 期。
② 李斌、王晓京：《城市农民工的住房》，《石家庄学院学报》2006 年第 5 期。
③ 国家统计局：《2012 年农民工监测调查报告》，http://www.stats.gov.cn/tjsj/zxfb/201305/t20130527_12978.html#
④ 王凯、侯爱敏、翟青：《城市农民工住房问题的研究综述》，《城市发展研究》2010 年第 1 期。
⑤ 金萍：《论新生代农民工市民化的住房保障》，《社会主义研究》2012 年第 4 期。
⑥ 陈云凡：《新生代农民工住房状况影响因素分析：基于长沙市 25 个社区调查》，《南方人口》2012 年第 1 期。
⑦ 黄庆玲：《新生代农民工定居去向探析——以辽宁省 5 市（县）的调查为例》，《中国青年研究》2013 年第 5 期。
⑧ 龙翠红、陈鹏：《新生代农民工住房选择影响因素分析：基于 CGSS 数据的实证检验》，《华东师范大学学报》（哲学社会科学版）2016 年第 4 期。
⑨ 陈云凡：《新生代农民工住房状况影响因素分析：基于长沙市 25 个社区调查》，《南方人口》2012 年第 1 期。

2. 住房获得与社会融入

王春光提出，"新生代农民工社会认同的不确定性逐渐明显，这种特征凸显的是农村流动人口的'流动性'，也就是说，随着越来越多的新生代农民工流动在城乡之间，会更多的农村人口既不属于农村社会体系也无法融入城市社会体系"①。而住房问题作为流动人口获得市民权的重要部分，是探讨新生代农民工社会融入的重要议题。城市更新过程中城中村面积不断缩小，城市住房成本上升，农民工住房困难加剧。城市住房保障政策缺口令农民工聚居"非正规住房"，一旦正规化"非正规住房"就会造成"人口置换"的现象。我们在对上海棚户区更新的调查中发现，作为居住主体，大量乡城迁移人员在城市改造过程中遭到驱赶和边缘化，成为城市改造中沉默的"第四方群体"②。

住房对于新生代农民工的市民化和社会融入有着十分重要的影响。农民工群体在城市中住房质量往往较差，因受到如户籍、保障政策、市场与城市建设等多方面因素综合影响，其在城市中实际上受到排斥，从而不利于其融入城市。③新生代农民工的住房条件与城市居民相比，不但质量上有很大差距，而且在区位空间上也是完全隔离的，呈现"边缘化"和"孤岛化"的倾向。④新生代农民工群体和城市居民被分割在彼此隔离的物理或社会空间里，面对的是制度性的社会排斥以及由此衍生出的其他社会权利等方面的排斥，这种排斥对于社会整合的负面影响是巨大的。⑤

洪朝辉认为，中国的农民工在迁徙、居住、工作和求学方面的社会权利长期被忽视，使得他们在离开农村、定居城市、获得就业、接受教育等

① 王春光：《新生代农村流动人口的社会认同与城乡融合的关系》，《社会学研究》2001年第3期。
② 赵晔琴：《"居住权"与市民待遇：城市改造中的"第四方群体"》，《社会学研究》2008年第2期。
③ 彭华民、唐慧慧：《排斥与融入：低收入农民工城市住房困境与住房保障政策》，《山东社会科学》2012年第8期。
④ 林娣：《新生代农民工市民化问题研究》，博士学位论文，吉林大学，2012。
⑤ 李俊奎：《新生代农民工身份认同与影响因素分析》，《西北农林科技大学学报》（社会科学版）2016年第1期。

方面的权利和机会遭到一定程度的边缘化。① 对于新生代农民工来说，他们跟老一代一样，在城市打工，却不能"安居乐业"。收入无法支持他们在城市购买住房，或租住质量较好的房屋。同时他们也无法像城市低收入者一样享受政府提供的廉租房和房屋补贴福利等。②

3. 住房保障与市民化

有学者认为，市民化在新生代农民工群体中具有较高的可能性，然而当下相关居住问题未能较好解决导致新生代农民工的城市居留意愿与其市民化能力之间不相匹配。③ 新生代农民工面临着住房困境，居住条件一般都比较简朴甚至简陋，低收入与高房价的残酷现实、覆盖农民工廉租房制度的缺失，使新生代农民工在城市难有安身之所，新生代农民工面临着权益缺失的困窘。④ 由于新生代农民工收入较低，住房支付能力较差，因此往往选择条件简陋的住房以节约生活成本。与此同时，他们可获得的住房来源较为单一，大部分依靠单位宿舍或租住民房获得栖息之所，而城市的住房保障尚未或极少惠及这一弱势群体。⑤ 王凯、侯爱敏、翟青指出，房产中介机构的租房信息较为有限，中介费用也相对较高，因此加大了外来人员租房困难。加之绝大部分城市的住房租赁市场尚未完善，导致农民工对中介机构缺乏信任，因此，他们一般通过亲戚或者同乡搜集租房信息，可选择的余地很小。⑥

此外，新生代农民工的住房问题主要表现为居住权利的排斥、居住空间的隔离、居住选择的非自主性以及居住条件的劣势等方面。新生代农民工的居住问题加剧了该群体的"无根性"，使他们与社会深度隔离，身份

---

① 洪朝辉：《论中国农民工的社会权利贫困》，《当代中国研究》2007 年第 4 期。
② 王春光：《新生代农民工城市融入进程及问题的社会学分析》，《青年探索》2010 年第 3 期。
③ 张建丽、李雪铭、张力：《新生代农民工市民化进程与空间分异研究》，《中国人口·资源与环境》2011 年第 3 期。
④ 廖海敏：《新生代农民工融入城市的诉求与推进路径》，《法制与社会》2007 年第 10 期。
⑤ 宛恬伊：《新生代农民工的居住水平与住房消费——基于代际视角的比较分析》，《中国青年研究》2010 年第 5 期。
⑥ 王凯、侯爱敏、翟青：《城市农民工住房问题的研究综述》，《城市发展研究》2010 年第 1 期。

转换陷入困境。① 尤其是在城市更新过程中，部分新生代农民工在城市中居无定所，成为被驱逐和边缘化的对象。② 有学者认为制度排斥是造成新生代农民工住房水平低下的重要因素。"一是住房公积金制度对农民工的排斥。目前住房公积金制度的实际覆盖范围有限，仅涉及国有企事业单位和行政部门的正式员工，而农民工主要聚集的中小企业很少为农民工缴纳住房公积金，因而这些农民工无法享受到相应的住房福利，更面临着较大的住房困难。二是保障性住房政策对农民工的排斥。我国保障性住房在申请条件对申请人具有户籍限制，由于农民工是没有城镇户口的，对于城镇住房需求最为迫切的农民工，是无法申请到保障性住房的，无法通过国家的保障性住房政策解决自己的住房问题，仍然无法享受此项福利政策。"③ 也有研究指出，目前大多数城市面向外来务工人员的公共服务申请，以"房屋租赁合同备案证明"为基础，而大量外来务工人员在工厂宿舍、集体宿舍、城中村农民房、蓝领公寓有居住事实，但由于政策不明确、出租方不愿意承担租赁备案登记的责任，或部分住房因产权问题无法予以登记等，农民工在取得房屋租赁证明上困难重重，无法享受城市公共福利。④

因而，各级政府要努力为新生代农民工有机会享受与城市居民平等的各项权利（尤其是居住权），为新生代农民工融入城市提供平等的权益平台。⑤ 同时，改革以户籍制度为核心的各种现有制度，破除户籍制度对新生代农民工融入城市的制度性限制，为新生代农民工融入城市提供体制性支持，确保其各项权利得到保障。⑥ "政府应当在城市住房建设规划中考虑外来务工人员的住房诉求，采取分层分类的方式稳步进行，将外来农民工逐步纳入住房保障体系；逐步建立覆盖新生代农民工的廉租房、廉价房制

① 朱磊：《走出困境：共同体再造与价值重构——对新生代农民工居住状况的分析》，《学习与实践》2013 年第 13 期。

② 赵晔琴：《"居住权"与市民待遇：城市改造中的"第四方群体"》，《社会学研究》2008 年第 2 期。

③ 林娣：《新生代农民工市民化问题研究》，博士学位论文，吉林大学，2012。

④ 《农民工落脚城市，如何提供住房保障》，https://m.thepaper.cn/newsDetail_forward_2636399? from=timeline。

⑤ 廖海敏：《新生代农民工融入城市的诉求与推进路径》，《法制与社会》2007 年第 10 期。

⑥ 王海兵：《关于外来农民工住房保障的现状及分析》，《中国劳动关系学院学报》2010 年第 2 期。

度，为新生代农民工建立住房公积金；建立健全有利于新生代农民工获取城市居住权的户籍制度。"①

这些研究大都采用实证调查方法调查农民工的居住状况、居住满意度及对政策的期望，仅停留在现状描述和政策建议等方面，缺乏对农民工居住状况影响机制的深入分析。

4. 居住的权力关系

对农民工居住研究的另一个视角是权力视角。这个视角主要关注"宿舍劳动体制"。农民工在集体宿舍的居住是资本效益最大化的安排，但是群体性的居住也会导致农民工群体与资本之间的抗拒，造成生产者和农民工在居住过程中的权力博弈。

蔡禾、曹志刚通过研究利益受损农民工的抗争行为指出，企业集体宿舍制度对集体行动有显著的影响，集体性的居住为农民工进行体制内或者体制外的抗争提供了便利②。任焰和潘毅在研究宿舍劳动体制的劳动控制和抗争时指出，"在宿舍劳动体制下，居住与劳动的高度聚集能够为工人发展出集体性资源提供一定的空间，并促使员工向工厂管理者发动集体性的挑战，这种居住环境下的农民工群体具有主体性、能动性和自主性"③。杨可指出，在流动劳工仍然存在的条件下，对劳工宿舍的需求实际上是会持续存在的。但是，通过一种积极的制度，可以将宿舍变成一种文明教化的空间，其对劳动个体的教育、团结和自治等多方面产生着积极的影响。④这类研究强调农民工群体在居住过程中的行动策略，认为他们拥有底层智慧，能做出理性的选择。但是这类研究主要是通过个案访谈和观察的方式进行，其结果常常被质疑难以推广。

---

① 张建伟、胡隽：《居者有其屋：农民工市民化的落脚点》，《求实》2005 年第 9 期。
② 蔡禾、曹志刚：《农民工的城市认同及其影响因素——来自珠三角的实证分析》，《中山大学学报》（社会科学版）2009 年第 1 期。
③ 任焰、潘毅：《跨国劳动过程的空间政治：全球化时代的宿舍劳动体制》，《社会学研究》2006 年第 4 期。
④ 杨可：《劳工宿舍的另一种可能：作为现代文明教化空间的国民模范劳工宿舍》，《社会》2016 年第 2 期。

三　研究方法与田野点概况

我们采用的研究方法包括对既有的国家及地方有关流动人口政策法规的梳理，对统计数据的分析，对被调查社区的实地观察，对外来务工人员的半结构访谈以及与相关人员的座谈。

半结构访谈是指研究者以研究问题为核心拟定大致的访谈提纲，围绕研究主题对研究对象进行提问。在访谈过程中，研究者仅仅根据提纲进行相对开放性的提问，需要鼓励受访者参与讨论，并由被访者讲述和回应问题。根据受访者的回答，研究者可以根据谈话内容对问题进行适当的调整。[①] 相比更加开放式的深入访谈，半结构访谈更适合外来务工人员。由于大部分务工人员并不善于言谈，很多情况下，他们只是以一问一答的方式回应我们的提问，有的时候只有在我们不断追问下，他们才会多说几句。因此对外来务工人员采用深入访谈并不合适。

"长三角地区是中国第一大经济区，中央政府定位的中国综合实力最强的经济中心、亚太地区重要国际门户、全球重要的先进制造业基地、中国率先跻身世界级城市群的地区。"[②] 2016 年 6 月 3 日，国家发改委网站全文发布了长三角城市群发展规划，确定长三角城市群在上海、江苏、浙江、安徽范围内，但并不包括这"三省一市"的全部。

长三角城市群作为我国重要的区域，其经济发展活力、创新能力、对外开放程度、吸纳外来人口能力等在全国范围内均位居前列。第六次全国人口普查数据显示："2010 年长三角地区——'两省一市'的常住人口为15610.59 万人。其中，上海、杭州、苏州等市的人口增长幅度均超过25%。苏州成为上海之后第二大常住人口超过 1000 万的城市。"[③] 这说明长三角城市群内部人口有向沪宁杭不断集中的趋势。对比以上城市，安徽

---

① 仇立平：《社会研究方法》，重庆大学出版社，2008。

② 《长三角初步定位：我国综合实力最强的经济中心》，http://www.gov.cn/jrzg/2006-11/21/content_449558.htm。

③ 华东师范大学中国现代城市研究中心，http://ccmc.ecnu.edu.cn/info.aspx? ModelId = 1&ColId = 94&Id = 326。

省同样作为长三角地区省份之一，却是全国人口流出大省。2000~2010 年
10 年间，安徽共流失 962.3 万人，居全国之首，占全国跨省流动人口的
11.2%。上海的外来流动人口中，安徽人一直占据第一位，其比例从 2000
年的 29% 上升到 2010 年的 32.2%。① 因此，我们的调研主要在长三角地区
的上海、浙江和江苏这"两省一市"内展开。

最终，我们选定了上海，江苏常州、苏州，以及浙江杭州 4 个城市中
的 9 个不同类型的外来务工人员集中居住社区作为调研点（见表 1-4）。

表 1-4　调查点的基本情况

	田野点	社区类型	住房性质	地点
上海	许村	城中村	自建房	闵行区华漕镇
	幸福家园	保障性住房社区	动迁安置房	松江区泗泾镇
	福来公寓	民工公寓	政企合作建房	嘉定区马陆镇
江苏	滨河花苑	动迁安置社区	动迁安置房	常州市武进区
	尚文公寓	老旧商品房社区	商住公寓	苏州市姑苏区
	柳村	城中村	自建房	苏州市吴江经济技术开发区松陵镇
浙江	梦之湾蓝领公寓	农民房改造社区	临时租赁房	杭州市下城区
	康居公租房	保障房社区	公租房	杭州市拱墅区
	益村	城中村	城中村	杭州市西湖区

注：为遵循学术伦理，本书中所有调查点均为化名。

我们选择的第一个调研点是位于闵行区华漕镇的许村。许村曾经是上
海最大的城中村，大规模拆违之前，许村居住着 2 万多名外来务工人员，
而本地人口不足 1/10。这种非正规的居住空间成了来沪打工者解决城市居
住问题的重要方式之一。我们在上海的第二个田野点是位于松江区的保障
房社区——幸福家园。与前期对保障性住房社区的想象不同的是，在这个
政府规划建设的社区中，邻里关系非常脆弱，本地居民人户分离，缺乏对
社区的认同感与归属感，外来人口也只是把这里当作一个临时的落脚点，
"流动的邻里"在保障性住房社区中表现得尤为突出。第三个田野点是嘉

① 2010 年全国第六次人口普查，http：//www.stats.gov.cn/tjsj/pcsj/rkpc/6rp/indexch.htm。

定区马陆镇的福来公寓。福来公寓是 2005 年上海第一个由地方政府和企业共同建设的民工公寓，外来打工者可以通过企业申请的方式入住。但近些年随着公寓经营方式的转化，原本的民工公寓开始转型。从 2016 年开始，公寓主体已经被青客公司①统一租赁，经过统一装修后再经由市场化方式转租给需要住房的外来青年群体。从单位承租到个体入住，青客公司实际上扮演了二房东的角色。

　　江苏省是中国经济最活跃的省份之一，也是流动人口大省。苏州是长三角城市群中重要的中心城市之一，也是国家高新技术产业基地。国务院 2016 年批复的《江苏省城镇体系规划（2015—2030 年）》指出，到 2030 年，苏州将成为一座特大城市。作为江苏省第一大移民城市，苏州市流动人口占全省流动人口的 40% 左右。江苏的调查我们选择了 3 个外来务工人员集中居住的小区，分别是江苏常州市武进区滨河花苑、苏州的城乡接合部柳村和尚文公寓。滨河花苑是一个典型的动迁安置社区，外来人口已远超本地人口。社区内人员结构混杂，群租隐患一度成为社区管理者最为头疼的事情。除了大量的租房者外，小部分外来者与房东私下协议买下了这些未能进入市场流通领域的小产权房。柳村位于江苏吴江经济技术开发区内，是当地典型的城乡接合部村落。随着苏州工业化的快速发展，大量外来资本和外来务工人员涌入，柳村也成为外来务工人员的重要聚居点之一。他们中有住在工厂提供的集体宿舍的，也有租赁私房的，村里每天上演着熙熙攘攘、凌乱不堪却又不失勃勃生机的市井生活图。与柳村不同，尚文公寓位于苏州市区，住户多为附近就读的大学生和在工业园区内工作的"小白领"，当然也不乏附近的打工者。住户的高度流动性、异质性和公寓楼特有的居住空间格局使得尚文公寓内的邻里间鲜有交往，"无根社区"成为尚文公寓的重要代名词。

　　近些年来，杭州经济发展迅猛，吸引了大量的外来人口，如何解决外来人口的住房一直是城市治理者颇为头疼的问题。2017 年 12 月，杭州市

---

①　青客公司，全称上海青客公共租赁住房租赁经营管理股份有限公司，2012 年成立于上海。青客主要致力于为青年人才解决住房问题，被誉为沪上精品租房的领跑品牌。公司下辖业务包括房屋出售、出租中介、房屋托管、家电家具的租赁以及互联网二类增值电信服务。详见青客官网 https://www.qk365.com/。

政府下发《关于加快筹集建设临时租赁住房的工作意见》《关于加强临时租赁住房建设和管理若干问题的通知》，杭州成为全国首个为外来务工人员专门建设租赁用房的城市，在筹集临时租赁住房的方式上提出："充分利用存量、合理利用增量的方式，结合城中村改造实际，筹建临时租赁住房。"① 梦之湾蓝领公寓是杭州下城区的首个蓝领公寓，在原有农民房的基础上改建而成，公寓由 6 幢主房和 6 幢附房组成，通过合理化布局的方式设置房间面积以确保空间的充分利用。公寓包含单人间、双人间、套间等共 345 套房间，且具有其他配套设施，例如公共卫生间、食堂（厨房）、理发店等。公寓内还有电动车停置点、垃圾处理点等。总体而言，该公寓能为"蓝领"们提供较好的居住与生活条件。2018 年 7 月下城区第一批低学历、低收入的蓝领工人开始入住。康居公租房项目于 2010 年正式开工建设，是杭州市乃至浙江省开工最早、规模最大的公共租赁房项目。项目位于半山康居区块，分为康居春晓苑、康居夏意苑、康居秋韵苑 3 个区块，共有 4693 户，可接纳万余人口入住。从户型上看，拥有单身公寓（约 35 平方米）、一居室户型（约 50 平方米）和两居室户型（约 60 平方米）三种选择。目前入住的群体中近半数是符合申报条件的外来人口。益村位于杭州市西湖区古荡街道，是一个典型的"农转居"后形成的居民点。它建成于 2005 年，现有 400 多幢民房，共 459 户，近 2 万名居民，其中 2000 多人为本地常住村民，其余为外来人口②，人员构成较为复杂。外地租客分为单位集体租住居民和个体租住居民。单位集体租住居民主要是附近公司实习生、单身员工及其他独自在杭州居住的职工。个体租住居民则是以个体形式与房东或房屋代管机构签订房屋租赁合同的租客，入住群体属于符合申报条件的外来人口。

本书中，我们共完成了对 113 位外来务工人员的访谈（见附录"被访者信息表"）。访谈时间集中于 2017~2019 年。其中，跨省流动者 94 人，省内流动者 19 人，分别占比 83.2% 和 16.8%。从年龄来看，被访的外来

---

① 《全国第一个！杭州为外来务工人员专门建设临时租赁用房》，http://zjnews.zjol.com.cn/zjnews/hznews/201712/t20171219_6077709.shtml。

② 《杭州城中村改造：益村用上无人机产城融合打造双浦新区》，http://ori.hangzhou.com.cn/ornews/content/2017-08/08/content_6621505.htm。

务工人员平均年龄为 34.84 岁①，其中，40 岁以下的新生代农民工占总数的 74.33%。男女比例相当。从来源地来看，来自安徽的务工人员最多，占 29.20%，来自江苏、河南、浙江、江西的分别占比 17.70%、13.27%、12.39% 和 5.31%，其余则来自山东、湖南、湖北、内蒙古等地。从时间来看，绝大多数务工人员外出务工时间都在 1 年以上，其中，外出务工 1～5 年的有 44 人，占比 38.94%；外出务工 6～10 年和 11 年以上的分别占比 22.13% 和 24.79%；而外出务工时间不足 1 年的仅占 7.95%。从职业来看，私企从业人员数量最多，占所有受访者的 70.80%，其他包括城镇个体劳动者、外资企业人员、国有企事业单位人员等，另有 7.97% 的外来务工人员在接受访谈时处于无业状态。从居住形式来看，65.49% 以租住各种类型的住房为主，申请保障房、已购房和住在单位提供的集体宿舍的比例分别为 18.58%、10.62%、5.31%（见表 1-5）。

表 1-5 被访者基本情况

单位：人，%

	选项	人数	占比
性别	男	56	49.60
	女	57	50.40
年龄	20～30 岁	49	43.36
	31～40 岁	35	30.97
	41～50 岁	18	15.93
	51 岁及以上	11	9.74
来源地	安徽	33	29.20
	江苏	20	17.70
	河南	15	13.27
	浙江	14	12.39
	江西	6	5.31
	其他	25	22.13

① 《中国流动人口发展报告 2018》显示，2012～2017 年，长三角地区流动劳动力的平均年龄由 32.7 岁提高到 37.2 岁，增幅达到了 4.5 岁。

续表

	选项	人数	占比
流动时间	1 年以下	9	7.95
	1~5 年	44	38.94
	6~10 年	25	22.13
	11 年及以上	28	24.79
	其他	3	2.65
	缺失	4	3.54
职业	国有企事业单位工作人员	3	2.65
	私营企业人员	80	70.80
	外资企业人员	5	4.42
	城镇个体劳动者	8	7.08
	自由职业者	3	2.65
	暂无职业	9	7.97
	其他	4	3.55
	缺失	1	0.88
居住形式	租赁房屋	74	65.49
	申请保障房	21	18.58
	已购房屋	6	5.31
	集体宿舍	12	10.62

四 研究框架与写作体例

1. 研究框架

本书主要以长三角区域的新生代农民工为研究对象，通过对长三角地区 9 个外来务工人员集中居住社区的实地观察和 113 位务工人员的半结构访谈，从多方面呈现新生代农民工的居住现状与现实困境。在此基础上通过深入剖析身份与居住权、公共住房的制度困境以及城中村改造与社会治理逻辑等问题，寻找居住困境背后的结构性原因。本书的基本框架包括四个方面：研究准备、实证调查、问题分析和对策建议（见图1-4）。

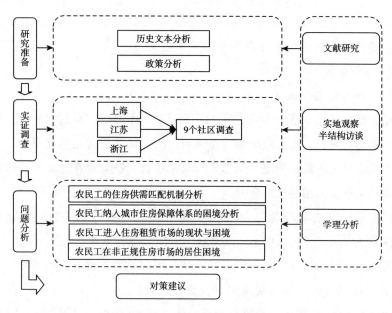

图 1-4　本书的基本框架

研究准备。我们从三个方面入手进行研究准备。首先，我们从历史维度入手，以1948~1998年的《人民日报》文本为例，梳理了新中国成立以来我国城镇住房的演变逻辑与机制，这有助于我们从历史的角度厘清我国城镇住房的演变逻辑及这一演变中折射出的国家和个人关系的变化。其次，我们从政策文本的角度梳理了1978年以来我国农民工住房政策的演变过程。

实证调查。我们选定了长三角地区"两省一市"内9个不同的农民工集中居住社区进行实地调查与访谈，涉及的居住类型包括城中村出租房、蓝领公寓、拆迁安置小区、保障性住房社区等。在每个调查点，我们通过实地观察、访谈、座谈等形式，了解外来务工人员的居住情况。通过串联9个小型田野报告，我们试图呈现不同城市的治理模式和住房租赁市场给新生代农民工带来的居住变化。

问题分析。基于经验调查资料，我们从农民工的住房供需匹配机制、住房保障体系、住房租赁市场、非正规住房市场等角度入手,深入剖析造成新生代农民工住房困境的结构性因素及其背后的治理困境。

政策反思。综合实证调查和问题分析,结合长三角地区的特点和其他城市的现有经验,我们试图从观念、制度、实践和社会四个层面提出改善长三角地区新生代农民工住房困境的对策建议。

2. 写作体例

本书的写作共分为七大部分。

绪论部分。(1)关于本书的说明:阐述了本书的研究目的和意义、研究方法和田野点概况、研究框架和写作体例。(2)概念界定与既有研究:包括对新生代农民工的概念界定、学术界的研究现状、新生代农民工的群体特点以及农民工居住问题的既有研究。

第一编"历史与政策"。本部分主要回顾了 1949 年以来我国城镇住房制度演变的基本逻辑和 1978 年以来我国农民工住房政策的演变。

第二编"实证调查:上海"。涉及的田野点分别为许村(城中村)、福来公寓(民工公寓)和幸福家园(保障房社区)。

第三编"实证调查:江苏"。涉及的田野点为滨河花苑(动迁安置房)、柳村(城中村)和尚文公寓(老旧商品房社区)。

第四编"实证调查:浙江"。涉及的田野点为梦之湾蓝领公寓(农民房改造)、康居公租房(公租房)和益村(城中村)。

第五编"落脚城市何以可能"。作为对调查问题的深入分析,本部分从农民工的住房供需匹配机制、住房保障体系、住房租赁市场、非正规住房市场等角度进行学理性分析。在此基础上,也尝试对改善新生代农民工的居住状况提出政策建议。

第一编

历史与政策

第二章　1949 年以来我国城镇住房制度的演变进路与机制[*]

住房是人们的基本需求之一，也是民生问题的根本。作为一个基本的社会事实，深入考察中国的城镇住房制度演变逻辑必须回到中国社会具体的历史脉络和社会情境中去。在本章中，我们试图通过对《人民日报》(1949~1998 年) 中关于住房的文本进行梳理，客观地展现新中国成立以来我国城镇住房制度的演变路径与机制。《人民日报》创刊于 1948 年 6 月 15 日，是中国共产党中央委员会机关报。其前身是《晋察冀日报》(1937~1948 年) 和邯郸市晋冀鲁豫《人民日报》(1946~1948 年)。自创办以来，《人民日报》一直围绕中国共产党的大政方针和重要指示开展工作，是集中体现国家意志的一面旗帜。因此，以《人民日报》上关于住房的文本作为本书的资料，大致可以考察国家关于住房的基本态度及其演变过程。

一　市场转型与路径依赖：两种理论视角的回溯

在中国城镇住房制度的研究中，市场转型和路径依赖是两个最主要也是影响最广泛的理论视角。[①] 市场转型理论是 20 世纪 80 年代末由美籍华裔社会学家倪志伟提出的。1989 年，他在《美国社会学评论》上发表

---

[*] 本部分发表于《中国研究》2019 年第 23 期，原题为《从"国家化"到"去国家化"：我国城镇住房制度的演变进路与机制：基于 1949~1998 年〈人民日报〉的文本分析》，此处略有改动。

[①] 刘春燕：《再分配经济中的市场弹性：中国城市住房政策与制度 (1949—2010)》，广西师范大学出版社，2012。

《市场转型理论：社会主义国家从再分配向市场的过渡》一文，指出社会主义国家正在从过去的再分配体制向市场体制转变，这种转变必然会产生有利于直接生产者的新权力、激励和机会结构。[1] 市场转型理论将经济制度变迁看成社会整体变革的组成部分，认为应该从国家社会主义的制度安排上来理解其进程和结果。[2] 由倪志伟引发的关于市场转型的讨论成为解释社会主义国家发展路径的一个重要理论视角，备受海内外学术界的关注。作为中国城镇住房制度改革的主流解释，市场转型理论认为，中国政府不断推出住房改革政策，是再分配的社会主义计划体制向市场体制不断迈进的过程。[3] 在国家再分配体制下，住房作为权力、机会结构的重要指标，不同地域、单位以及不同级别和社会地位的人拥有不同的住房。[4] 市场转型理论对中国城镇住房的另一个关注点是住房不平等现象，认为中国的住房市场化改革进程加剧了住房不平等和住房阶层的分化。改革开放以来的住房差异被看成社会主义制度下城市居民阶层差异的一个主要方面。[5] 市场体制下，住房分配本质上是一个阶层分化的现象：收入、职业和其他一些阶层变量决定着人们的住房产权、面积大小和居住质量。[6] 边燕杰、刘勇利对中国第五次全国人口普查数据城市居民住房资料的分析指出，"住房"已经成为改革以来城市居民分层中一个日益重要的方面。是否拥有住房产权是经济成功的一个重要指标，而拥有产权的比率从非精英到专

---

[1] Victor Nee, "A Theory of Market Transition: From Redistribution to Markets in State Socialism," *American Sociological Review* 54, 1989.

[2] Victor Nee & David Stark, *Remarking the Economic Institution of Socialism: China and Eastern Europe* (Denver: Stanford University Press, 1989).

[3] Zhou, Min & Logan, J. R, "Market Transition and the Commodification of Housing in Urban China," *International Journal of Urban and Regional Research* 20 (1996).

[4] Whyte, Martin King & William L. Parish, Jr, *Urban Life in Contemporary China* (Chicago: University of Chicago Press, 1984); Logan, J. R. & Bian, Y. J., "Inequalities in Access to Community Resources in a Chinese City (Tianjin)," *Social Forces* 72 (1993).

[5] Szelényi Ivan, *Urban Inequalities under State Socialism* (New York: Oxford University Press, 1983); 刘精明、李路路:《阶层化：居住空间、生活方式、社会交往与阶层认同——我国城镇社会阶层化问题的实证研究》,《社会学研究》2005 年第 3 期。

[6] Logan John R. & David Moloch, *Urban Fortunes: Political Economy of Place. Berkeley* (CA: University of California Press, 1987).

业精英再到管理精英依次递增。① 刘欣基于 CGSS 2003 年的数据分析，认为中国城市中产阶层，尤其是中产上层，因其收入相对丰厚，拥有了较大面积的家庭住房。② 郑辉、李路路认为，精英代际转化与阶层再生产使行政干部精英、技术干部精英和专业技术精英等精英群体均在城市拥有面积更大的住房。③

　　与市场转型理论强调转变相对应，路径依赖理论则强调再分配体制的延续，认为经济体制具有社会嵌入性，它并不是脱离于"社会"之外独立运行的，而是与其所在的社会结构、历史背景与文化传统紧密结合在一起的。④ 路径依赖理论最先运用于技术领域，强调惯性的力量。诺斯将路径依赖的范式运用于对经济制度的分析，通过对西方近代经济史的考察，他发现一个国家在经济发展的历程中，制度变迁存在着路径依赖现象。斯达克把路径依赖用于后社会主义经济，特别是私有化战略的研究中，他认为社会变迁是社会集团之间相互作用的结果，私有化战略受制度遗产的约束。⑤ 倪志伟也注意到改革过程中的路径依赖，他指出在市场转型过程中，与国家社会主义分离后产生了一种混合的市场经济，这种改革的深层结构有可能再生产出国家社会主义再分配经济的重要特征即强政府干预。⑥ 以魏昂德为代表的新传统主义（Neo-Traditionalism）也认为市场转型中不可忽视政府的作用。⑦ 白威廉和麦谊生也指出中国市场化进程中隐藏的政治逻辑，认为中国在市场转型过程中存在路径依赖的关系，国家和地方官僚

---

① 边燕杰、刘勇利：《社会分层、住房产权与居住质量——对中国"五普"数据的分析》，《社会学研究》2005 年第 3 期。

② 刘欣：《中国城市的阶层结构与中产阶层的定位》，《社会学研究》2007 年第 6 期。

③ 郑辉、李路路：《中国城市的精英代际转化与阶层再生产》，《社会学研究》2009 年第 6 期。

④ 刘春燕：《再分配经济中的市场弹性：中国城市住房政策与制度（1949—2010）》，广西师范大学出版社，2012。

⑤ D. Stark, "Path Dependence and Privatization Strategies in East Central Europe," *East European Politics and Societies* 6（1992）.

⑥ Victor Nee, "Organizational Dynamics of Market Transition: Hybrid Forms, Property Rights, and Mixed Economy in China," *Administrative Science Quarterly* 37（1992）.

⑦ Andrew G. Walder, *Communist Neo-Traditionalism: Work and Authority in Chinese Industry*（Berkeley: University of California Press, 1986）.

将持续介入经济活动。① 边燕杰和罗根也认为,在中国的改革过程中,共产党的领导地位和城市单位制没有发生根本的动摇。这两种制度的持续存在保证了政治权力能够继续控制、分配资源。② 因此,按照路径依赖的解释,住房的市场化改革并不意味着市场转型,传统再分配的权力依然发挥着作用。一方面,市场在住房改革中承担起了主体地位,政府不再对人们的住房进行高度集中的统一分配和管理;另一方面,传统的再分配体系也没有完全退出住房领域,且依旧起着一定的作用。如单位的中介角色就是市场化过程中再分配体制延续的重要表现。周敏和罗根通过对改革后广州商品化住房的研究发现,过去单位为职工提供住房,而如今单位将这些公租房卖给职工。③ 日本学者中冈深雪在研究上海住房制度时也发现,在住房商品化初期,单位购买商品房,以福利的目的出售或出租给本企业职工。④ 这些无疑是传统的单位体制在住房市场化改革进程中的延续和深化。

在关于发展中国家市场转型的讨论中,一般认为,中东欧国家实行的是民主化先行式转型,即在放弃社会主义道路的前提下,向政治民主化和经济市场化转型。⑤ 特别是苏东的市场转型,是与政体的断裂联系在一起的激进剧变。与此不同,孙立平从政体的断裂与延续的角度提出中国市场化改革的独特过程和逻辑,谓之政体连续性背景下的“渐进式改革”⑥,即在基本社会体制框架(特别是政治制度)和主导意识形态不发生变化的前提下所推行的社会转变。中国的市场转型是在由政府直接动员、配置资源,并对市场进行干预的基础上建立起来的。有学者用“权力转换的延迟效应”来概括这个过程,认为中国的市场改革是在旧的再分配体制之外创造一个新的、与再分配体制并行的市场体系,而不是简单地用自由市场来

① W. Parish & E. Michelson, "Politics and Markets: Dual Transformations," *American Journal of Sociology* 101 (1996).

② BianYanjie & J. Logan, "Market Transition and the Persistence of Power," *American Sociology Review* 61 (1996).

③ Zhou, Min & Logan, J. R., "Market Transition and the Commodification of Housing in Urban China," *International Journal of Urban and Regional Research* 20 (1996).

④ 中冈深雪:《上海住房制度的转变与住房开发》,载林拓、水内俊雄等《现代城市更新与社会空间变迁:住宅、生态、治理》,上海古籍出版社,2007。

⑤ 殷红:《中东欧民主化与市场化转型特征分析》,《经济社会体制比较》2014 年第 1 期。

⑥ 孙立平:《实践社会学与市场转型过程分析》,《中国社会科学》2002 年第 5 期。

取代再分配体制，因此，政治的稳定性导致了权力的延续性①。倪志伟也注意到改革过程中的路径依赖，他指出在市场转型过程中，与国家社会主义分离后产生了一种混合的市场经济，这种改革的深层结构有可能再生产出国家社会主义再分配经济的重要特征即强政府干预②。因此，市场转型理论提出了"双轨制"的分析范式，试图对市场转型中的传统延续进行补充解释。但是"双轨制"本身并没有超越市场转型的范畴，其依旧将市场机制看成是未来改革的方向和终点③。尽管存在诸多争议，但作为一对相互对立而又相互补充的分析范式，市场转型理论和路径依赖理论对我们理解中国城镇住房制度的演变进路和内在逻辑仍具有重要的启发意义。

二 从私有化到国有化（1949~1977 年）

新中国成立前，私房是城市住房的主要类型，且比重一直较高。据对北京、天津、上海等 10 个城市的调查，至 1955 年底，各城市中的私房比重平均接近 60%。④ 以上海为例，1955 年，上海市区共有房屋 4581 万平方米（简棚房屋和浦东地区房屋不计在内），其中私人（外国人不计在内）占有 2751 万平方米，占 60.1%；出租房屋计 1935 万平方米，占私人房屋总量的 70.3%。⑤

（一）保护私有产权，鼓励出租

1949 年 5 月，北平市军事管制委员会发布的《关于本市房屋问题的布告》指出，应合理保护城市房屋的占有关系及由此所产生的租赁关系。规

① 宋时歌：《权力转换的延迟效应——对社会主义国家向市场转变过程中的精英再生与循环的一种解释》，《社会学研究》1998 年第 3 期。
② Victor Nee, "Organizational Dynamics of Market Transition: Hybrid Forms, Property Rights, and Mixed Economy in China," *Administrative Science Quarterly*, Vol. 37, No. 1 (Mar., 1992), pp. 1–27.
③ 刘春燕：《再分配经济中的市场弹性：中国城市住房政策与制度（1949—2010）》，广西师范大学出版社，2012。
④ 《国家房地产政策文件选编（1948 年—1981 年）》，房地产通讯杂志社，1982。
⑤ 上海房地产志编纂委员会：《上海房地产志》，上海社会科学院出版社，1999。

定：房屋买卖自由，房主有出租其房屋之权，其租额由主客双方根据公平合理之原则自行议定之。同时对房东和租户的权利、义务进行了规定，如房主确系为了自住、改建与出卖而收回房屋，是应当许可的，但须于3月前通知租户，并应依约或依习惯予房客迁移费以若干补贴。此外，在租户依约缴租情况下，房主不得收回房屋。房屋破坏需要修补时，除另有约定或有习惯法者外，概由房主负责。① 布告发布后不久，《人民日报》刊文《论如何解决北平人民的住的问题》指出，没收房屋不但违反了新民主主义阶段承认私产的原则，而且将招致多种恶果。第一种恶果是，无人愿意投资建造新房，或翻建旧房。一方面政府没有多余的财力去建房，一方面私人又裹足不前，不去建房，房屋势将日益减少。没收的第二种恶果是社会秩序容易紊乱，因为没收势必引起众多人民心理上的不安。没收以后又须要管理。管理是一件十分繁重之事。在目下，政府正应集中精力于增加生产，以繁荣经济之时，这样一件繁重工作势将妨碍政府的主要工作。② 与此同时，新政权进一步鼓励房主出租房屋，试图通过发挥现有住房的最大使用价值来解决城市居民的住房问题。

1949年之后，我国借鉴苏联的计划经济发展模式，在资源有限的情况下，提出了"先生产后生活"的经济发展口号，在全民热火朝天投入社会主义生产建设时期，衣食住行等日常需要的生产无疑居于次要地位，甚至被认为是妨碍政府的主要工作。因此，为了不给政府增加管理房屋的负担，必须寻求其他更有效的解决方法，即鼓励房主将房屋出租给房客。同时，为防止任何人住太大的房屋，必须课以累进的重税，住房愈多者课税愈重。用这种双行的办法可以使北平的房屋得到相当合理的使用。文章指出，调剂房租比较稳妥的办法是协议与报告并存，即在原则上采取房主房客协议的方法，但协议的结果，必须向政府报告或登记。③

1949年8月11日，《人民日报》以问答的形式发表新华社信箱文章《关于城市房产、房租的性质和政策》，再次集中明确了对城市私有房产的基本态度。城市房屋有公有房屋和私有房屋的分别。就私有房屋来说，其

---

① 《北平市军事管制委员会关于本市房屋问题布告》，《人民日报》1949年5月16日第1版。
② 《论如何解决北平人民的住的问题》，《人民日报》1949年5月21日第2版。
③ 《论如何解决北平人民的住的问题》，《人民日报》1949年5月21日第2版。

之所以不能和农村中的土地问题一样处理，是因为这两者的所有权关系，从而产生的这两者的剥削关系一般是不相同的。① 具体政策包括：①承认和保护一般私人所有的房产的所有权和正当合法经营权。②允许私人房屋出租，租约由主客双方自由协议来订立。禁止地产投机。③主客双方都应当遵守所自由议定的租约。④保护城市的房屋，并督促房主进行必要的修建。1950 年下半年北京在各区各界人民代表会议协商委员会下设立了房屋修缮委员会，负责推动城市私房的修缮工作。至 1951 年 6 月，北京市房屋修缮工作基本完成。北京市城区应该修缮的市民住房约 6 万间，在人民政府大力倡导、扶助与房主房客的共同努力下，已修好的房屋近 5 万间，占应修房屋的 80% 以上。其余部分也争取在雨季以前完成。②

总体而言，新中国成立初期，我国对城市私有住房的态度是非常明确的。除了对农村大地主的住房和官僚资本垄断的城市住房进行没收之外，对城市里一般房东的私有住房并没有采取没收政策，反之，城市住房的私有权应得到保护，且对城市私有住房在缓解城市房荒方面委以重任。这一举措充分体现了对城市住房私有权的尊重和保护，也给城市私人房产者吃了一颗定心丸。

（二）城市公有住房建设

然而实践表明，通过现存私人住房的出租并不能根本上解决日益增长的住房需求，首都城市房荒现象依旧严峻和棘手。1951 年 3 月 1 日，北京市长彭真在北京市第三届第一次各界人民代表会议开幕词中提出，"市人民政府应动员与组织公私力量，为增建一万五千到两万间房屋而奋斗（中央各机关修建之房屋在外）。为了实现这一计划，我们应该组织公私合资的房产公司"。房屋问题被列为当年度八项主要工作之一。③ 8 月 29 日，北京市人民政府发布严格执行中央人民政府政务院关于明令禁止各机关、团体、公营企业等擅自购租民房的规定，对机关、团体和公营企业购租民房的限其退出所购租民房，交由原住户或租给其他找不到房屋的市民居住。

---

① 《关于城市房产、房租的性质和政策》，《人民日报》1949 年 8 月 11 日。
② 《北京市房屋修缮工作基本完成》，《人民日报》1951 年 6 月 22 日第 2 版。
③ 《首都人民解决房屋问题的意见》，《人民日报》1951 年 3 月 11 日第 2 版。

尽管如此，首都住房问题依然严峻。首都各项事业迅速发展，人口迅速增加，而房屋的增建却赶不上需要。"从今年一月至八月底，全市共增加人口十三万三千多人，因此，虽然北京市人民政府今年已动员公私力量新建了一万五千余间房屋，并修缮了七万八千间破房，但仍不能满足当前需要。"①

至此，政府不再单纯依靠原有城市私房的出租解决人民的住房需求，而是开始着手投入大规模的城市公有住房建设。1952 年 5 月 4 日《人民日报》报道了上海工人住宅的建设情况，目前已经落成的 1002 户住宅，坐落在上海市西郊曹杨路附近，取名为"曹杨新村"。基地面积达 200 亩。村内的公共建筑，有合作社、诊疗所、热水店、公共厕所和公共浴室等，以后还要增建小菜场、学校、俱乐部等。公共浴室分男女两部，共有集体用的大池塘两个和单人用的小浴缸及淋浴的莲蓬头共 13 处，浴室同时可容纳四五十人洗澡。村内还有小桥流水，有可供 10 人并行的煤屑路和石块路，路上已接上路灯。② 曹杨新村的建设是新中国第一个工人新村的样板房，后来成为各地效仿的对象。同期，北京市第一批工人宿舍工程动工。1955 年 5 月 15 日，《人民日报》刊文称，重庆六一〇纺织染厂采用"自建公助"的办法解决职工居住问题。两年来工厂不断扩建，职工人数也随之增加，为了解决职工住房问题，政府拨给了 500 多间房子，工厂也修盖了200 多间，但还是感到住房不够用。于是这个工厂的工会组织就采用了"自建公助"的办法，帮助缺少房屋的工人修建住宅。③ 1956 年，湖南省衡阳市住宅兴建委员会派出大批干部，分别到全市 80 多个工厂企业单位进行调查，准备 1956 年下半年采用"自建公助"办法帮助职工和居民建1200 间新住宅。争取在 1956 年基本上解决全市职工住宅缺乏的问题。④

1956 年 7 月 22 日，《人民日报》刊文《买房子不是好办法》指出，解

---

① 《北京市人民政府委员会举行第八次会议　秘书长薛子正作关于处理机关、团体、公营企业等购租民房问题的报告》，《人民日报》1951 年 11 月 5 日第 3 版。

② 《上海市正修建大批工人住宅，北京市第一批工人宿舍工程即将动工》，《人民日报》1952年 5 月 4 日第 2 版。

③ 《"自建公助"解决工人住宅问题》，《人民日报》1955 年 5 月 15 日第 2 版。

④ 《沈阳组织职工互换住宅　衡阳采用自建公助办法建筑职工住房》，《人民日报》1956 年 7月 19 日第 2 版。

决职工住房问题最基本的是增建城市房屋。买房子不能增加城市总居住面积；空房最好的办法是出租。[①] 8 月，《人民日报》刊文表彰哈尔滨市人民委员会在改善职工生活方面的做法。以职工住宅问题来说，除了计划新建一部分房屋以外，还提出了下面两个方法：一个是组织部门之间、职工之间、居民之间互换住房；另一个是对各单位和市民进行教育，使他们了解全市房屋的困难情况，发扬互助友爱的精神，把多余的房子让出来。通过这两个办法，就可以缓解目前因国家财力、物力有限而不能更多地建造住宅的困难。[②] 1956 年 8 月 6 日《人民日报》刊文称，几年来上海由政府和企业拨款建造的住宅已解决了 30 万人的居住问题。但由于人口增长快，新建住宅赶不上需求，1956 年决定再兴建 28 万平方米面积的住房，争取大部在年内完成，预计可供给 3.7 万人居住。现在私营房地产企业绝大部分已实行公私合营。[③] 上海有关部门正在考虑在 7 年内即到 1962 年为止，通过新建、修理、改建和调整的办法来解决房荒问题。新建房屋的资金，大部分将由国家负担，小部分由企业负担和采用职工"自建公助"的办法。[④]

（三）私有住房的社会主义改造

20 世纪 50 年代中期开始，国家对城市私有出租房的态度也发生了转变，认为私有出租房屋是资本主义经济的构成部分，是我国实现各行业社会主义改造以后，最后的资本主义残余。因此必须进行社会主义改造。1958 年 8 月 6 日《人民日报》刊登了中央主管机关负责人就城市私有出租房屋的社会主义改造工作的重要意义和改造的方针、政策等问题对新华社记者发表的谈话，再一次明确了国家对城市私有住房的基本态度。文章指出，"对城市私有出租房屋的社会主义改造，是完成城市的全面社会主义改造的组成部分。这是我们国家的性质决定的。城市里出租房屋私人占有制的存在，不仅不符合社会主义革命的要求，而且妨碍了社会主义建设事

[①] 《买房子不是好办法》，《人民日报》1956 年 7 月 22 日第 2 版。

[②] 《改善职工生活的七个方案》，《人民日报》1956 年 8 月 5 日第 2 版。

[③] 《兴建住宅、取消房捐、降低医药收费标准 上海市进一步改善人民生活》，《人民日报》1956 年 8 月 6 日第 4 版。

[④] 《上海市百万劳动人民居住问题 将在今后七年内逐步解决》，《人民日报》1956 年 8 月 13 日第 4 版。

业的发展。"① 对私有出租房屋的改造政策是采取赎买的办法，将私有出租房屋通过"国家经租""依租定租"②"公私合营"等方式纳入国家直接经营管理的轨道，在一定时期内给房主以固定的租息，逐步实现私房所有制的改变。同时，对依靠房租作为全部或主要生活来源的房主进行教育改造，逐步将他们从剥削者转变为自食其力的劳动者。关于改造对象，文章表示根据"统筹兼顾、适当安排"的方针，在大城市一般可以对出租房屋150平方米（建筑面积）以上的进行改造；在中等城市可以对出租房屋100平方米以上的进行改造；小城市（包括城镇）可以在出租房屋50~100平方米的限度内适当选择一个标准进行改造。由于全国各地情况不同，上述标准只是大体划分，不是硬性规定，各地可以灵活运用。除对住房进行公有化的改造外，对房主的思想改造是一件长期的重要工作。有职业的房主可以由所在单位进行思想改造，无职业的房主应该通过居民组织或者采用其他办法进行教育，逐步改造他们的资本主义思想。③ 至1958年底，我国城市私有住房的社会主义改造基本完成。

在1956年开始的以"公私合营""国家经租"为特征的城市私有住房社会主义改造后，我国基本确立了城市国有公房体制。国家再分配体制下，我国城镇住房经历了从保护和鼓励出租到私有住房的公有化改造，这预示着国家逐步开始介入城市住房的管理。与私有住房时期不同，在国家统建统分的公有住房模式下，国家拥有对公有住房的主导权，通过政策对居民的住房供给、分配进行管理和调控，在满足人们的日常生活需求的同时促进国民经济的发展。国家将提供住房的责任下放到地方政府、国有集体事业单位，从而增加了地方政府、单位的权力。④ 公有住房的供给模式也被认为是社会主义国家的福利制度。公有住房体制的确立预示着国家开

① 《全面完成城市的社会主义改造》，《人民日报》1958年8月6日第6版。
② 所谓"国家经租""依租定租"就是房主把出租的房屋交给国家房产管理部门统一管理，统一修缮和调配使用，而国家按月付给房主固定的租息。定租的标准是按租金的百分比计算，即将租金收入按修缮费、管理费、房地产税、保险费和给房主的固定租息等部分做适当分配。原则上应当首先照顾房屋的保养修缮，其次照顾房主的生活。
③ 《全面完成城市的社会主义改造》，《人民日报》1958年8月6日第6版。
④ Chen Xiang Ming & Gao Xiao Yuan, "China's Urban Housing Development in the Shift from Redistribution to Decentralization," *Social Problems* 40 (1993).

始在住房上与个人建立起直接关联性。我们把这种个人与国家关系称为"国家吸纳个人"或"国家整合个人",即国家通过逐步渗透进个人日常生活的方方面面,从而将个人吸纳到整个社会系统中。这个过程本质上是中国传统的个人与国家之间相互包容合一的状态的延续。[①] 这种延续使得 20 世纪 90 年代以前的中国社会基本呈现一种国家包容整合的局面即由政治逻辑支配的国家社会主义。[②]

1958 年之后,我国确立了国家统建统分的公有住房管理模式,但是随着"大跃进"的不断推进,城市住宅投资被大大地压缩了。"文化大革命"期间,我国的国民经济濒临崩溃的边缘,住宅建设的投资更是日益下降,建设速度非常缓慢。据统计,城市住宅建设投资占基本建设投资总额的比例,第一个五年计划为 9.1%,第三个五年计划则降到了 3.98%。1966 ~ 1977 年这 11 年,平均每年竣工面积只有 1800 多万平方米。以上海为例,1960 年上海房地产业占国内生产总值的比重降至 0.038%,1966 年和 1970 年也仅占 0.056%和 0.051%(见表 2-1)。由于建设事业的发展,城市人口的增长,据 192 个城市的统计,平均每人居住面积由新中国成立初期的 4.5 平方米,至 1978 年下降为 3.6 平方米。[③] 许多城镇和工矿区,特别是人口集中、工业发展较快的大中城市,群众住房十分紧张。

表 2-1 1952 ~ 1978 年上海地区生产总值与房地产业所占比重

单位:亿元,%

年份	地区生产总值	其中第三产业	其中房地产业	房地产业占地区生产总值的比重
1952	36.66	15.27	0.05	0.136
1955	53.64	21.54	0.04	0.075
1958	95.61	27.38	0.05	0.052

① 赵晔琴:《从毕业分配到自主择业:就业关系中的个人与国家——以 1951—1999 年〈人民日报〉对高校毕业分配的报道为例》,《社会科学》2016 年第 4 期。
② 周雪光:《国家与生活机遇:中国城市中的再分配与分层(1949—1994)》,郝大海等译,中国人民大学出版社,2015。
③ 陈伯赓等:《城镇住房制度改革的理论与实践》,上海人民出版社,2003。

续表

年份	地区生产总值	其中第三产业	其中房地产业	房地产业占地区生产总值的比重
1960	158.39	30.80	0.06	0.038
1965	113.55	24.13	0.07	0.062
1966	124.81	25.74	0.07	0.056
1970	156.67	28.43	0.08	0.051
1975	204.12	38.36	0.16	0.078
1976	208.12	40.44	0.22	0.106
1978	272.81	50.76	0.27	0.099

资料来源：见上海房地产志编纂委员会《上海房地产志》，上海社会科学院出版社，1999。

三　转型中的住房体制改革（1978～1998 年）

随着"文化大革命"的结束，以住房建设为代表的城市建设问题又被重新提上了议事日程。1978 年 11 月 27 日，《人民日报》发表社论《把城市建设提到重要日程上来》指出，在林彪、"四人帮"多年的干扰破坏下，城市建设问题成堆，欠账很多。如不抓紧解决，势必拖四个现代化的后腿。城市建设欠账多，主要表现在职工住宅和市政公用设施落下了相当大的缺口。[1]

1979 年 7 月 25 日，《人民日报》刊文《鼓励城市居民"自建公助"修建住宅》称，单靠国家的力量，还是不能尽快地解决城市住房紧张问题。应该取消不许群众自建住房这条"禁令"，采取多种形式建房，提倡和鼓励"自建公助"是一个切实有效的办法。但这绝不意味着放弃领导和管理。恰恰相反，必须加强思想工作，加强组织领导。[2] 由此开始，在不动摇国家对住房管理的主导地位的情况下，各地各单位纷纷开始采用"自建公助"和"公建自助"的办法解决本单位职工的住房问题。另外，公有

---

[1] 《把城市建设提到重要日程上来》，《人民日报》1978 年 11 月 27 日第 1 版。
[2] 《鼓励城市居民"自建公助"修建住宅》，《人民日报》1979 年 7 月 25 日第 1 版。

住房的补贴出售也开始施行。1979 年 7 月 25 日,《人民日报》刊文称房子少,住宅建设与城市人口的增长不相适应。住房分配上的不合理,管理制度、管理方法上的不妥当,都是造成差别的一个重要原因。因此,建议第一,实行累进房租制。根据每人占有住房面积的多少,实行不同的租金率。以一个城市为计算单位,对住房面积在平均数以下的户,实行低房租。第二,允许城市居民购买国家修建的住宅。第三,制定有关住房的法律规定。① 居民购房可以缓解国家在投资住房方面的资金紧张,这个办法可以作为解决城市住房的一个补充手段。

1980 年 6 月,中共中央、国务院批转《全国基本建设工作会议汇报提纲》中提出:"要准许职工私人建房、私人买房,准许私人拥有自己的住宅。"这预示着我国住房商品化的开端。从 1982 年起,郑州、常州、沙市、四平四个城市率先试行将公有住宅补贴出售给个人。湖南沙市将国家投资兴建的 36 套房间公开补贴出售,已有 107 人争先认购。个人购买的补贴出售住宅,产权归己,允许继承,不需要时可以出售给房管部门。房管部门发给产权证书,受国家法律保护。② 对此,《人民日报》刊文表示,自从试行住宅补贴出售以来,这些城市的购房登记处经常门庭若市,人们星夜排队认购住宅的场面屡见不鲜,群众要求扩大房屋出售量的呼声越来越高。③ 将国家统建统分的住宅逐步改为国家统建、补贴出售,这是住房分配制度的一项重要改革,一定程度上调动了国家、地方、企业、个人等多方面的积极性。1984 年 10 月 17 日,《人民日报》转载新华社文章《国务院批转城乡建设环境保护部报告》,进一步强调了公有住宅补贴出售的影响和意义,同时指出,"城市公有住宅补贴出售给个人,是逐步推行住宅商品化、全面改革我国现行住房制度的重要步骤。试点城市的人民政府要加强领导,及时解决试点中的问题,不断总结经验,为在全国全面开展住宅补贴出售创造条件。各试点城市中的有关部门和单位,包括中央和地方

---

① 《解决城市住房问题的建议》,《人民日报》1979 年 7 月 25 日第 1 版。
② 《长沙市改革住房分配制度,公建住房补贴出售,售给私人的住房,产权归己,允许继承》,《人民日报》1983 年 3 月 11 日第 1 版。
③ 《改革现行住房分配制度和房产经营办法,郑州等四城市住宅补贴出售受欢迎》,《人民日报》1984 年 2 月 25 日第 1 版。

行政机关及所属企业、事业单位，都要积极支持试点工作的进行，认真执行所在城市住宅补贴出售试点的规定"。① 在国家的大力倡导下，至 1985 年，全国已扩大到 100 多个城市试行公有住房补贴出售。与此同时，住房建设也逐步由国家统建向综合开发过渡，如以经营商品性住宅为主的房产开发公司出现。有 7000 多个家庭买了中国房屋建设开发公司的住宅。这个公司在常州、苏州、桂林、郑州等十几个城市建立了分公司，1983 年修建住宅 69 万平方米，房屋成交额达 8000 多万元。②

随着商品性住宅的推行与各地陆续开始的实践，一种新的市场开始形成，即房屋市场。③ 1986 年 12 月 24 日，《人民日报》刊文称，改变城镇住宅的福利性质，实行住宅商品化，是一条根本出路。实行住宅商品化，首先应从改革低租金制入手，进而把整个住宅建设和经营（包括出租和出售）逐步纳入商品经济的轨道。④ 随后，《人民日报》多次刊文强调住房商品化的必要性，称"住房商品化不仅对加快住房建设，解决城镇居民住房困难起了一定作用，而且有效地抑制了社会对住房的不合理需求，促进了城镇居民消费结构趋向合理化"。⑤

对新房实行补贴实转制度被认为是推动全面住房制度改革的有效措施，也是整个住房制度改革的重要组成部分。1987 年 12 月 21 日，《人民日报》刊文称，住房制度改革关系到国家经济建设和城镇千家万户居民群众的利益，各级领导和人民群众都十分关心，并已成为街头巷尾议论的热门话题。从目前反映的情况来看，无论领导干部还是居民群众，对住房制度改革的认识都不很一致，各试点城市的改革方案又各有千秋。⑥ 因此，《人民日报》决定在经济版开辟《积极推行住房制度改革》专栏（简称《房改天地》），就住房制度改革以及与此相关的推进住宅商品化、住房建

---

① 《国务院批转城乡建设环境保护部报告，全面改革城市现行住房制度，扩大公有住宅补贴出售试点》，《人民日报》1984 年 10 月 17 日第 1 版。

② 《中国房屋建设开发公司去年卖了七千多套住宅，住房商品化经营正在稳步发展》，《人民日报》1984 年 1 月 11 日第 2 版。

③ 《满足不同需要，实现合理使用，我国初步形成换房市场，三十六万户居民住房得到调换》，《人民日报》1986 年 8 月 16 日第 1 版。

④ 《改革住房制度的重要一步：住宅商品化》，《人民日报》1986 年 12 月 24 日第 5 版。

⑤ 《实行住房商品化缓解住房紧张状况》，《人民日报》1987 年 12 月 23 日第 2 版。

⑥ 《低房租符合中国国情》，《人民日报》1987 年 12 月 21 日第 2 版。

设投资、房地产经营等问题展开讨论。随后，该专栏收到了大量读者来信（见表 2-2）。

表 2-2　《房改天地》专栏关于住房的讨论（1987~1988）

	标题	日期及版面
1	不合理房租非改革不可	1987 年 12 月 21 日第 2 版
2	新房可否率先试行新制度——关于住房制度改革的观察思考	1987 年 12 月 23 日第 2 版
3	实行住房商品化缓解住房紧张状况	1987 年 12 月 23 日第 2 版
4	牛儿庄矿新房试行商品化分配	1987 年 12 月 23 日第 2 版
5	不合理房租非改革不可	1987 年 12 月 21 日第 2 版
6	理顺房租　利国利民	1988 年 1 月 20 日第 2 版
7	将房租拉开档次	1988 年 1 月 20 日第 2 版
8	房租应按住房造价来定	1988 年 1 月 20 日第 2 版
9	旧房也可出售	1988 年 1 月 20 日第 2 版
10	适当提高住房支出的比重	1988 年 1 月 31 日第 2 版
11	首先解决多占住房问题	1988 年 1 月 31 日第 2 版
12	"房改"可从提高房租做起	1988 年 1 月 31 日第 2 版
13	纠正不正之风需走"房改"之路	1988 年 1 月 31 日第 2 版

　　1988 年 1 月，全国住房制度改革工作会议召开。会议认为，通过近几年若干城市进行试点，已经蹚出了住房制度改革的路子，在全国范围内展开住房制度改革的时机已经成熟。1994 年 1 月 7 日，《人民日报》发表《加快城镇住房制度改革，促进住房建设发展》一文，明确了我国城镇住房新制度的基本框架以及加快住房制度改革的基本思路："以出售公有住房为侧重点，售、租、建并举，加大租金改革力度，全面推行住房公积金制度，加快经济适用住房建设，政策配套，形成市场，加快住房商品化、社会化，早日建立适应社会主义市场经济要求的城镇住房新制度，实现 2000 年城镇居民住房达到小康水平的要求。"同时强调，要尽快把住房建设、分配、管理、维修服务等职能从企业职能中分离出去。

　　从公有住房的补贴出售到大规模倡导的房租改革，从新房补贴转到鼓励单位将住房职能交由市场，住房被赋予了商品的各种属性。同时，各项改革措施的一再推动，也表明了国家大力推进城镇住房制度改革的决心和力度，住房市场化呼之欲出。1998 年 1 月 1 日起，顺德市停止用公款建购住房、无偿分配给职工居住的福利型做法，改为每月发给住房津贴，由职工自行解决住房。① 1998 年 6 月 15 日全国城镇住房制度改革与住宅建设工作会议于北京召开。会议明确了城镇住房制度改革的指导思想是："稳步推进住房商品化、社会化，逐步建立适应社会主义市场经济体制和我国国情的城镇住房新制度。"② 6 月 29 日，《人民日报》刊文称，6 月 15~17 日召开的全国城镇住房制度改革和住房建设工作会议预示着实行了近 50 年的福利分房制度将结束。③ 7 月 22 日《人民日报》转发了国务院关于进一步深化城镇住房制度改革的通知要求，进一步明确：从 1998 年下半年开始停止住房实物分配，逐步实行住房分配货币化，且对不同收入家庭实行不同的住房供应政策。④

至此，从 20 世纪 50 年代开始的城镇福利分房制度宣告结束，个人的住房问题不再与国家/单位直接捆绑，而是进入住房市场，通过银行贷款购买住房。单位也不再具备建房、分配、维修等相关职能。国家实现了作为城镇住房的供应和管理者角色的全面转型，以市场化为主导方式的住房制度得以确立。显而易见的是，在制度转型的过程中，市场功能逐渐取代过去计划经济分配的功能，市场会减弱政府的权力，个人在市场交换中的自由是这个转变的根本。⑤ 不过，个人与单位之间的关系如此固化与稳定，因此在住房市场化进程中，传统的单位制依然发挥了一定的作用。然而，不可否认的是，住房市场化进程重构了国家—个人关系，传统的国家吸纳个人的力量在走向式微。

---

① 《住房分配货币化，广东四市先行一步》，《人民日报》1998 年 1 月 12 日第 12 版。
② 顾云昌：《住房制度改革》，《中国经济周刊》2018 年第 50 期。
③ 《相伴到安居》，《人民日报》1998 年 6 月 29 日第 9 版。
④ 《国务院通知要求 进一步深化城镇住房制度改革》，《人民日报》1998 年 7 月 22 日第 1 版。
⑤ Doug Guithrie, "Understanding China's Transition to Capitalism: The Contributions of Victor Nee and Andrew Walder", *Sociological Forum*15 (2000).

四　讨论：住房中的个人与国家关系

在 1949 年以来中国城镇住房体制改革发展的进路中，国家经历了从进入到退出、从主导到辅助的角色转变。新中国成立初期，国家对城市私房采取了承认并保护的态度，同时也试图通过鼓励私房的出租来达到缓解城市住房紧张的目的。然而实践表明，单靠私房出租无法解决城市住房需求，因此从 1951 年开始，国家大力投入住宅建设。此后，"自建公助"等多种形式建房被鼓励和推崇。"单位"也因此被要求承担起解决本单位职工住房的重任。1958 年私有住房的社会主义改造确立了我国的公有住房体制。至此，在住房这一领域，个人与国家/单位之间建构起了直接关联性，所有的城镇住房被收归在国家或单位体制内，即个人要获得住房，必须经由国家或单位的直接分配，个人无权建房。住房的所有权皆归国家或单位所有，个人作为租客，仅拥有住房的使用权。城市住房的"国有化"进程是计划经济体制下中国城镇住房的一个重要特征，也是国家全能主义（totalism）[①] 的重要表现。从 1978 年开始，城市住房建设再次被提上议程。公有住房补贴出售、新建住房补贴出售、房租改革等一系列的改革措施表明了国家改革住房制度的决心，也预示着住房从此开始进入市场流通领域。至 1998 年，以国家/单位分配为主的住房福利制度全面取消，住房分配的货币化正式施行。

自 20 世纪 80 年代开启的住房供给结构转型标志着国家逐步退出住房的主要供应者角色，成为市场的辅助者角色。住房也因此从单位福利转变为市场化的商品，进入市场流通领域。国家在城镇住房中的大一统地位被打破，传统再分配的权力开始弱化，住房被推向了市场，成为一种特殊的商品（商品房）。对此，市场转型理论与路径依赖理论各有不同的讨论。市场转型理论认为，中国的住房改革是再分配的社会主义计划体制向市场体制不断迈进的过程。[②] 这其中，住房要素演变成中国社会的一个阶层要

---

① 邹谠：《二十世纪的中国政治》，香港牛津大学出版社，1994。

② Zhou, Min & Logan, J. R., "Market Transition and the Commodification of Housing in Urban China," *International Journal of Urban and Regional Research* 20 (1996).

素。而按照路径依赖的解释，传统再分配权力的弱化并不意味着国家完全退出，只是在这个逐渐退出的过程中由单位开始承担起重任，如原来是单位分房给职工，现在是单位把公房卖给职工。但毋庸置疑的是，国家在住房上的角色转变与转型意味着我国住房市场化的逐步确立和发展，也预示着个人与国家关系的重大转型，即从大一统的、无所不包的全能主义型政府向宏观调控、辅助型角色的转变。

从国家/单位福利性住房分配到进入市场购买商品房，这一过程本质上体现了个人与国家关系中的"去国家化"进程。改革以前国家处于社会控制及政治总动员的中心。在这种国家社会主义的模式下，国家可以通过各种方式全方位渗透到私人生活的各个领域，如就业、住房等，从而建立起与个人之间的前所未有的直接关联性。这种包容、整合个人的国家—个人关系在改革之后渐次被打破。在住房领域表现为，通过一系列的住房改革措施，从最初的国家统建统分到鼓励多种形式建房，从补贴出售公房到住房商品化，近20年的住房改革从根本上转变了国家在个人住房获得中的决定性作用。随着市场、社会等中间要素的发育，国家逐渐将住房的主导性让位于市场，由市场来调控住房供需，而作为看不见的手，国家可以对住房进行宏观上的政策调控，以辅助住房市场的发育。尽管改革后的住房市场存在一定的分割性[1]，但是无疑一种更为平等、新型的国家—个人关系被建构了起来。

---

[1] 李斌：《中国住房制度改革的分割性》，《社会学研究》2002年第2期。

第三章　1978年以来我国农民工住房政策的演变[*]

住房问题是影响农民工融入城市的主要障碍之一。改革开放以来，我国针对农民工住房问题已经出台了众多政策，从增加住房供给、改善居住环境、给予费用支持等多个方面为解决农民工住房问题提供了重要的政策支持。

本章，我们通过梳理不同时期的农民工住房政策，总结各个时期的政策办法，从而归纳我国农民工住房政策的主要演变特点。我们以三个重要时间节点作为划分依据，即1978年伴随第一次"民工潮"而产生的农民工住房问题，2005年中央政府首次提出研究解决进城务工人员住房等问题以及2009年中央政府首次提出有条件的城市可将符合条件的农民工纳入城镇住房保障体系。根据这三个时间节点，我们把农民工住房政策划分为三个阶段：1978~2004年农民工住房政策的缓慢发展期，2005~2008年农民工住房政策的快速增长期，以及2009年至今以保障性住房制度为核心的深化期。

一　农民工住房政策的缓慢发展期（1978~2004年）

随着1978年十一届三中全会的召开以及国家工作重心的转移，国家限制农民进城的政策开始松动，大量的农民涌入城镇务工，形成了第一次"民工潮"。[①] 此时，农民工作为一个新兴群体，其在城镇中面临的住房问

---

[*]　本部分由华东师范大学社会学系2019级硕士研究生许添琦协助完成。

[①]　宋林飞：《"民工潮"的形成、趋势与对策》，《中国社会科学》1995年第4期。

题尚不突出。国家对农民工的关注主要集中在就业、落户等方面，而对农民工的住房问题关注较少。

1978~2004 年，中央政府基本没有出台农民工住房的相关政策。有关住房的问题仅限在个别政策中略有提及（见表 3-1）。[①] 从总体来看，这一时期是农民工住房政策的缓慢发展期。

表 3-1　1978~2004 年中央政府及各部委出台的农民工住房相关政策

发布时间	发布单位	文件名称	相关措施
1984 年 10 月	国务院	《关于农民进入集镇落户问题的通知》	要求地方政府为进集镇落户的农民工和家属提供建房、买房、租房的便利
2000 年 6 月	中共中央、国务院	《关于促进小城镇健康发展的若干意见》	提出开展针对有稳定收入的进镇农民的购房信贷业务

1984 年 10 月，国务院发布《关于农民进入集镇落户问题的通知》，指出"地方政府要为他们（申请到集镇务工、经商、办服务业的农民工和家属）建房、买房、租房提供方便"[②]，但对具体住房的细节问题并没有涉及。这一时期也是我国住房制度改革的重要时期。1988 年 2 月国务院印发《关于在全国城镇分期分批推行住房制度改革实施方案》，1991 年 6 月国务院发布《关于继续积极稳妥地进行城镇住房制度改革的通知》，1994 年 7 月国务院发布《关于深化城镇住房制度改革的决定》，这一系列重要文件标志着我国传统公共住房制度的逐渐瓦解和商品房市场的建立，但是这些住房制度改革的政策并未触及农民工群体的住房问题。

值得一提的是，农民工的住房消费在这一时期还一度被寄予拉动小城镇经济发展的"厚望"。2000 年 6 月，由中共中央、国务院发布的《关于促进小城镇健康发展的若干意见》中提到"逐步开展对有稳定收入的进镇农民在购房、购车和其他消费方面的信贷业务"[③]，意图以此促进农民工群体消费，进而拉动小城镇经济发展。

[①]　董昕：《中国农民工的住房政策及评价（1978~2012 年）》，《经济体制改革》2013 年第 2 期。

[②]　国务院：《关于农民进入集镇落户问题的通知》（国发〔1984〕141 号）。

[③]　中共中央、国务院：《关于促进小城镇健康发展的若干意见》（中发〔2000〕11 号）。

总体而言，1978~2004 年，国家对农民工住房问题并没有给予充分关注，农民工住房政策发展缓慢。

二　农民工住房政策的快速增长期（2005~2008 年）

2005~2008 年，中央政府对农民工住房问题的关注较以往有了巨大的提升，出台了许多涉及农民工住房问题的重要文件。一方面，这些针对农民工住房问题的政策文件在发布数量上，较前一阶段有显著的增长；另一方面，政府在此期间对农民工住房问题的认识愈发深刻，相应在政策中给予的指导意见也越发多样。因此，无论从政策发布的数量，还是政策内容上来看，2005~2008 年这一阶段均是农民工住房政策的快速增长期。这一时期的相关政策如表 3-2 所示。

表 3-2　2005~2008 年中央政府及各部委出台的农民工住房相关政策

发布时间	发布单位	文件名称	相关措施
2005 年 1 月	建设部	《建设部 2005 年工作要点及负责单位》	提出研究解决进城务工农民住房问题
2005 年 1 月	建设部、财政部、中国人民银行	《关于住房公积金管理若干具体问题的指导意见》	提出在有条件的地方，进城务工人员可缴存、使用以及贷款住房公积金
2006 年 1 月	建设部	《关于印发 2006 年工作要点的通知》	强调制定和落实改善农民工居住条件的政策措施，关注农民工聚集地区的管理，改善居住场所的卫生与安全
2006 年 3 月	国务院	《关于解决农民工问题的若干意见》	强调保障农民工居住场所的卫生与安全条件；部分企业提供员工宿舍；加强聚集地规划和基础设施保障；将农民工纳入住房公积金体系
2007 年 2 月	建设部	《关于印发〈建设部 2007 年工作要点〉的通知》	提出改善农民工居住条件；推进城中村整治和改造；完善住房公积金缴存和使用政策
2007 年 8 月	国务院	《关于解决城市低收入家庭住房困难的若干意见》	提出改善作为其他住房困难群体的农民工的居住条件，包括安全卫生的要求，开发区与工业园区的集中供给，"城中村改造"，建设类似经济适用房的农民工住房等

续表

发布时间	发布单位	文件名称	相关措施
2007 年 12 月	建设部、国家发改委、财政部、劳动保障部和国土资源部	《关于改善农民工居住条件的指导意见》	国家层面出台的首个专门针对解决农民工住房问题的文件，多方面关注农民工居住问题

2005 年由建设部发布的《建设部 2005 年工作要点及负责单位》首次提出"研究解决进城务工农民住房问题"。[①] 尽管文件中就农民工住房问题仅有这一句提及，但某种程度上可以反映出中央政府开始关注农民工住房问题。因此，我们把 2005 年看成是农民工住房政策快速增长期的开端。2007 年 12 月，建设部、国家发改委、财政部、劳动保障部和国土资源部五部委联合发布了《关于改善农民工居住条件的指导意见》，这是国家层面出台的首个专门针对解决农民工住房问题的文件，也是对整个农民工住房政策快速增长期的总结性文件。该文件整理与总结了政府此前在解决农民工住房问题中行之有效的思路与做法，主要分为"多渠道提供农民工居住场所"、"保证农民工居住场所安全、卫生"以及"加强政策扶持，强化监督指导"三个方面。文件中还确立了改善农民工居住条件的一条重要基本原则，即"政策扶持，用工单位负责"，该原则也在很长一段时间内成为农民工住房政策的中心。[②]

综合来看，农民工住房政策快速增长期主要从三个方面来解决农民工住房问题：其一是逐步将农民工纳入城镇职工的住房公积金制度；其二是改善农民工的现实居住环境；其三是确定用工单位作为改善农民工居住条件的责任主体，指导用工单位供给农民工住房。这三个方面的政策共同作用于农民工住房问题，取得了一定的成效。具体政策内容如下。

（一）住房公积金制度的农民工群体覆盖

农民工住房政策快速增长期中重要的一条政策思路是将农民工群体纳

---

① 建设部：《建设部 2005 年工作要点及负责单位》，http://www.mohurd.gov.cn/zxydt/200804/t20080424_162627.html。

② 建设部等：《关于改善农民工居住条件的指导意见》（建住房〔2007〕276 号）。

入住房公积金制度的覆盖范围，从而在一定程度上减轻该群体住房的资金压力。因此许多政策文件围绕住房公积金制度展开，并逐步完善相关的制度规定。

2005 年 1 月由建设部、财政部、中国人民银行联合发布的《关于住房公积金管理若干具体问题的指导意见》首次提出"有条件的地方，城镇单位聘用进城务工人员，单位和职工可缴存住房公积金"，并且规定住房公积金使用范围为"购买自住住房或者在户口所在地购建自住住房"。[①] 2006 年 3 月出台的《关于解决农民工问题的若干意见》对住房公积金使用范围进行了一定的调整。文件在重申"有条件的地方，城镇单位聘用农民工，用人单位和个人可缴存住房公积金"的基础上，将住房公积金的使用范围扩大为"用于农民工购买或租赁自住住房"，更好地适应了农民工群体现实的住房需要。[②] 随后，2007 年 2 月出台的《关于印发〈建设部 2007 年工作要点〉的通知》对公积金的覆盖范围进行了更详细的说明。文件在强调"完善住房公积金缴存和使用政策"的同时，提出"依法将公积金制度覆盖范围逐步扩大到包括在城市中有固定工作的农民工在内的城镇各类就业群体"。[③]

这一系列的政策文件逐步实现了住房公积金制度的农民工群体覆盖，在解决农民工住房问题上取得了一定成效。

（二）现实居住环境的改善

恶劣的居住环境是农民工群体面对的较为直接和现实的住房问题，因此这一时期相关政策也频繁着眼于改善农民工具体的居住环境，政策内容包括对农民工聚居地城中村的改造，居住地的卫生安全条件的改善，等等。

2006 年 1 月发布的《关于印发 2006 年工作要点的通知》针对农民工居住条件问题，率先提出"制定和落实改善农民工居住条件的政策措

---

① 建设部等：《关于住房公积金管理若干具体问题的指导意见》（建金管〔2005〕5 号）。
② 国务院：《关于解决农民工问题的若干意见》（国发〔2006〕5 号）。
③ 建设部：《关于印发〈建设部 2007 年工作要点〉的通知》（建办〔2007〕62 号）。

施"。① 文件中还将"加强对城乡结合部、'城中村'等农民工聚居地区的规划建设管理"以及"改善农民工居住场所的卫生与安全环境"作为相对具体的措施办法。② 2007年1月发布的《关于印发〈建设部2007年工作要点〉的通知》再一次提到"将整治和改造'城中村'作为改善农民工和原村民居住环境的重要措施",并将其归为"城市规划建设管理的重要内容"。③ 同年8月,由国务院发布的《关于解决城市低收入家庭住房困难的若干意见》中再次强调,城中村改造必须"考虑农民工的居住需要",同时提到城中村改造,可以"在符合城市规划和土地利用总体规划的前提下,集中建设向农民工出租的集体宿舍"④。这是对城中村改造工作的重要补充。

(三) 确定用工单位作为农民工住房的责任主体

确定用工单位作为改善农民工居住条件的责任主体,并指导用工单位供给农民工住房是这一时期政策的又一重要内容。

国务院于2006年3月发布了《关于解决农民工问题的若干意见》,文件就农民工住房问题提到,"招用农民工数量较多的企业,在符合规划的前提下,可在依法取得的企业用地范围内建设农民工集体宿舍。农民工集中的开发区和工业园区,可建设统一管理、供企业租用的员工宿舍,集约利用土地"。⑤ 而2007年8月发布的《关于解决城市低收入家庭住房困难的若干意见》中就开发区和工业园区的集体宿舍,补充规定"集中建设向农民工出租的集体宿舍,但不得按商品住房出售"⑥,切实保障了集体宿舍的实际效用。

在中央文件的指导下,全国各地积极探索工业园区内农民工集体住房问题,相继形成多种因地制宜的住房模式。以上海市为例,2006年10月

---

① 建设部:《关于印发2006年工作要点的通知》(建办〔2006〕4号)。
② 建设部:《关于印发2006年工作要点的通知》(建办〔2006〕4号)。
③ 建设部:《关于印发〈建设部2007年工作要点〉的通知》(建办〔2007〕62号)。
④ 国务院:《关于解决城市低收入家庭住房困难的若干意见》(国发〔2007〕24号)。
⑤ 国务院:《关于解决农民工问题的若干意见》(国发〔2006〕5号)。
⑥ 国务院:《关于解决城市低收入家庭住房困难的若干意见》(国发〔2007〕24号)。

上海市政府出台了《关于本市做好农民工工作的实施意见》，提出在农民工集体宿舍方面"采用'政府规划、企业投资、市场运作'的模式，建设与本区域范围内企业用工规模相适应的农民工公寓，满足农民工的租住需求"。① 而在 2008 年 3 月发布的《关于印发上海市 2009 年住房建设计划的通知》中，上海市政府就农民工集体宿舍建设问题，进一步明确指出，"在符合城市规划和土地利用总体规划的前提下，按照'政府主导、统筹规划、单位负责、市场运作'的原则，在经济开发区、工业园区等外来务工人员集中的区域，新建或改建部分集体宿舍和集体公寓，定向出租给来沪务工人员，改善来沪从业人员居住条件"②。两份文件均是中央政策指导下，上海根据地方实际情况制定的配套政策，并且上海也逐渐形成了"政府主导、统筹规划、单位负责、市场运作"的农民工住房供给模式，取得了一定的成效。

三　以保障性住房制度为核心的
深化期（2009 年至今）

2009 年至今，农民工住房政策主要围绕保障性住房制度展开，较快速增长时期的政策内容又有了较大变化。将农民工群体逐步纳入城镇住房保障体系，同时完善制度规定和增加保障性住房供给，成为这一时期农民工住房政策的主要方向。

2009 年 12 月，中共中央和国务院发布了中央一号文件《关于加大统筹城乡发展力度进一步夯实农业农村发展基础的若干意见》。文件在涉及改善农民工居住条件部分中，首次提出"鼓励有条件的城市将有稳定职业并在城市居住一定年限的农民工逐步纳入城镇住房保障体系"③。这一提法为后续的一系列农民工住房政策文件指明了方向，因此是整个深化期的开端。这一时期的政策主要围绕两个方面展开：其一是逐步将农民工群体纳入包括

---

① 《关于本市做好农民工工作的实施意见》（沪府发〔2006〕44 号）。
② 《关于印发上海市 2009 年住房建设计划的通知》（沪房地资综〔2008〕207 号）。
③ 中共中央、国务院：《关于加大统筹城乡发展力度进一步夯实农业农村发展基础的若干意见》（中发〔2010〕1 号）。

廉租房、公共租赁房在内的城镇住房保障体系中；其二是增加在农民工聚集的开发区和工业园区中的公共租赁房供给。相关政策如表 3-3 所示。

表 3-3　2009 年至今中央政府及各部委出台的农民工住房相关政策

发布时间	发布单位	文件名称	相关措施
2009 年 12 月	中共中央、国务院	《关于加大统筹城乡发展力度进一步夯实农业农村发展基础的若干意见》	提出要多渠道多形式改善农民工居住条件，鼓励有条件的城市将有稳定职业并在城市居住一定年限的农民工逐步纳入城镇住房保障体系
2010 年 6 月	住房和城乡建设部等七部门	《关于加快发展公共租赁住房的指导意见》	提出将有稳定职业并在城市居住一定年限的外来务工人员纳入公共租赁住房的供应范围；在开发区和工业园区，地方政府引导各类投资主体建设公共租赁住房
2011 年 9 月	国务院办公厅	《关于保障性安居工程建设和管理的指导意见》	重点发展公共租赁住房供应给城镇稳定就业的外来务工人员
2012 年 7 月	国务院	《国家基本公共服务体系“十二五”规划》	强调为在城镇稳定就业的外来务工人员提供公共租赁住房，且由市、县政府负责，引导社会资金投入，省级政府给予资金支持，中央给予资金补助
2012 年 7 月	住房和城乡建设部	《公共租赁住房管理办法》	在申请公共租赁住房的条件中，提到外来务工人员需要达到规定的年限
2013 年 4 月	住房和城乡建设部	《关于做好 2013 年城镇保障性安居工程工作的通知》	要求 2013 年底前，地级以上城市要明确外来务工人员申请住房保障的条件、程序和轮候规则
2014 年 3 月	中共中央、国务院	《国家新型城镇化规划（2014—2020 年）》	提出采取廉租住房、公共租赁住房、租赁补贴等多种方式改善农民工居住条件；完善商品房配建保障性住房政策，鼓励社会资本参与建设；探索开发区和产业园区建设公共租赁住房，企业建设农民工集体宿舍；把进城落户农民完全纳入城镇住房保障体系
2014 年 9 月	国务院	《关于进一步做好为农民工服务工作的意见》	提出解决农民工住房问题纳入住房发展规划；支持增加中小户型普通商品住房供给，规范房屋租赁市场，为农民工购买或租赁商品住房提供优惠政策；住房保障实施范围的纳入；加强城中村、棚户区环境整治和综合管理服务；开发区、产业园住房供给；逐步将在城镇稳定就业的农民工纳入住房公积金制度实施范围

续表

发布时间	发布单位	文件名称	相关措施
2017 年 4 月	住房和城乡建设部、国土资源部	《关于加强近期住房及用地供应管理和调控有关工作的通知》	提供增加公租房、共有产权房供应，扩大公租房保障范围，解决稳定就业的外来务工人员的住房问题，并且做好保障性住房分配管理，加强信息公开，确保公平分配
2019 年 5 月	住房和城乡建设部等四部委	《关于进一步规范发展公租房的意见》	提出重点保障重点发展产业中的外来务工人员公租房供应；开发区和产业园区中的集体宿舍形式的公租房供应；准入、使用、退出的严格管理

（一）城镇住房保障体系的农民工群体覆盖

在将农民工群体纳入包括廉租房、公共租赁房在内的城镇住房保障体系方面，相关政策着力于制定并完善相应的申请条件、申请程序，使得农民工切实享用保障性住房。

2010 年 6 月，住房和城乡建设部等七部门发布的《关于加快发展公共租赁住房的指导意见》便提出将"有稳定职业并在城市居住一定年限"的外来务工人员纳入公共租赁住房的供应范围，同时文件还特别提到"公共租赁住房的供应范围和供应对象的收入线标准、住房困难条件，由市、县人民政府确定"①。而后，于 2013 年 4 月发布的《关于做好 2013 年城镇保障性安居工程工作的通知》对农民工申请保障性住房的相关规定进行重申，文件特别强调"地级以上城市要明确外来务工人员申请住房保障的条件、程序和轮候规则"②，实际上加速了将农民工纳入城镇住房保障体系在地方的进程。2017 年 4 月出台的《关于加强近期住房及用地供应管理和调控有关工作的通知》要求在增加公租房供给的同时，注重住房的分配公平。2019 年 5 月出台的《关于进一步规范发展公租房的意见》特别指出"加大对新就业无房职工、城镇稳定就业外来务工人员的保障力度"③，要

---

① 住房和城乡建设部等：《关于加快发展公共租赁住房的指导意见》（建保〔2010〕87 号）。
② 住房和城乡建设部等：《关于做好 2013 年城镇保障性安居工程工作的通知》（建保〔2013〕52 号）。
③ 住房和城乡建设部等：《关于加强近期住房及用地供应管理和调控有关工作的通知》（建房〔2017〕80 号）。

求降低相应的保障门槛，争取覆盖更广大的农民工群体。

全国农民工监测调查报告的数据显示，2016~2018年，全国享受保障性住房的进城农民工户占比由2.7%上升至2.9%，相应具体人数由761万增长至836万。① 由此可见随着城镇住房保障体系的不断完善，越来越多的农民工切实地享受到了政策保障。

总体而言，这一系列明确申请条件、申请程序等的政策进一步促使城镇住房保障制度惠及农民工群体，部分农民工的住房问题得到了妥善解决。

（二）公共租赁房在开发区和工业园区覆盖

针对农民工聚集的开发区和工业园区的住房问题，快速增长时期政策的主要办法是鼓励企业建设农民工集体宿舍，政府则予以相应的政策扶持。而在以保障性住房制度为核心的深化期中，政策在原有鼓励建设集体宿舍的基础上，着重关注公共租赁房在开发区和工业园区的覆盖。

2010年6月发布的《关于加快发展公共租赁住房的指导意见》中率先提出"在外来务工人员集中的开发区和工业园区，市、县人民政府应当按照集约用地的原则，统筹规划，引导各类投资主体建设公共租赁住房，面向用工单位或园区就业人员出租"②。而2019年5月发布的《关于进一步规范发展公租房的意见》则包含了对开发区和工业园区公租房的最新指导意见。文件就公租房的供应方式有了新的补充，其中提到"新就业无房职工和外来务工人员较为集中的开发区和产业园区，根据用工数量，在产业园区配套建设行政办公及生活服务设施的用地中，可通过集中建设或长期租赁、配建等方式，增加集体宿舍形式的公租房供应，面向用工单位或园区就业人员出租"③。

这些政策实际上是对过去由企业负责农民工住房供给的有效补充，也

---

① 国家统计局：《2016年农民工监测调查报告》，http：//www.stats.gov.cn/tjsj/zxfb/201704/t20170428_1489334.html；国家统计局：《2017年农民工监测调查报告》，http：//www.stats.gov.cn/tjsj/zxfb/201804/t20180427_1596389.html；国家统计局：《2018年农民工监测调查报告》，http：//www.stats.gov.cn/tjsj/zxfb/201904/t20190429_1662268.html。
② 住房和城乡建设部等：《关于加快发展公共租赁住房的指导意见》（建保〔2010〕87号）。
③ 住房和城乡建设部等：《关于进一步规范发展公租房的意见》（建保〔2019〕55号）。

是保障性住房制度在开发区和工业园区等地区的进一步延伸，为解决农民工住房问题提供了政策保障。

四　我国农民工住房政策的演变特点

从政策缓慢发展期到政策快速发展期，再到目前以保障性住房制度为核心的深化期，我国农民工住房政策呈现出三个演变特点：一是政策方向从侧重住房所有权到突出住房使用权；二是政策内容总体从宏观指导性到具体操作化；三是政策涉及的责任主体从单一的用工单位到政府、用工单位共同作为责任主体。这些特点体现出政府对于农民工住房问题认识的不断深入及对相应变化的及时调整，为有效解决农民工住房问题做出了积极贡献。

（一）从侧重住房所有权到突出住房使用权

回顾1978年以来有关农民工住房政策，我们发现，相关住房政策主要围绕住房所有权、住房使用权以及居住环境三个方面展开。在不同时期，政策所侧重的方面都有所不同，总体而言，我国的农民工住房政策已从最初的侧重住房所有权发展到当前突出住房使用权、住房所有权和居住环境并重。

我国农民工住房政策最初主要关注的是农民工的住房所有权问题，因此当时政策的主要目标是帮助农民工在城市购房。这些政策一方面为农民工购房扫清制度上的障碍，另一方面则是通过提供住房公积金贷款、税费减免等政策以缓解农民工购房的经济压力。例如，1984年发布的《关于农民进入集镇落户问题的通知》中要求地方政府为进入集镇落户的农民以及家属提供建房、买房、租房的便利；2000年发布的《关于促进小城镇健康发展的若干意见》提到为有稳定收入的进镇农民提供购房信贷业务；2005年发布的《关于住房公积金管理若干具体问题的指导意见》中提到在一定条件下用人单位和个人可缴存住房公积金，用于农民工购买自住住房等。

这些政策从侧面反映出当时政府对解决农民工居住问题的认知仅限于帮助农民工取得住房的所有权，而对住房的使用权和居住环境关注不足。

不过这也与早期农民工住房问题不突出，农民工居住压力小的社会现实有一定的联系。①

随着农民工住房问题的不断突出和情况的不断复杂，后续政策开始着眼于居住环境以及住房使用权等其他方面，尝试多渠道解决农民工住房问题。大量的城中村改造，卫生安全条件的改善，鼓励用人单位集中供给员工宿舍，都是政策在居住环境、住房使用权方面的探索。

现阶段的农民工住房政策主要围绕保障性住房展开，实质上是在持续关注住房所有权和居住环境的基础上，突出解决农民工住房使用权的问题。2014年9月由国务院发布的《关于进一步做好为农民工服务工作的意见》是现阶段农民工住房政策总体思路的反映，文件中提及多种办法，包括"解决农民工住房问题纳入住房发展规划；支持增加中小户型普通商品住房供给，规范房屋租赁市场，为农民工购买或租赁商品住房提供优惠政策；住房保障实施范围的纳入；加强城中村、棚户区环境整治和综合管理服务；开发区、产业园住房供给；逐步将在城镇稳定就业的农民工纳入住房公积金制度实施范围中；等等"。②

（二）从宏观指导性的政策到具体操作化的政策

农民工住房政策从宏观指导性政策转向具体操作化政策，政策办法逐渐转向多渠道、多形式，政策内容总体趋向细致、具体，是1978年以来政策演变的又一特点。

总体而言，政策最初对农民工住房问题多是"研究解决进城务工人员住房等问题""保障居住权利""改善居住条件"等宏观提法，这些宏观的指导性政策显示了政府对农民工住房问题的注意，并且逐渐将该问题提到一定的高度。但是如何解决住房问题、从哪些渠道保障居住权利，相关政策并未予以详细指导。换言之，最初的宏观指导性政策缺乏与之配套的具体政策办法，使得农民工住房问题这一被提到一定高度的社会问题，缺少了相应的使其落地的解决办法。

---

① 李爱民、刘保奎：《进城农民工住房问题的困境与出路》，《开发研究》2018年第3期。
② 国务院：《关于进一步做好为农民工服务工作的意见》（国发〔2014〕40号）。

而后，随着对农民工住房问题研究的不断深入以及实践的不断探索，相关政策逐渐将农民工住房问题分解为住房所有权、住房使用权、居住环境三部分，分别提出纳入公积金制度、改造城中村、集中宿舍供给、保障性住房制度等相应具体政策，多渠道、多形式解决农民工住房问题。分解农民工住房问题的办法，实际上也是对收入水平、工作场所不同的农民工群体的划分。通过这些解决渠道和形式，不同类型的农民工群体均可以获得一定程度的政策依靠，有力地解决了诸多住房问题。

当前，在这些具体政策办法的基础上，现有政策中又有对诸如保障性住房的申请条件、集体宿舍的责任主体等等细节内容的确定，不断完善已有的政策办法，进一步实现政策的可操作化。

现阶段，在已有政策方向和相应具体政策办法的基础上，现有政策一方面通过确定细节内容，明确具体条件，进一步实现政策的可操作化。农民工住房公积金政策与公共租赁房政策的发展均较好地体现了政策的演变特点，如具体的申请条件、相应的申请流程、具体的数值规定等，逐步使得政策操作可行，实现中央政策的地方落地。另外，根据新的社会现实和社区问题，对已有政策进行修改或是补充出台相应的政策办法。

（三）从用工单位单一的责任主体到政府、用工单位共同作为责任主体

农民工住房的责任主体从单一的用工单位到政府、用工单位共同作为责任主体变化，也是农民工住房政策演变的一个重要特点，反映出政府对农民工住房问题的日益重视和解决农民工住房问题的积极性。[1]

用工单位负责农民工住房的基本原则最早是在 2007 年 12 月发布的《关于改善农民工居住条件的指导意见》中确立的。在这一原则下，政策要求在农民工聚集的开发区、工业园区中，用工单位集中供给员工集体宿舍，以解决农民工住房问题。这一基本原则在一定时期内影响了我国农民工住房政策的核心内容，因此当时相关政策多围绕引导、支持用工单位为农民工提供住房，以解决农民工住房使用权的问题。但是就现实情况而言，开发区、工业园区中用工单位提供的集体宿舍数量有限，并且所能覆

---

[1]　曾国安、杨宁：《农民工住房政策的演进与思考》，《中国房地产》2014 年第 20 期。

盖的农民工群体范围也有限。例如，在城区从事第三产业的农民工群体就无法享受开发区、工业园区等的集体宿舍。① 为了满足此类农民工群体的住房需求，相关政策需要及时做出补充和调整，以扩大政策所覆盖的农民工群体。在 2005~2008 年的政策快速增长期中，可以看到政府在解决农民工住房问题中承担部分责任主体的表现。改善农民工群体现实的居住环境是这一时期政策关注的重点之一，因此围绕这一内容，包括《关于印发〈建设部 2007 年工作要点〉的通知》《关于解决城市低收入家庭住房困难的若干意见》在内的多个文件，将整治和改造城中村作为改善农民工居住环境的重要措施，纳入城市规划建设管理。这些政策所针对的居住环境问题与用工单位提供住房使用权不同，并且政策所覆盖的农民工群体与用工单位所覆盖的群体也不同，这显示了政府在解决农民工住房问题中的不同作用，也是政府作为责任主体的表现之一。

目前，政府有责任、义务建立和发展多层次、多样化的住房保障体系，以确保包括农民工等弱势群体在内的社会居民，能够享受到与经济社会发展相适应的住房保障水平。② 因此政策深化期围绕保障性住房的一系列政策是政府作为农民工住房问题责任主体的重要表现。

2011 年 9 月由国务院办公厅发布的《关于保障性安居工程建设和管理的指导意见》明确指出，"坚持政府主导、政策扶持，引导社会参与是我国住房保障工作的基本原则"③。后续一系列的相关政策，将农民工群体逐步纳入保障性住房体系，完善农民工集中的开发区、产业园区的公租房供应，明确落实农民工群体的申请条件等，政府在其中均承担了责任主体，这些政策覆盖更广大的农民工群体，为解决农民工住房问题发挥了巨大作用。

---

① 曾国安、杨宁：《农民工住房政策的演进与思考》，《中国房地产》2014 年第 20 期。
② 贾康、刘军民：《我国住房改革与住房保障问题研究》，《财政研究》2007 年第 7 期。
③ 国务院办公厅：《关于保障性安居工程建设和管理的指导意见》（国办发〔2011〕45 号）。

第二编

实证调查：上海

第四章 许村：上海的一个城中村*

本章中，我们以上海闵行区许村为田野点，重点介绍许村作为外来务工人员非正规居住空间的形成过程。

一 许村概况

许村位于上海市闵行区华漕镇东北，东与长宁区北新泾镇双泾村相邻，北与嘉定区隔苏州河相望，紧靠外环线与虹桥机场（见图4-1）。全村共有5个村民小组，都位于北翟路北面，辖区面积0.75平方千米（见图4-2）。①

许村大队隶属于华漕公社，是11个生产队之一。人民公社时期，许村主要种植蔬菜，粮食作物较少。20世纪80年代开始，许村开始实行包产到户，村民平均可以分到2亩土地，可以自主选择种植粮食作物与蔬菜，生活水平得到了显著提高。80年代中期开始，由于国家鼓励发展乡镇企业，许村的各个生产队就把部分土地从村民手里收回，创办企业或者建造仓库、厂房出租给工厂企业，获得的租金收益远高于农业收入，村民每年也可以从生产队获得分红。同时，村里安排一部分村民到村办企业或者乡镇企业工作，其余村民仍然从事农业。据《华漕志》记载，1985年许村总共有3个村办企业，职工183人，产值187.56万元，利润49.65万元；

---

* 本部分调研由华东师范大学社会学系2015级硕士研究生谢永祥完成。基于课题的调查，谢永祥完成了硕士学位论文《快速城市化背景下村落共同体终结——基于申村的个案研究（1958—2017）》，2019年。

① 《许村："硬骨头"成为"突破口"》，https：//www.jfdaily.com/journal/2015-10-19/getArticle.htm？id=41468。

仓库 16 座，总产值 69.3 万元，利润 46.8 万元，人均收入 1001.8 元。[①]

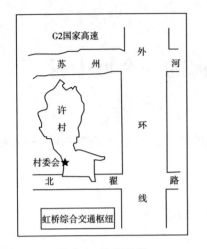

图 4-1　许村位置

图 4-2　许村布局

　　20 世纪 90 年代开始，随着城乡二元分割制度的松动，农村人口开始大规模进城打工。许村临近市区，交通便利，工厂企业较多且租金便宜，由此吸引了大量的外来人口。90 年代末，许村村民嗅到了租房的"商机"。他们开始利用自家宅基地上的空地搭建临时住房，也有的在自家主楼上加盖 1~2 层出租给许村里的外来人口。"一线天""握手楼"成了许村里一道独特的风景线。而此时，随着城市化进程的加速，许村的农业用地已经全部被征用，村民们也都实现了非农化就业，从种地发展到"种房"，村落地域边界与生活边界融为一体。村民们靠着这些搭建房屋的出租生意，每年可获得不菲的租金收益。此外，每家每户还可以从生产队获得村集体土地出租的分红。村里租房市场红火，2000 年以后，外来租客越来越多。2008 年，随着许村附近十多个村子动迁，原先散居在其他村的外来人员也纷纷涌入许村。有资料显示，2014 年许村有户籍人口 1940 人，来沪人员却高达 3.1 万余人，落户企业 120 家，人口倒挂比例接近 1∶16。[②] 这些外来人口中 70% 为青壮

　　① 朱墨钧主编《华漕志》，上海县华漕乡政府，1988。
　　② 《许村将消除 153 亩历史违法用地》，http://www.sohu.com/a/36442536_259518。

年劳动力，男性要比女性多 1000 多人，60% 为初中文化程度。[①]

二　居住状况

对于远离家乡，在外谋生的来沪人员来说，居住是他们不得不考虑的问题，居住地点与居住条件成为流动家庭的重要抉择。特殊的地理条件，加上源源不断涌入的外来人口，使得许村一度成为上海最大的城中村。

（一）居徒四壁："我们搬来的时候，什么都没有"

吴维平、王汉生通过对京沪两地流动人口住房现状进行分析时指出，与当地居民相比，流动人口在人均住房使用面积和住房质量这两个指标上都表现得更低。[②] 林李月、朱宇也指出，流动人口在流入地的居住质量差，人均居住面积小，居住空间拥挤，住房设施不齐全，条件较差。[③] 2004 年，"上海外来人员居住问题调查"课题组对市内 11 个区近 5000 名外来人员进行了问卷调查，结果显示外来人员人均居住面积在 7 平方米以下的占 46.8%。[④] 然而，时隔十多年，外来人员的居住条件并没有得到根本改善。

我们在许村的调研中再一次感受到了外来租户逼仄的居住空间。为了节约房租，他们往往租住面积狭小的单间（见图 4-3），然后在走廊搭建一个简易"厨房"（见图 4-4）。

> 搬进来的时候，什么设备都没有，没有洗手间，没有厨房。房东只提供了一个柜子和一张床。后来我自己又买了一张床和几把椅子。
>
> （XP20170710C）[⑤]

---

① 来源于许村外口办。
② 吴维平、王汉生：《寄居大都市：京沪两地流动人口住房现状分析》，《社会学研究》2002 年第 3 期。
③ 林李月、朱宇：《两栖状态下流动人口的居住状态及其制约因素——以福建省为例》，《人口研究》2008 年第 3 期。
④ 罗仁朝、王德：《上海流动人口聚居区类型及其特征研究》，《城市规划》2009 年第 2 期。
⑤ 本书的被访者均采用匿名处理。编码规则如下，首位几个字母代表调查点，中间的数字代表调查时间，最后一个字母是被访者姓氏的首字母。如 XP20170710C 表示访谈地点许村，访谈时间是 2017 年 7 月 10 日，被访者是 C 姓外来务工者。下同。

图 4-3　租客的房间

　　我这房子大概十五六平方米，没有独立卫生间。以前这是饭店，后来生意不好，做不下去就搬走了。我以前搬进来什么都没有，买了电视、洗衣机。现在没有装空调，按道理说，家用电器都应该要装的，以前电供应不上，不允许装空调。现在这个地方快要拆了，搬家的话空调又要拆又要搬，很麻烦，不管你买什么东西，你都要考虑你以后搬家怎么办，因为我们居无定所，不稳定的，万一弄不好的话，我就要回老家了。

（XP20170717S）

　　由于租客多，供水也成了问题。通常七八户租客共用一个水龙头，每天洗衣服、洗碗、接水都要排队，特别是晚上 7 点左右是用水的高峰时段（见图 4-5）。同样拥挤的还有电动车停车位。有租客表示，用来上下班的电动车无处停放，租客之间偶尔会因为抢个停车位发生口角。

（二）居无定所："我们在节节败退"

　　我们的调查发现，许村的外来人口大致可以分为两类。第一类是因为原住处拆迁，就近寻找住处后搬来许村。第二类是因为工作地点离许村较近，上下班方便。然而，随着城市建设步伐的加快，外来者的居住也充满

图 4-4　过道中搭建的厨房

图 4-5　七户租客共用一个水池

了未知与不确定性。

　　沈先生是江西人，由于原来租住的地方拆迁，2008 年他和妻子一起搬到了许村。因为没有居住证，孩子只能留在老家读书。沈先生租的房子在一层，十五六平方米，没有独立的卫生间。沈先生在门口摆摊修理电瓶车和自行车，他觉得这份工作比上班自由，但妻子嫌脏，宁可到上海人家里做保姆。他们坦言，由于上海各处都在拆迁，因此来上海后不断变换住处。

在这边住了八九年了。我以前住在北祥路，在长宁区那边，也是租的私房，便宜些，我们才能吃得消。他们要拆了，我才搬来这里的。这里要是拆的话，我们也要搬。总之，我们是节节败退。

（XP20170717S）

同样，L 也对未来的居住地点充满了未知与不确定性。

这间房子没住多长时间。我们原本在那四队住，就是靠马路刚拆的那块，现在搬到这里，也不知道能住多久。

（XP20170713L）

在这之前我们住在二队，那边不是全部拆掉了嘛，在二队住了十几年，然后就搬到纪王那边去了，然后又搬回来了。我老公不是在工地上拆迁房子嘛，工人都住在这边，这边离工作地点近一点，工作方便。

（XP20170711Z）

这个房子我们一家四口住，住了快 10 年了。我来上海都 20 多年了，原来住在外环线道那边，后来那边拆迁不让住了，我就搬过来了。现在这儿又要拆了，又要走，还不知道到哪里去找房子。

（XP20170710L）

当然，也有受访者是因为与邻居生活习惯不同而搬迁的。

我来许村 7 年了，我总共住了 3 家。上一家差不多住了 4 年，我们流动性挺大的，谁都有有事情的时候，他不想租了，他看环境不好，肯定要换个环境。在外面打工，住这么多人，生活标准都是不一样的。隔壁的邻居是否能合得来，能处得来就处，处不来呢，我跟你住在一起不高兴，我跟你抬杠的话，人家是要看笑话的，不如我到另外一个地方租一个房子。

（XP20170713L）

（三）居大不易："房租从 300 多涨到 1000 多，压力也够大"

选择在城中村租房子的另一个重要原因是房租相对便宜。第六次全国人口普查数据显示："全国城市房屋平均租赁价格已经从 2000 年的 120 元/月上涨到 2010 年的 473 元/月，住房租金增加近 3 倍。其中，租金涨幅最大的是天津、上海和宁夏三个省份。"① 有研究指出，2010 年，41.5% 的外来人口认为目前的住房支出已经达到或者超过自己能承受的最高房租。② 快速增长的房租日益成为外来人口的生活压力之源。

许村之所以在短时间内汇集了大量的租户，其中一个很重要的原因是低廉的租金。然而，2015 年 10 月许村环境综合整治以后，大面积违章出租房已被拆除，房源骤减，租金翻番，外来人口居住成本迅速提高。

受访者小刘来自河南，今年 26 岁，父亲是许村的环卫工人，母亲在某公司做保洁工作。

> 没拆违之前，这样的房子，租金在四五百左右，现在涨到 1200 元，就这么大点地还 1200？这个房子还很热，原来没有空调，刚装的。现在这附近 1000 元以下的房子恐怕是找不到了。
>
> （XP2017071L）

同样，带孙子的老刘也觉得拆违之后房租涨得太厉害。

> 我儿子在许村十几年了，我来这边也有七八年了，一来上海就到这边来了。以前房租便宜，最早的时候就 200 多一个月，拆违之后涨得很厉害。我这个房子也快拆了，八九百一个月，不然更贵。这边也要拆迁了，拆迁了就回去了，啥也没有，空调房东不让装，电线细，

---

① 邹湘江：《我国城市人口住房状况特征及变化分析——基于"五普"和"六普"的数据对比》，《广州大学学报》（社会科学版）2013 年第 1 期。
② 王宗萍、邹湘江：《新生代流动人口住房状况研究——兼与老生代的比较》，《中国青年研究》2013 年第 8 期。

电供不上来，我们想装个空调，不让装。

（XP20170714L）

拆违之前是 300，现在一下子涨到八九百，我在纪王那边也就 240，但那边靠近农村，地段不行。一厨一卫的房子也不过五六百块钱。现在这边房租是一个月一交，不需要交押金，水费 20 块钱一个月，电费每度 1 块钱。电费都是房东自己定的，房东还赚了我们的电费钱，唉。

（XP20170711Z）

大多数受访者对拆违后的高租金表示不满，但也很无奈，因为在城市快速更新的过程中，要找到既交通便利又租金便宜的地方居住实在非常困难。

三 日常生活

本节主要介绍许村拆违前后外来人口的生活变化、外来人口与本地村民的关系以及外来人口的日常生活。

（一）拆违带来的村落新面貌

2015 年 10 月，许村开始进行环境综合整治，大量违章建筑被拆除。没有了多余的出租房，外来人口也陆续开始外迁。数据显示，在这场轰轰烈烈的拆违运动中，许村仅用了 51 天时间就拆除 58 万平方米违章建筑，清退外来租户 1.3 万余人。[①] 整个许村面貌为之一新，其中最显著的变化有两个，一是偷盗事件骤减，村落秩序改善；二是休闲绿地广场的建成，丰富了外来人口与本地村民的日常生活。

去年我回家过年，我房间锁被人撬了，丢了一个电瓶，我们做装

---

① 《美丽闵行，从许村说起……》，http://mhb.shmh.gov.cn/content/2017-09/29/content_10497.htm。

修的嘛，还有电线啊什么东西，全丢了。我把车子也抬到楼上，车子他们（指小偷）没抬下来，车子两个人抬不下来嘛。还有崭新的鞋，过年没带回家，也被拿走了。

（XP20170712C）

没拆之前，这里环境确实不太好，也挺乱的，我们之前住的那个地方还经常有小偷，我手机被偷了一次，我爸电瓶车的电瓶被偷了一次，我手机就放在床上，进去一下厨房，出来就找不到了。问房东有没有监控啊什么的，他说没有，丢了就只能算了。现在拆违了，好像被偷的情况少了很多。

（XP20170713L）

由于此前人口混杂，许村里打架斗殴也经常发生。

以前人多，打架的也多，人多就自然会发生矛盾，都是年轻人。有时候饭店吃饭，酒喝多了，我看你不顺眼，你看我不顺眼，吵起来，吵起来就打起来。有时候就是大家在那边喝酒，有的带了小姑娘过去，有的没带，有的吹牛，其他人看他吹得太过分了，就生气了，就吵起来了。

（XP20170712C）

拆除违章建筑后，许村利用多出来的空地建造了一个休闲绿地广场（见图4-6）。我们调研的时候，广场已经落成。广场上有各种健身设施、休闲石凳，周边还建了一个健身步道。夏季晚上是这里最热闹的时候，散步的、跳广场舞的，男女老少，仿佛全许村的人都涌来这里。

（二）外来人口与本地村民之间的弱关系

在许村的调研中，我们发现外来人口与本地村民之间有着紧密且不可分的联系。村集体和村民家庭将出租房屋和土地看作稳定而主要的收入来源。80%以上的村民是房租的直接受益者，且房租收入往往占家庭总收入的一半以上。因此，为了增加由房租带来的收入，村民们竭尽所能在可利

图 4-6　许村休闲绿地广场

用的空地上搭建房屋。而对外来人口来说，城中村距离城市较近，交通便捷，有大量空闲、可供自由出租的房屋和经营用地，租金低廉，就业机会多，较为薄弱和松散的社会控制和管理体系，以及对外来人口来说比较熟悉的生活环境。这些都像磁铁一样吸引着不断涌入的外来者。他们或是就近找工作，或是直接在城中村里经营各种小生意，如理发店、小饭店等。城中村不但意味着生存机会，更意味着某种保护。①

　　唐灿、冯小双用"利益一体化"来解释外来人口与本地村民之间的关系，认为"一方面彼此在一定程度上仍保持有隔阂、反感，甚至对立的情绪；另一方面，彼此在经济和社会互动的过程中又越来越多地形成了一种相互依赖、利益共享、风险共担、共存共荣的关系，我们把这种深刻的互利共存的关系称为利益一体化关系"②。陈映芳将这种关系定义为"利益链"，在这种利益链之下，村集体与村民会联合起来应对城市政府，一方面他们会扭曲上级政策；另一方面还会根据自身实际利益需要和可能，为自身拓宽谋利渠道。③ 数量庞大的外来人口涌入城中村，给村民带来了可

① 周大鸣、高崇：《城乡结合部社区的研究——广州南景村 50 年的变迁》，《社会学研究》2001 年第 4 期。
② 唐灿、冯小双：《外来人口与城乡结合部地区的利益一体化关系》，李培林主编《农民工：中国进城农民工的经济社会分析》，社会科学文献出版社，2003。
③ 陈映芳：《城市中国的逻辑》，生活·读书·新知三联书店，2012。

观的经济利益，因而在对外来人口的管理中，多数情况下村集体采取的是相对通融的态度。同时，村集体也视外来人口为重要的谋利对象，一方面，形成以外来人口为对象的非正规房地产租赁市场；另一方面，村集体从外来人口处收取的各种管理费用，如经营管理费、治安管理费、卫生费等已成为地方财政的基本来源之一。

显然，"利益共同体""利益链""经济互惠"等概念都认为外来人口与本地村民之间建立的是经济与利益上的理性计算关系，而不是情感上的依附关系。大多数受访者也表示，房东大都买了商品房，在城里居住，交流的机会很少。只有交房租或者家里电器坏了才会与房东联系。

受访者 L 夫妇来自河南，2010 年的时候来上海。经朋友介绍，L 在许村里的一家电缆厂上班，妻子则做起了保洁工作。为了上班方便，L 夫妇在村里租了个房子落脚。

> 说实在的，基本没有沟通，不是一个层次、一类人，沟通起来没有话题。她（房东）来我这里收房租，我就把房租给她。她就拿回去，然后走了。说白了，租客与房东也就是交易的问题，等于说你租她的房子了，到时间她再收你房租，你把房租给她了，这就没有关系了，就相当于一个月见一次……我们每个月出 1000 块钱，关上门就这十几个平方米是属于自己的空间，门外都不是你的空间了。房东在弄什么，在修什么，那都是房东的事情，跟租客没有关系。
>
> （XP20170713L）

同样，其他租客也都表达了与房东之间的疏离。

> 我们来往很少。我们都是外地人，租房子在这里，联系很少的，就是出门见面打个招呼，房东也只是收房租的时候来一下。
>
> （XP20170710C）
>
> 房东是上海本地人，他没时间跟你交流，收房租的时候来一下，收完他就走。水管坏了我们也是自己修的。
>
> （XP20170714L）

　　房东家有五六个人，我们跟他们不怎么说话的，就收房租说说话，平时不怎么来往。

（XP20170714Z）

　　我们跟房东平时不怎么交流，啥关系都没有，他们只认钱。跟房东没有什么可交往的。

（XP20170717C）

　　显然，以房租为纽带的双向"经济互惠"① 构成了外来人口与本地村民之间的基本关系，而这种"弱关系"也筑成了城中村基本的居住生态格局。

（三）生存而不是生活

　　蜗居在城中村的外来人口，拥有的社会支持网络非常有限。城市的繁华与他们无关，他们来这里的目的只是挣钱生存而非生活。

　　其实打工的人是特别苦，他不是在自己家，在自己家上班最远的也不过30里路吧。像我们工资又低，跑的路程又远。我们要学历没学历，我们没办法的。我们要是回去了，这点工资都拿不到，几个孩子怎么养活呢？

（XP20170713L）

　　一个月就几千，拿了就花了，柴米油盐，房租，水电费……开销太大了。我在菜场的摊位每个月还要上交1000多元的管理费，反正什么都要钱。一年到头也就能剩个万把块钱。

（XP20170714L）

　　除了生活的压力，他们的社会关系网络也非常狭窄。一方面，他们很少与本地人往来；另一方面，由于工作时间长，与邻居相处机会少，即使

---

① 王汉生等：《"浙江村"：中国农民进入城市的一种独特方式》，《社会学研究》1997年第1期。

有亲戚或者朋友住在附近，也很少来往。

> 我们平时没有什么交往的对象，我们老乡在这边很少的。倒是有亲戚在这里，但也不能老是走动啊，都在上班，各忙各的。出来打工都不容易。

（XP20170713L）

四　小结

作为正规住房租赁市场之外的存在，城中村是外来务工者在城市扎根的主要空间，也是他们解决住房问题的重要方式。"与此同时，城中村里各种社会关系网络和日常生活图景也构成了社区内部结构化的重要力量。表面杂乱无章的生活秩序下，各种以关系和利益为纽带的结构化力量使得城中村一直以来作为灰色空间被保留和延续下来。"[1] 然而，经历了短短51天的环境综合整治，原本脏乱差的许村面貌焕然一新，道路宽了、河水清了，违章搭建的出租屋少了，近13000名外来租客离开许村另觅住处。城中村的拆违一定程度上挤压了外来务工人员的城市居住空间，"住哪里去"成了他们接下来最揪心的问题。

---

① 赵晔琴：《寻找住处：长三角新生代农民工居住调查》，澎湃新闻"长三角专栏"，2019年4月25日。

第五章　福来公寓：一个农民工公寓的转型[*]

本章中，我们以上海市嘉定区马陆镇的福来公寓为调查点，重点讨论福来公寓转型前后的变化。作为上海首个农民工公寓，福来公寓的转型对农民工到底意味着什么？

一　福来公寓概况

马陆镇位于嘉定区中部，东与宝山区相接，西与上海国际汽车城（安亭镇）和 F1 国际赛车场相连，南与南翔镇，北与嘉定镇、新成路街道毗邻。马陆镇下辖 12 个行政村、6 个社区以及 1 个工业园区，[①] 是嘉定区外来务工人员数量最多的乡镇之一。2009 年底，马陆镇外来总人口达 50701 人，占全区外来人口总数的 9.21%[②]。

"福来公寓"坐落于永盛路和双单路口（见图 5-1）。步入公寓内，首先映入眼帘的是一排排错落有致的宿舍楼。不同于印象中单调、简陋的板房式宿舍，一幢幢白瓦黄墙的 6 层楼房与葱葱郁郁的绿荫交相辉映。公寓内每个房间都配备欧式风格的阳台，并涂以乳白色，显得格外明亮。公寓共建有 10 幢楼房，最左边的一排为 1~5 号公寓，中间则为 6~8 号公寓，最右边则为 9 号和 10 号公寓（见图 5-2）。每栋公寓均为 6 层，每层 22 个房间，共 132 个房间。整个公寓内部共有独立房间 1320 间。福来公寓外景

---

[*]　本部分调研由华东师范大学社会学系 2015 级硕士研究生张乐乐完成。

[①]　《上海嘉定新城马陆镇建置区划》，http：//www. jiading. gov. cn/qqpd/zjjd/jzqh/jdxcmlz3。

[②]　上海市嘉定区统计局：《2010 年嘉定统计年鉴》，http：//tjyb. jiading. gov. cn/website/pages/intro_mo_22. htm？year＝2010&moCode＝16&yearbook＝2010。

见图 5-3。

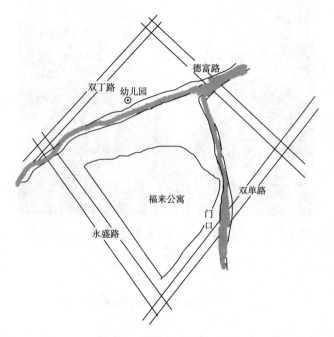

图 5-1　福来公寓地理位置

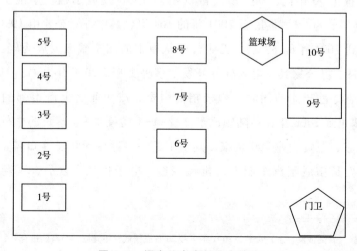

图 5-2　福来公寓内部分布情况

图 5-3　福来公寓外景

二　作为公租房的福来公寓

（一）福来公寓的由来

20 世纪 90 年代，马陆镇（戬浜镇）① 工业发展迅猛。全镇工业企业从 1990 年的 86 家，发展至 2001 年的 164 家，其中外资企业由 1990 年的 1 家发展到 2001 年的 69 家。工业行业从原来的加工服务发展为轻工机械、汽车配件、办公家具、电脑软件开发等多种类型。2000 年左右，马陆镇在发展本地特色产业的同时，积极招商引资，成为闻名上海市郊的“亿元乡”。截止到 2006 年，马陆镇已形 2-2-1-1 的模式②，落户的中外企业达 6000 多家，三资企业 700 余家，其中不乏一些世界 500 强等知名企业，经营范围更是拓展至汽车制造、机械制造、电子信息、食品、医药等多个领域。

---

① 据《马陆戬浜合志》记载，2001 年 7 月 20 日撤销戬浜镇建制，与马陆镇合并，建立新的马陆镇。根据本书需要，特此将其称为马陆镇。
② 2-2-1-1 的模式即希望、沪嘉 2 个经济城，2 个工业园区，1 个台商工业园区，1 个高科技园区。

随着经济的发展，马陆镇的外来人口也呈现快速增长的趋势。虽然一些企业形成了"生产""仓库""住宿"三合一的模式，但是绝大多数企业并没有给外来务工人员解决居住问题。2000 年以来，马陆镇政府招商引资 3 亿元建设三处民工公寓。总建筑面积 198280 平方米，各类房间 4350 套。① 福来公寓是其中最大的公寓，始建于 2002 年 10 月，历时约两年，2004 年 2 月竣工投入使用。② 公寓占地面积约 67 亩，总建筑面积 61320 平方米，共有宿舍楼 10 幢，每个房间 38 平方米，可容纳 10000 人居住。③

作为上海首家外来民工聚居区，福来公寓是标准化的公寓。商铺、超市、食堂、医务站、健身场所等配套设施应有尽有。2005 年 6 月，福来公寓社区学习中心成立了上海首个外来务工者读书俱乐部——福来读书俱乐部。④ 在福来公寓建成后不久，规模更大的闵行"鑫泽阳光公寓"、浦东金桥镇政府针对外来产业工人打造的"申大公寓"相继落成。

（二）福来公寓：单位承租

福来公寓又被称为"外口公寓"，它采取一种政府招标、投资方投标建设、政府委托物业管理公司管理的新型居住模式。⑤ 这些公寓采取的都是"政府搭台、市场运作、社区化管理"的运作模式。其操作模式是"政府提供廉价土地、开发商负责建设投资、各企业则分片整租，参与管理。其中，政府提供廉价土地，维持房屋低租金是集中安置区得以建设的关键环节"⑥。福来公寓投入使用之初并不向农民工个人开放，而是采用企业整租的方式。

　　2015 年来上海，校招进到 DZ 汽车公司。我单位的宿舍就在福来

① 李奎华：《坚持以人为本，构建和谐社区——关于马陆镇兴建外来从业人员聚居家园的调查》，《上海农村经济》2006 年第 1 期。
② 龚文华：《上海市嘉定区"农村社区学习中心"建设三例》，《中国农村教育》2009 年第 3 期。
③ 罗仁朝、王德：《上海流动人口聚居区类型及其特征研究》，《城市规划》2009 年第 2 期。
④ 杨悦：《马陆镇的外来务工青年"忙"》，《成才与就业》2009 年第 11 期。
⑤ 王彩焕、丁懿斐、吴学华、陈正浩：《政府搭台：为外来务工者建个"家"》，《上海消防》2006 年第 12 期。
⑥ 罗仁朝、王德：《上海流动人口聚居区类型及其特征研究》，《城市规划》2009 年第 2 期。

公寓，之前福来公寓是我们公司承租的几栋。当时我住的宿舍是单位给刚毕业的大学生提供的具有过渡性质的住房，一般提供 3 年，所以价钱比较优惠。

（YS20170501W）

我以前有个朋友在这里住，来过这里一次，当时有企业租下来给员工住的。以前是这样的，现在很少了。它这边已经改革过了。相比于之前的毛坯房，福来公寓现在都装修过了，弄过了。

（YS20170501X）

我是 2015 年 1 月来上海的，嘉定的 BD 公司校招过来的。福来公寓这边有 BD 承包的宿舍，我们这些员工都住在这儿。第一次来福来公寓，我同学他们在这儿住了 3 个月才搬走，因为公司提供 3 个月的免费宿舍。我当时就在这儿住了半个月、两周左右。后来搬走了，就自己在外边和同事、同学合租。

（YS20170501L）

当时的宿舍这边都是没有装修的，都是水泥的。我们公司承租后自己装修的。公司给一部分补贴，自己只需要付一点点钱就可以入住。

从 2004 年初建成到 2016 年，福来公寓一直在企业和政府的支持下为进城务工的外来人口提供居住场所。不可否认，即使获得了居住的"入场券"，居住时间的长短却由各个企业自行决定。而如今，这个多方合建的"家"在市场化的浪潮中，开始了自己的转型。

三 福来公寓转型：从单位承租到市场化

（一）走向市场化的民工公寓

随着产业结构转型调整，低端的制造业和劳动密集型产业开始逐步迁出上海，由此，上海的外来人口数量也出现下降。数据显示："2015 年末上海市外来常住人口为 981.65 万，相对 2014 年的 996.42 万下降了 1.5%。

这是进入 21 世纪之后，首次出现的外来人口的下降。"① 由此，作为"民工公寓"的福来公寓也面临市场化转型。

2016 年，马陆镇政府引进了专业的社会租赁公司"青客"，青客从开始承租一层楼到一幢楼，最后将福来公寓全部"收入囊中"。原本的民工公寓由此发生了转型。青客之所以能够承租福来公寓，在于其"受托房屋租赁"的经营范围。所谓的"受托房屋租赁"即青客的房源全部来自市场上已有的闲置房，不需要额外土地指标。这种经营模式又被称为"代理经租"。由政府委托的中介机构出面，以契约的形式从居民手里承租多余的动迁房，周期为 6 年；将装修完备的、具有公租房性质的人才公寓出租给有住房需求的人，房租价格略低于市场的平均价格。代理经租最直接目的是补充公租房供给数量的不足。②

　　2016 年 4 月份，我们的宿舍点取消了。福来公寓被青客承包了。青客一开始只承包了几栋，并不是所有的都在这里。当时还有一些其他的企业宿舍也在这里。从 4 月份之后，青客才开始把所有的楼都拿下来的。

（YS20170501W）

　　我是 2016 年 12 月搬到福来公寓这边的，通过青客的房管员③介绍来的。福来公寓刚开始这块是政府开发出来的，很多企业签了合同，这边就住了很多企业的外来务工人员，包括附近一些电子厂的工人。后来就被青客整体承包下来租赁了。因为福来公寓是属于政府性质的，所以当时青客和一个第三方的公司（类似于中间方的机构）签的协议。

（YS20170501L）

---

① 《2015 年上海市国民经济和社会发展统计公报》，http://district.ce.cn/newarea/roll/201602/29/t20160229_9173984.shtml。
② 张波：《代理经租型公租房的运行背景、实践经验与价值意蕴——基于上海 T 镇的考察》，《求实》2017 年第 3 期。
③ 青客公司内部的员工统称"房管员"，主要负责房屋租赁以及相关的业务。

青客完成福来公寓的承租之后，对内部空间进行了整体装修。大致可分为两种类型，一类为集体宿舍型，一类为家庭房型，二者风格截然不同。宿舍被涂以黄白相间的涂料，房间入口的左侧是卫生间，房间、客厅兼卧室为一体，约 30 平方米。两张上下铺摆放在客厅的左侧，右侧则摆放着米白色木质衣柜及两张桌子。左侧靠窗台墙面的上方悬挂着一台空调，通往窗台的门口则是大大的紫色落地窗。这样的房间可以容纳四人居住（见图 5-4）。

图 5-4 公寓内的集体宿舍

不同于集体宿舍的布局，家庭房型的布局更像是酒店式公寓。客厅的正中间是一张双人大床。米白色衣柜被安置于墙脚处（见图 5-5）。家庭房型的居住者多为夫妻或恋人，也有一部分单身青年。由于属于个人的私有空间，相较于集体宿舍而言，个人拥有很大的自由权，可以任意放置属于自己的家具、摆设等。

（二）入住群体的分化

转型之后的福来公寓早已经没有了"民工公寓"的头衔。原本的入住群体开始出现分化，除了附近打工的外来务工人员之外，青客也开始吸引"高学历、固定工作、稳定收入"的"人才"。我们的调查发现，福来公寓

图 5-5　公寓内的家庭房

的入住群体大体可以分为以下两类。

1. 年轻家庭

带孩子的年轻打工夫妇是入住福来公寓的主要群体之一。全国总工会研究室 2009 年的调查显示，新生代农民工的已婚者占 20% 左右。[①] 2019 年，国家统计局北京调查总队对在京农民工市民化进程动态监测调查显示，新生代农民工已婚的占比为 71.3%。[②] 这意味着，这一群体在外出务工期间要解决结婚、生育和子女教育等一系列人生问题。

> 2015 年刚开始来上海时，就我们两个。我们就租个单间，合租的那种。有孩子的话不方便。我们之前在嘉定的包装城住着，那边的房子便宜啊。它是合租的那种，一个大房子四户人家，那个才 600~700 元一个月。现在这边的房子是一千六七百元，包括水，但是不包括电。而这里面又全都是用电的，加起来每月房租得 2000 多元。福来公寓这个小区都是一室一户的，挺适合带孩子的家庭。我们中间去找过

---

① 全国总工会新生代农民工问题课题组：《关于新生代农民工问题的研究报告》，docin.com/p-2568134227.html。

② 国家统计局北京调查总队：《新生代农民工工作生活特征分析——基于 2019 年北京农民工市民化监测调查》，tjj.beijing.gov.cn/zxfbu/202005/t20200519-1901168.html。

其他的房子，很多的都是合租的，都是一间一间隔开的。人家房东看见我们带孩子，就说可能我们住在这儿不方便，而且我们自己也觉得不方便，空间也有点小。你想，和其他人合租，平时小孩子还好点，有时候生病了或者闹瞌睡，孩子肯定会影响到其他人，时间久了别人也可能会嫌弃啊。

（YS20170225B）

我是在网上找了一个嘉定的中介的电话，我就说我要租一个房子，然后人家说有小孩子的不让住。因为我们几个人的话，婆婆、我还有小孩子如果租一个套房的话就又会觉得太浪费，套房也不便宜，就我们几个人也要4000块钱。没办法，我就在网上找中介，我说我最好不跟别人合住，也影响不到人家，反正就单人住单室户，带卫生间的，而且最好一楼，因为带小孩子嘛，出去玩干啥的方便一些。那个中介就把福来公寓推荐给我了。

（YS20170331Y）

2. 单身员工

除了年轻的打工夫妇和孩子之外，福来公寓的租客中，单身租客的比例也很高。我们的受访者也不乏具有大学本科及以上学历的租客。

我住在这儿就是为了参加附近的培训。房租嘛，一个月500元，因为我们是四个人住。我们四个人都是通过青客介绍来的，之前并不认识的。

（YS20170225L）

现在在这边学习Java，类似于程序员之类的。大学毕业之后找了一些工作感觉都不喜欢。这个东西就要一直学习。我从浙江嘉兴过来的，刚来上海一个月，就是为了学习这个。我住的是四人间，毕竟四个人便宜点，都是来学习或者打工的，性价比还是挺高的。一个人房租525元，水电费需要另外交，加上水电费一个人差不多就是700元左右。

（YS20170225D）

去年换工作后来到上海，对这边不熟悉，就托朋友帮忙找房子。通过系统订到了福来公寓9号楼的一间房间。结果青客房管员联系我说，那个房子公司（青客）已经留给达内学员做宿舍了，让我退了。最终协调后我就租到了现在6号楼这边。

（YS20170501Y）

"客厅合用，一房一人"是青客的宣传标语。正如青客的名字一样，入住福来公寓的群体一是以年轻人为主，二是外来者。"客"与"主"相对应，相对于本地人而言，这些外来务工者为"客"。福来公寓成为外来青年务工群体的重要落脚点。

四 小结

农民工是我国快速城市化发展的一个表现。以上海为例，"2000年第五次人口普查数据显示，上海外来流动人口总数有387.11万，比1984年上海首次外来人口抽样调查数据——75万，足足增长了5.1倍"[1]。短短5年，2005年上海外来流动人口已达581万。[2] 2010年第六次全国人口普查数据显示："上海市外来流动人口总数达到897.70万。"[3] 然而，农民工住房问题在很长的一段时间内一直未在政策层面讨论。直到2006年，国务院出台了《关于解决农民工问题的若干意见》，要求多渠道改善农民工居住条件，将在城市居住时间满3年的农民工纳入经济适用房供应范围；同时要求市、县政府每年要提供经济适用房总量的10%，用于解决农民工住房。

福来公寓作为上海较早的民工公寓，其面对的群体是持有暂住证并在马陆镇有稳定工作的外来务工者，他们必须经由企业申请方可入住。不可

---

① 上海市人口普查办公室编《上海市2000年人口普查资料》，中国统计出版社，2002。

② 上海1%人口抽样调查小组办公室、上海市统计局人口与就业统计处编《2005年上海市1%人口抽样调查资料》，中国统计出版社，2007。

③ 上海市第六次全国人口普查领导小组办公室、上海市统计局编《上海市2010年人口普查资料》，中国统计出版社，2012。

否认，福来公寓等集中居住小区的规划和建设在一定程度上缓解了民工的住房难、租金贵、居住乱的问题，是政府各部门为外来务工人员提供公共服务的一个平台，同时也是政府政绩的重要指标。[①] 然而，随着城市产业结构的转型，福来公寓也逐步被市场化。青客公司对福来公寓空间的"更新"不仅是白领人才对于劳动力的置换，更在现实中迎合了政府及资本对空间资源、土地资源、规模效应等的经济开发需求。[②] 福来公寓的转型在某种程度上折射出上海城市的结构转型。

① 赵晔琴：《论农民工纳入城市住房保障体系之困境——基于准公共产品限域的讨论》，《吉林大学社会科学学报》2015 年第 6 期。
② 陈映芳等：《直面当代城市问题及方法》，上海古籍出版社，2011。

第六章 幸福家园：我在"大居"安个家[*]

本章中，我们以上海市松江区泗泾镇幸福家园为田野点。幸福家园是政府规划的大型保障房居住社区，[①] 以动拆迁安置商品房和经济适用房为主。然而，大量外来租客的涌入使得这个为本地居民建设的保障房社区成为外来者落脚城市的混居区。

一 幸福家园概况

泗泾镇位于上海西南，距市中心约 27 千米，因地处通波泾、外波泾、洞泾、张泾四泾汇集之地而得名。2009 年，上海提出："要在郊区建设交通便捷、配套完备、价格适宜、面向中低收入阶层的大型住宅社区的可能性和以推进保障性住房建设为重点，保持房地产市场稳定健康发展等目标和要求。"[②] 在市政府的选址中，泗泾地区成为上海市规模最大的保障性住房基地之一，也是上海市首批规划建设的六大基地之一。[③]

幸福家园位于泗泾镇古楼村，东至通波塘，南至古楼路，西至轻轨商业网点，北至泗凤路，规划用地总面积 50.2 万平方米（见图 6-1）。初期，

---

[*] 本部分调研由华东师范大学社会学系 2015 级硕士研究生刘璐完成。基于课题调查，刘璐完成了硕士毕业论文，题为《离与合：结构论视角下混居群体的日常生活研究——以上海市 X 保障型社区为例》，2018。

[①] 2013 年和 2018 年，笔者主持完成了上海市政府决策咨询研究项目"上海市大型居住社区的公共服务调查"。

[②] 上海市规划和国土资源管理局主编《大型居住社区规划设计导则（试行）》，2009。

[③] 2009 年上海市规划确定了宝山顾村、嘉定江桥、松江泗泾、闵行浦江、南汇周康、浦东曹路六个大型居住社区。

依据"四高小区"标准①开展规划建设，后期逐步升级为"交通便利、配套完善、质量可靠、和谐安居"的保障房示范基地。②

图6-1 幸福家园总平面

幸福家园共分三期建设。幸福家园一期是上海市重大工程动迁安置商品房基地，落成于2006年，占地面积239800平方米，总建筑面积313800平方米，住房面积285600平方米，规划3551套（户），共有89幢住宅楼，其中多层住宅73幢，高层16幢，当时分配价格为4000元。幸福家园一期东门见图6-2。

幸福家园二期作为2009年上海首批建成的经济适用房，是徐汇、黄浦、卢湾等区的经适房源基地，近4000户，分配价5100元（见表6-1）。在整个基地总体空间规划中，幸福家园一期、二期整体规划结构由东西两个反对称相似形组成。东西两个居住区域各由一条弧形机动车主干道、一条L型步行道和一个点状公园（东侧公园后改为幼儿园）组成。

幸福家园三期坐落在一期和二期的北面，区域范围西至嘉松公路，北到泗陈公路，东至刘五公路，南至泗凤路，其规划总用地面积135.62公顷，总建筑面积1147200平方米，其中住宅建筑面积959800平方米，公共

① "四高"即高起点规划、高水平设计、高质量施工、高标准管理。
② 包海泠、濮慧娟：《浅析大型保障性社区——幸福家园的规划策略》，《时代建筑》2011年第4期。

图 6-2　幸福家园一期东门

建筑配套设施面积 167700 平方米。规划居住人口约 3.3 万人，规划户数约
1.2 万户。幸福家园三期采取"大基地、小街坊"的规划理念，利用河道
走向，三期地块被分成了四个组团，每个组团 500~800 户居民。

表 6-1　幸福家园一期、二期基本情况（2011 年）

	一期	二期
定位	上海市重大工程动迁安置商品房基地	上海市经济适用房和动迁安置房
竣工时间	2006 年 5 月	2010 年 3 月
动迁安置房	3551 套	1942 套
经济适用房	0 套	1942 套
分配价格	4000 元	5100 元
签约交房数	3200 套	1500 套
交房率	90.1%	38.6%
居民自住套数	1800 套	100 多套
出租套数	1400 套	500 多套
居民来源	虹口、闸北、徐汇、黄浦、卢湾	徐汇、闸北、虹口

资料来源：松江区人口计生委提供，2011。

　　经过近 10 年的开发建设，幸福家园已建成保障房总建筑面积 180 万平
方米，入住居民约 3.9 万人。作为市政府重点开发的保障性住房，幸福家

园的居民主要是因动拆迁和保障政策而入住的，多数来自黄浦区、徐汇区、虹口区、闸北区、卢湾区等市中心区。

然而，我们在调查中发现，幸福家园的人口构成远不符合政府规划的初衷。以幸福家园一期为例，2012年小区居民户数3551户，其中本地常住户数为1622户，流动人口户数1929户。入住总人口7506人，其中本地常住人口有3043人，占总人口数量的40.54%；流动人口为4463人，占总人口数量的59.46%。80%的房屋出租给外来人口居住。由于房屋出租率高，几年下来，本地住户和流动人口已经形成严重的人口倒挂现象。这些租房的外来流动人口的受教育水平和劳动技能普遍偏低，大多数从事劳动密集型行业，也有的在幸福家园附近摆地摊或经营小商铺谋生。此外，幸福家园虽然是新兴社区，但是社区人口老龄化较为严重。已经入住的上海户籍人口中，60岁及以上的老年人口比重接近60%（见表6-2）。

表6-2　幸福家园一期导入人口特征（2012年）

户数	目前入住户数（户）	3551
	本地常住户数（户）	1622
	流动人口户数（户）	1929
人口数	小区总人口（人）	7506
	本地常住人口数（人）	3043
	流动人口总数（人）	4463
在册户籍居民情况	在册户籍居民数（户）	436
	在册户籍居民数（人）	884
	房屋出租户数（户）	1679
	残疾人（人）	49
	低保人数（人）	31
	居民小组（个）	58
	高龄纯老人户（户）	12
	孤寡独居老人（人）	43
	60岁及以上老年人口（人）	970
	本市居民来源	虹口、闸北、徐汇、卢湾、黄浦

资料来源：幸福家园居委会提供，2012年5月。

二 居住模式与居住情结

（一）混居模式的形成

所谓混居，在英语世界中最初被表述为不同收入阶层的人在邻里层面的结合。后来这个词更加宽泛，强调的是不同群体的共同居住，包括不同性别的人杂居一处。也有学者从空间上来定义"混居"，认为"混居"意味着在集体场地上的空间分割和实践进入，这一空间包括对所有人开放的公共空间和有限进入的活动空间。近年来，我国有关城市社区的经验研究中，关于社区混合居住也已经可以看到一些相关的情形描述和问题分析，其中包括国内大部分学者较为同意一种符合国情的混居模式——"大混居、小聚居"的富穷混居模式，认为它既可以促进阶层间的接触和交往，防止教育、商业和环境等公共资源的过分不合理分布，又可以使不同阶层之间保持一定的距离。[①] 也有学者认为在当前发展不同阶层居民混合居住具有一定的可行性和优点，有利于实现居民安居乐业和社会和谐发展。[②]

幸福家园的规划初期是以中心城区的动拆迁居民为主，无疑，他们是社区的主要居住群体。因而，社区居住模式是以本地人作为主导。本地人即便在迁入新的社区后也会保留之前原有居住团体的生活状态与相处之道，形成相对稳定的日常生活与交流模式。但作为重新组成的居住群体，他们会期待新的居住方式的形成，会对自己长期居住的社区产生想象与期待，他们会力图寻求与之前居住模式相同的生活方式，以免破坏自己之前的生活状态。

外来租客作为自己原有住地的迁出者，选择在本地人之后进入幸福家园租房，对他们而言是一个新的尝试与挑战。城市社区于他们而言完全是一个与自身曾经生活环境截然不同的状态，这势必会与原来的居住生活环境形成差异，彼此之间形成不完全交流。而这种混合社区中本地居民与外

[①] 孙立平：《大混居、小聚居与阶层融合》，《北京日报》2006 年 6 月 12 日。

[②] 陆超、庞平：《居住隔离现象的内在机制探索与对策研究——法国大型社会住宅建设对中国大型保障房建设的启示》，《城市规划》2013 年第 6 期。

来农民工的不完全交流直接印证了帕克对现代城市陌生人交往的描述。在城市混合社区整合性空间内部，两个群体并没有因在场而发展出同质性群体，反而因生活与工作路径不同，形成了两个"单体同质型"的隔离性群体。

在外来农民工看来，他们将自身定位为"流动群体"，他们对于居住地的选择主要是基于房屋租金的优惠程度以及距离自己工作地点的便利性。作为外来农民工，他们很少可以享受到本地住房保障的一系列优惠条件，同时受自身经济实力所限也难以在大城市买房，因此，他们在大城市只会选择以赚钱为目的的暂时性居住。他们并不打算与本地人结交或者得到本地人在混居模式下的认同，在他们看来这完全是徒劳的，没有意义的。

> 我以后不会长住在这里，我只不过是觉得这个地方交通还算便利，房屋租得还算便宜，但是如果有其他更便宜的地方条件也可以的，我会考虑换到其他地方租住。这里的本地人跟我有什么联系啊？他们住他们的，我住我的，我也不想和他们有什么关联。在老家可以有什么乡里和睦关系，在这个城市里你就是个外来农民工，不奢求这些，再加上我觉得也没有必要。
>
> （XK2017050307P）

> 与本地人常联系，这些我是做不到的，我白天还要上班，跟他们这些本地人也碰不到、见不到面，再加上我也不需要和他们熟悉认识，也没有什么用处。我们的生活彼此互不冲突，不必非要和他们相处，这又不是在老家。
>
> （XK2017062308P）

从外来农民工和当地市民的融合来看，外来农民工的这种交往状态无疑是"有增长，无发展"的交往，即混合社区内外来农民工的社区融入呈现内卷化的状态。外来农民工组成成分本身的多元化和以"生存和发展"为主要诉求的流动民工的基本特点，使得他们对于交往和结识邻里缺乏积极性，甚至是消极抵触。

在幸福家园，外来农民工的交往呈现"离散型"特点，而社区内的当地市民交往某种程度上却是"内聚型"的。市民之间内聚型交往便于形成紧密的社区支持网络；而农民工之间由于离散型交往的特点，缺乏紧密的社区支持网络和内聚力，因而更容易趋于个体化。

（二）落地未生根

作为首批上海大型保障房基地，幸福家园社区内形成了不同群体混合居住的局面。由于该社区中人员结构分异，不同阶层等级的群体居住于此，原本以本地人为主的社区生活，近年来随着外来人口的涌入，农民工特别是新生代农民工居住的比例提高。调查数据显示，幸福家园租房者以18~32岁为主，其中女性占46.8%，男性占53.2%。相对幸福家园的本地群体的老龄化而言，新生代租客的进入为社区注入了年轻的血液，为这个老年人居多的社区增添了青春力量。

幸福家园的居住群体主要分为本地人与外来租客。本地人以上海老城区的原住民为主，外来租客则为进城务工人员且农民工所占比例相对较高。因此，社区居住者整体文化程度偏低。这些租客大多在泗泾镇打工，或者经营流动摊贩和小生意，职业稳定性较差。农民工的职业不稳定直接导致了居住的流动性。他们中的大多数人会根据工作地点而选择适当的租住地，可以说在城市中不断打拼的他们，更看重的是工作机会，努力赚取生活所需才是他们来到城市最大的动力，城市优越的资源这个"拉力"成为他们进入的主导因素。

幸福家园成为他们在大城市中的"家"，然而这个家在他们内心看来是那样缥缈不定，他们没有足够的经济能力在大城市买房。买房，用他们自己的话来说就是"天方夜谭"。然而，漂泊在外的农民工在内心深处最看重的是居住的稳定，能否拥有真正属于自己的房子："因为房子代表了归属感，有房才有家。"因此，在他们看来，在城市生活只是寄居在此，此家非彼家，这个家是不稳定的、随时变换的。①

---

① 谷玉良、周盼：《城市混合社区的衰落与边缘化风险——以农民工与市民混合居住社区为例》，《人文杂志》2015年第4期。

可见，混居中当地市民和外来农民工最终没能形成整合性的社区共同体。外来流动人口与市民虽然同住一个社区，但不同的生活路径和工作经历使得二者之间在物理空间和社会空间中均不能实现共同在场，也因此没有形成有效的交往和互动。如帕克所说，"城市生活的一个极大特征就是，各种各样的人虽然经常见面，但却从未互相充分了解"。虽在社区的街巷中经常相遇，但他们依然属于各自不同的世界，"大城市中相当大一部分人，包括那些在公寓楼房或住宅中安了家的人，都好像进入了一个大旅店，彼此相见而不相识"。

三　居住融入与边缘化

（一）被边缘化的群体

所谓边缘化现象也就是隔离现象，影响外来农民工参与社区互动与活动的机会，阻碍社区融入度的实现。[①] 当新生代农民工满怀希望进入城市以后，他就不再可能作为一个自主的人，他们必须要面对甚至接受、固化对这些先于他们形成而实际上可能与他们并没有直接关系的歧视、排斥和"污名"。[②] 正像布迪厄的场域理论所描述的那样，他们只能占据这样一个先定的位置，他们所掌控的交际资源因此受到极大的限制。所以他们无法进入他们向往的城市生活圈，他们与城市居民的社会距离似乎就成了不可逾越的鸿沟，阻碍了他们对城市的社会适应。

在这个过程中，他们中的绝大多数都会经历一个隔离过程。农民工面对陌生的新环境，他们发觉过往的人际网络、社会资本等大多消失，新的网络尚未建立，且语言、生活习惯等与流入地的主流社会存在明显差异，出现边缘化现象，产生无所归依的心理。[③] 困扰、不安、矛盾、退缩、愤

---

① 刘婷婷、吴清、高凯：《互动视角下流动人口社会融合研究——基于上海的调查分析》，《西北人口》2015年第1期。

② 杨菊华：《从隔离、选择融入到融合：流动人口社会融入问题的理论思考》，《人口研究》2009年第1期。

③ Park, Robert, "Human Migration and the Marginal Man," *American Journal of Sociology* (1928).

怒、忧伤、后悔或思乡等情绪应运而生。

　　我是从安徽过来的，来上海也有快4年了，在幸福家园住了快两年了。在这里居住就是为了离工作地方近，这里本地人口和外来农民工人口数量差不多吧，可能最近外来农民工多一些。他们本地人总是瞧不上我们，我们外来农民工来这里就是为了打工、赚钱的，跟他们没什么情感而言，什么社会认同更是谈不上，没什么好认同的。这些城里人觉得自己特别了不起，很看不上我们这些外来的，经常背后议论我们，我们也都习惯了。说实话我也没觉得这些人有哪里好的，你看他们有些人经常玩牌，那个也还扰民呢，他们自己却不说。说实话我以后还是会回老家，这个地方肯定待不下去。

（XK20170623Z）

　　我们在这里生活总觉得像是低人一等一样。在工厂里平时可能感觉不到，因为那里干活的大多都是像我一样从外地来的，大家平时相处得都很好，没什么麻烦事。可是租房子住就不一样了，就说房东吧，他们是这里的人，他们态度对我们不是很好，我听他们别人说这些人背后还会议论我们，说我们一些坏话。有一次我们认识的那个老乡想去棋牌室搓搓麻将，结果他们这些人理都不理他，谁都不带他玩，搞得分裂我们一样。这种顽劣事情多得很……

（XK20170623L）

　　我们的访谈中经常可以听到农民工们抱怨，他们像是一个被孤立的群体，被排斥于本地人这个圈子之外。然而，他们明白，虽然他们在城市生活、工作了很长时间，但他们可能依旧具有较强的"打工心态""过客心态"，将社区生活当作是"他们的"，而不是"我们的"，认为自己的"根"还是在家乡。[①] 这种心态使大多数农民工将自己的未来定位在农村，认为自己只是暂时寄居于该社区而已，对社区没有归属感和"主人翁"意

[①]　许传新：《"落地未生根"——新生代农民工城市社会适应研究》，《南方人口》2007年第4期。

识，始终有一种"陌生人"的感觉。

> 我是从山东来的，来上海不到一年，一直住在这边，房租便宜些。但是这些人真的不好相处，就是这些本地人，他们事特别多，挑三拣四的，对我们这些来上海打工的特别瞧不起，还觉得我们野蛮，这些本地人什么都不懂。我在这个社区就是个租户，跟他们做什么朋友，没事能玩在一起那就是做梦吧。他们瞧不上我们，我还瞧不上他们呢！在这个社区我自己能分得清，我就是来打工的，没事不参与他们那些鸡毛蒜皮的闲事。这地方无论你住多久，会发现自己永远都是外来者。
>
> （XK2017062315Z）

（二）"我们"和"他们"

话语建构是通过日常生活中的话语选择而实现的，这种建构形式表现得更为直接和明显。有关群体边界的研究认为，所有的身份认同同时也是差异化的表现，对"他们"群体的社会建构同时也创造出了一个体现群体分异和社会利益冲突的"我们"群体。这种群体间的分异也强化了群体之间潜在的甚至是公开的边界。在对农民工的访谈中，农民工将自己这一群体称为"我们"，将居住在幸福家园的上海人称为"他们"，这样的话语表述成了描述他们与本地人之间关系最基本的方式。

> 我们这些人都是来打工的，和他们城里人不一样。他们的条件多好呀，要什么有什么，哪像我们住的房子都是他们的，那吃的穿的用的能和他们城里人比吗？……
>
> （XK20170623X）
>
> 我们是我们，他们是他们。他们不待见我们，我们还不待见他们呢……
>
> （XK20170503L）

我们访谈中常常会听到农民工以"我们"和"他们"来清晰界定与本

地人之间的关系。这种分异关系本质上是由他们自身所受的社会结构性的制约而产生的，是他们进入城市遭受的制度性障碍的外在表现。他们因户籍地点形成的"内外之分"和户籍类型带来的"城乡之别"导致了在话语建构中的"我们"与"他们"之分。一方面，户籍地点将流入地常住人口划分为本地人和流动人口，农民工难以平等享受本地的公共服务和福利，成为都市中的边缘人、城墙内的城外人。同时，户籍制度还是一系列排斥制度和政策的根源，并通过附着制度间接制约社会融入。尽管市场化进程大大减弱了就业排斥，但流动人口的就业岗位依旧受限，多半只能在体制外就业，集中在次级劳动力市场，进而被排斥在一般社会保障和住房保障制度之外。另一方面，按照户籍类型分异，流动人口又被划分为城乡流动人口和城城流动人口，这种城乡差异也引发了外来务工群体内部的分层。同样是外来者，却有着不同的社区身份和话语建构方式。同样，本地居民在他们的日常话语体系中常常以"他们"相称，如"他们不讲卫生""他们不注意教育小孩""他们爱吵闹、打架""他们素质低"，而外来农民工也会潜移默化地通过城市人的行为反应构建自我形象。他们将同样来自外地的打工者归属于"我群"，"我们是农村来的，没有城市户口和住房，穿着、讲话与城里人不一样，文化水平很低，没办法跟城里人比较"等。来自"我们"和"他们"的话语力量共同建构了外来农民工群体的镜像。

想法就是希望这些本地人能够尊重我们外来农民工。我们是过来打工的，说实话我们也挺不容易的，如果我们条件好一些谁不愿住在好的地方。所以希望他们能够多一些对于我们的理解，我们也都是善良的人，我们居住在这里又不是搞破坏。为啥我们原先在老家能与街坊邻居相处得特别好，来这里就不行了？所以这应该不只是我们的过错。再加上我们又有什么错，我们对于和本地人居住在一起本就没什么看法，倒是他们总是看不惯我们，觉得我们哪哪都是错，对我们也特别不友善。我们来城市里没什么恶意的企图，就是找个经济便宜的地方住下，所以希望那些本地人能够自己正常生活，没事别老找我们的麻烦。

（XK20170612P）

我在这个小区住了很久了，2015 年就住在这边了，但是跟这里的本地人却不熟悉。我在这个小区里会找和我一样来自山东的老乡，或是其他地方的外来农民工聊天。那些本地人也看不上我们，所以我不会找他们。城市生活本来就不比在农村，有什么串门啊、唠家常啊，城里生活本来就是各过各的。我们无论在这个地方住多少年，在这些上海人眼里我们永远都是外来农民工，和他们不是一路人。

（XK20170623Z）

本地人与外来农民工对于彼此的看法与要求都带有自我主观性，都站在自己的立场上，对彼此的看法是多元且复杂的。

（三）未来：回去或不回去

漂泊无根、举步维艰，这是笔者访谈过程中这些外来农民工展示出的形象。他们远离家乡到城市中打拼的背后每一步都走得太不容易。这种生活的辛酸与无奈使得我们强烈地想知道他们未来的居住打算，是留在这座城市还是选择返回老家。

我来自安徽，三年前跟随丈夫来到上海投奔在这里的舅舅。舅舅是一个项目的包工头，生活还算富裕，那时候舅舅手里有点资源，就劝我们俩在这里买房，他帮我们介绍就买在幸福家园这里了。之所以考虑买房，是因为我和我老公那时候还年轻，都想来大城市闯一闯，而且我们都想留在这里，不想离开了。老家也没什么发展前途，开厂子还不如这里发展得好，所以那时候我们就买下来房子。现在我们小孩子一出生就在上海，有自己的房子住总归安心一点，不然没有个房子又带着小孩子总是漂泊也不是办法，有个房子让我们有了真正家的感觉。所以我和丈夫打算以后也留在这里，让孩子接受好的教育。

（XK20170612L）

"有房才有家，有家就有了未来。"稳定的居住与生活空间让外来者扎根城市成了可能。然而不是所有的外来农民工都如 L 这样幸运，很多农民工在大城市里迫于经济能力的限制，不得不一直租房。

> 我是不准备留在城里的。现在农村的待遇也提高了，我在老家还有土地，说不定以后不比城里差，况且我来这里就是为了打工多挣钱，毕竟城里工作条件、机会还是比村里强多了。我现在连老婆都没有，家里人也希望我能回去，毕竟老人也都在老家，未来还是要回家照顾他们的，所以现在就多赚钱就行了。
>
> （XK20170623Z）

相比于这些坚定信念留下或回去的农民工，也有人摇摆不定。

> 我一步一步走到现在很不容易，现在生活比刚到上海那时候好多了，工资也在涨，最重要的是我现在的工作特别好，老板很看中我，觉得我有很大的上升空间。而且我现在已经适应了上海的生活，这里有便利的交通，很多丰富的资源是我们小乡村不能比的。这些东西都吸引着我，如果回到家乡可能这些都没有了，我肯定会不适应。不过，如果说未来就一定在上海生活我还是很矛盾、犹豫的，我在这里根本买不起房，而且说实话这里生活物价样样都很贵，生活开销比重很大，租房也不便宜。所以我到底留不留在这里，真的很难说，我自己也不知道该怎么办。
>
> （XK2017050302L）

中国自古以来就有"衣锦还乡"的传统，这个标准就是在大城市赚了很多钱或者得到了很好的地位，不然是很没有面子的。未来，看似遥远实则它就随时间点点堆积，外来的农民工也知道自己终将对这个问题给出一个肯定的答案，只不过这个答案得来的过程注定是曲折艰难的。因为给出答案的过程就是这些外来农民工在城市努力奋斗的过程，是他们在城市中，与住房、工作相互博弈的过程。

四 小结

20世纪90年代以来中国大规模的城乡人口迁移与中国社会的经济体制改革、市场结构重整、大大小小的自上而下的改革有着直接的关系。它是中国农民工的生存压力和理性选择共同作用的结果以及对中国社会现实做出的直接的、积极的反应。从一开始单纯的打工赚钱到后来被城市的种种资源的优越性所吸引，从起初在外打工辛苦几年赚钱到现在踌躇纠结是否留在城市安家，在这个过程中，作为行动者本身的新生代农民工经历了一个从生存理性选择到经济理性选择，再到社会理性选择的过程。

从个体-行动的维度而言，无论是出于寻求较好的工作机会还是想去城市赚钱发财，抑或只是出于"开开眼界"，新生代农民工选择流入城市本身就是一种带有强烈目的性的社会行动。这种社会行动可能是经济利益驱使与推动的，但也包含着更为复杂的情感色彩。从城市-社会维度来看，这些新生代农民工作为流动群体，他们进入城市以来就不断地被问题化、边缘化、对象化。这与中国社会二元结构密不可分。1949年以来的中国城市，因国家层面的发展需求而被赋予了各项制度福利与优惠措施，城市获得了相比于农村更好的对待与认同，城市人也因此具有了与生俱来的优越感。这就使得外来的流动人口成为分化于异己的他者群体。

第三编

实证调查：江苏

第七章　滨河花苑：安置房小区的
前世今生[*]

本章中，我们以江苏常州市武进区滨河花苑为调查点，访谈安置房小区里居住的外来务工人员。

一　滨河花苑概况

滨河花苑小区属于常州市武进区西湖街道湖滨社区，位于稻香路155号，是武进区首个安置小区。2010年第六次全国人口普查数据显示，常州市主城区、劳动密集型特色产业的县区、经济相对发达的地区是外来人口常住的首选。[①] 作为苏南国家自主创新示范区、苏南现代化建设示范区的重点平台，[②] 常州西太湖科技产业园位于常州市地理中心，南部为独具滨湖生态优势的西太湖（滆湖），吸引了许多外来务工者流入。该区规划面积90平方千米，核心区面积5.5平方千米。

滨河花苑小区位于西太湖河畔，东起绿杨路，西至西太湖大道，南起菱香路，北至稻香路（见图7-1），小区总占地面积18公顷，住宅总建筑面积近24万平方米，其中多层、小高层公寓房1100套，连体别墅212套。滨河花苑小区原属武进县国营性质的滆湖农场。1995年武进撤县建市，2002年撤市设区。武进县成为常州市武进区后，原来的滆湖农场宿舍房拆

---

[*] 本部分调研由华东师范大学社会学系2016级硕士研究生汤佳丽、谭芳完成。

[①] 龚天敏：《常州市外来人口现状及对我市社会经济影响分析》，《决策与信息》2015年第3期。

[②] 《常州西太湖科技产业园》，http://wj.changzhou.gov.cn/html/czwj/2020/HCKJQAKP_0324/325171.html

迁，在原址上建造了滨河花苑安置房小区。2005年1月，第一批居民入住滨河花苑小区的多层公寓区，到2006年11月，690户居民全部入住小区。至此，农发区共拆迁651户，面积142134平方米。①

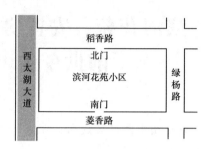

图 7-1　滨河花苑地理位置

　　滨河花苑小区由湖滨社区进行日常管理，在小区北门设有滨河社区党群服务中心。服务中心三楼设有妇女儿童之家、人大代表党员之家、职工之家和统战之家几个服务办公室，为社区居民提供一系列服务。服务中心一楼、二楼设有各类文化活动中心：纸牌屋、棋道馆、韵舞堂、农家书屋、青少年之家等。滨河花苑小区外景见图7-2。

图 7-2　滨河花苑小区外景

---

① 中共常州市武进区委党史工作委员会、常州市武进区地方志办公室：《武进镇街道开发区简志》，南京大学出版社，2010。

　　滨河花苑小区的前身是武进县国营农场，名为滆湖农场。滆湖是苏南仅次于太湖的第二大湖泊，如同一块碧玉，静静地镶嵌在苏南大地上。滆湖农场本是滆湖的一部分，1971 年滆湖围垦 20.8 万平方千米形成武进县五七农场。为了围垦灭螺，从全县调集了 8 万民工，在工程如期完工的基础上，留下 800 多名青壮年民工，成为农场第一批开拓者。在当时，农场借鉴部队编制的模式，以营为单位，一个大营有 100 多人，负责 4000 亩地；小营则负责 2000 亩左右。最多的时候，农场有 3000 多人，从稻麦良种繁育，发展到水产畜禽、桑果林木、工业企业等多种经营。农场里配备了医院、学校、招待所、集贸市场……俨然是一个小镇。[①] 自此时起，已经相继有武进各乡镇、苏南苏北乃至外省安徽等多个地区的人来到农场种田。外地人口涌入农场，开始了第一次人口大交融。

　　1980 年 6 月，五七农场更名为武进县滆湖良种繁育场（简称"滆湖农场"）。1985 年，改革之风吹向滆湖畔的农场，集体劳作的场面一去不复返，联产承包责任制开始在农场推行。1997 年，江苏武进外向型农业综合开发区（简称"农发区"）成立。2001 年 4 月，武进市委撤销滆湖良种繁育场建制，将其职能并入农发区。2003 年，农发区实施连片开发，为企业进区创造条件，准备拆迁全部自然村和零星民房，将所有居民统一安置到中心集镇区居住。2004 年 2 月，在政府的组织下，拆迁开始了。同年 4 月，作为中心安置区的滨河花苑小区开工起建。

　　2005 年 1 月，滨河花苑小区第一批居民入住多层公寓区，有 110 户左右，入住率达 61.1%；同年 6 月，第二批 180 户居民入住多层公寓区，入住率达 85.7%，明显高于第一批；同年 12 月，200 户居民入住小区多层公寓区，入住率达 83.3%。截至此时，多层公寓区的居民已入住完毕。2006 年 11 月，第四批居民在小高层区完成入住，入住户数为 200 户，入住率为 76.9%。同时，共有 104 户居民入住别墅区。自 2005 年起，滨河花苑小区已入住 1200 余户（见表 7-1）。

---

① 《作别，渐行渐远的滆湖农场》，http://epaper.cz001.com.cn/site1/wjrb/html/2016-01/22/content_922456.htm。

表 7-1 滨河花苑小区分批入住情况

入住时间	预计入住户数（户）	实际入住户数（户）	入住率（%）
2005 年 1 月	180	110	61.1
2005 年 6 月	210	180	85.7
2005 年 12 月	240	200	83.3
2006 年 11 月	260	200	76.9

资料来源：滨河社区居委会提供。

然而，与我们在上海幸福家园[①]调研情况类似，作为拆迁安置小区，滨河花苑中入住的拆迁居民并不多。数据显示，2017 年滨河花苑常住人口共 6000 余人，其中户籍人口 2182 人，外来人口 4000 余人，已接近户籍人口的 2 倍。据社区居委会邓主任介绍，由于拆迁，原来的居民每家至少分到两套房子，多的甚至可以分到三套，因此，一些本地居民将多余的房子出租给外地人或者私下交易卖给外地人[②]，自己去市区买房子。久而久之，小区里的外地人越来越多。此外，小区内的原农场居民仍然保留着农民原有的习惯和意识，喜欢种菜、种田。小区以北有 4000~5000 亩待开发地，大量本地居民前去抢种，甚至买回农用器械，大量农用机械的停放导致小区内部停车位严重不足，带来了管理难题。

二 安置房里的群租现象

外来人口的大量涌入刺激了滨河花苑的非正规租房市场，也带来了居住上的管理难题，其中最引人关注的便是"群租"现象。

"群租"作为一个社会问题，最初于 2006 年在北上广等大城市出现，并快速扩散到国内各个大中城市。从定义上讲，"群租"是指把毛坯房分割成一个个独立的房间，再简单装饰装潢，然后以便宜价格把房子出租给很多人的现象。[③]"群租"有两大特点：一是租房者是两个以上的自然人；

---

① 见第六章。
② 按照规定，拆迁安置房在 5 年之内不能上市交易。
③ 2007 年 8 月教育部公布的 171 个汉语新词之一。

二是存在两个以上的租赁合同关系，即房屋出租者和多位租房者就一房屋，以住宅的某一空间为客体，建立多对租赁合同关系。其中，出租者或者为"群租屋"的所有者，学界称为"自主房屋群租"；或为"群租屋"的第一承租人，学界称为"他主房屋群租"，即我们常说的"二房东"。滨河花苑里的这些"二房东"将租来的大户型住宅分隔成若干小间，分别以每月 500～1000 元的价格出租给外来务工人员，少则几人，多则几十人，然后从中赚取差价。

（一）谁住在群租房里？

"群租"是城市中低收入人群对居住强烈需求的结果，是城市租赁市场发展的特殊产物。对外来务工人员而言，"群租"在某种程度上缓解了他们的住房焦虑。用于群租的房子，出租者一般将房间拆分为数个小隔间，原本的客厅、厨房及阳台等功能性区域也都被改建为小隔间，以出租给外来租客，仅仅留下卫生间。群租房以居住人数多、密度大，房屋结构被改动为主要特征。一位"二房东"表示，"外地人租房子的话要看他们自己选择什么类型的房子，价格不一样的。有些房子就是有厨房，宽敞点，他们平时可以自己做饭。有的房子就什么都没有，只能住着。我们现在的房子一般都是简装修过的，很方便，拎个包买个被子就可以住了"。"群租"者一般以单身打工者为主，已婚的新生代农民工极少选择与他人共住。

一位"二房东"表示：

> 住进来的绝大部分都是年轻人，单身的，在附近工厂上班。不过租的时间不长，他们都是说辞职就辞职了，换个工作就走了……小夫妻也有，但很少，他们基本都是租一套间。

（HB2017072305L）

小张今年 33 岁，淮安人，高中学历，已婚，有一个儿子。她目前在小区附近的一家中国移动营业厅做服务人员。2000 年的时候，她跟着老乡一起出来打工。找到的第一份工作是服装厂的工人，那时候她和厂里的员工一起住在宿舍。2004年，她从服装厂辞职后到附近的塑料厂上班。

> 换了工作之后就不住员工宿舍了，和几名同事一起租了外面的房子住。那时候有七八个人一起住，房子就80平方米左右，隔了很多个小隔间，就那么住着。反正厂里有食堂，也不用做饭，又离得近，比住厂里舒服，自由些。房租也就那么点儿，不多。
>
> （HB20170722Z）

李某，40岁，江苏盐城人，小学学历，现有两个儿子，大儿子16岁，小儿子4岁。李先生十六七岁的时候就离家外出打工，第一份工作是在无锡的私人摩托车厂做修理工。结婚后，他与爱人住在仅有10多平方米的合租房里。

> 2000年的时候，我结了婚，就不能住厂里了。那时候钱挣得少，一个月也就400多块钱，就和老婆一起租了一个小单间，每个月80块钱。那房子里除了我们两个还住了两三户人家，都是一家子一家子的。厨房有，公共的，就在外面有一个灶台，谁想做饭就去做，不过我们不怎么做饭。
>
> （HB20170723L）

群租房里的租客可能素不相识，也有可能是自己的亲戚、朋友，几家人迫于生活共同居住。在我们的访谈对象中，就有一位与亲戚共住的被访者。

小杜，22岁，安徽人，高中毕业后外出打工。因为姑姑在滨河花苑附近开了一家早点铺，便过来找工作。经由熟人介绍，小杜进了汽车连接器厂做工人，和姑姑一家共同住在姑姑开的早点店里。一年后辞职去常熟的一个服装厂工作，住在员工宿舍。2015年去投奔在池州的舅舅，一年后又回到常州，再次经由堂哥介绍进了工厂上班。两家人共同租了一个房子。

> 我刚来常州的时候我哥介绍了工作给我，在汽车连接器厂上班，

包吃包住。厂里有宿舍，但我不爱住，就跟姑姑他们一起住在早点铺的楼上。隔一个小房间出来，平时不爱吃食堂还能在他们那吃点饭。……后来去了池州，跟我舅舅学装空调，就跟舅舅一家住在一起，他们住得好，我一个月稍微给点房租就好了，还有地方吃饭。……我妈过来之后我就又回来了。现在是和姑姑他们家一起租了房子，两家人一起住，都是亲戚还很方便。差不多有80平方米，房租两家分摊，一个月才1000块钱，挺便宜的。

（HB2017072304D）

　　这种几家人共同住在一个未改动结构的房子的情况，我们可以称之为"合租型"群租。有研究者从法律方面区分了"合租"和"群租"：第一，承租人之间的关系是不同的，合租人员之间是相互熟识的，往往存在着一定的信赖基础。而通常情况下，群租者在租房之前是陌生人状态，各群租人与出租人的租赁关系极为松散。第二，在租住人员数量方面，"群租"状态下的同一套住房中总是尽可能容纳更多的人数，常常出现十几个人的情况。而合租则是按一套公寓的正常结构来吸纳承租人，同一套住房内通常不超过两个家庭。第三，租赁合同方面有较大差异。多个群租客通常与出租者签订各自独立的租房合同，而合租者则与房东共同签订一份合同，合租期间各承租人地位平等，没有利益冲突，各自对自己的行为承担责任。[①]笔者在调研过程中发现，滨河花苑小区存在看似是"合租"，但实际上为"群租"的居住类型。

（二）"群租"何以可能

　　学者孟星提出，"群租"现象出现的直接原因是迅速的城市化进程引发大量流动人口向一线城市涌入，对城市住房的需求量猛增，而该群体相应的住房购买能力与房租支付能力都相对较低。[②]武进区是常州市经济最活跃的区域，西太湖经济开发区在武进区占有重要位置，因此，必定会吸

[①]　王雪琴：《对"群租"问题的民法思考》，《政治与法律》2007年第3期。
[②]　孟星：《也议"群租"现象》，《上海房地》2008年第5期。

引大批外来人口寻求工作和发展的机会。数据显示，2014 年湖滨社区有外来暂住人口 26100 人；2015 年暂住人口数有所降低，为 24560 人；2016 年又开始上升，达到 26414 人。① 外来人口的大量涌入必然导致住房资源的紧张。由于大多数外来务工人员是刚毕业来常州求职的，收入不高，根本承担不起单套住房的租金，所以"群租"成了他们的最优选择。我们在访谈中也了解到，滨河花苑小区中的租户大多是到常州打工的年轻人，他们的流动性很大，居住时间不长。这种短暂性的居留意向，加上经济资本匮乏，使得这部分人自然而然地倾向于选择价格低廉的群租房。

房屋市场居高不下的房价使"群租"现象不断蔓延。在城市房价高位运行下，多数家庭住房购买能力日益减弱，部分购房者纷纷转向租房市场，致使租金与房价一同上涨。在此背景下，新生代农民工中的新就业群体为降低城市生活成本，更加倾向于"群租"。外来人口对"群租"的市场需求也促进了房东和"二房东"群体的生成与壮大。他们往往通过"群租"住房来提高租金，获得收益。

同时，面向外来务工群体的相关住房保障制度的缺失也在一定程度上滋生了"群租"问题。2013 年《常州市市区公共租赁住房管理办法》提到，具有本市市区户籍三年以上是申请公租房的基本条件之一。而常州市的买房落户政策则要求外来人口拥有稳定住房且人均面积在 15 平方米以上，才有资格申请常州市户口。这些门槛无形中限制了新生代农民工的城市居住权利。"群租"是他们退而求其次的选择。

三 群租背后的差序格局

有学者用"差序公民身份"（different citizenship）来解释户籍和地域来源导致的权利不平等的社会排斥现象。具体而言，"'差序公民身份'是一整套国家规则建立起来的制度形态，全体公民处在该制度之内，被规划为有区隔的、有位阶性的、差序的身份与权利群体，而导致不同公民群体

---

① 数据由滨河社区居委会提供。

之间在经济地位、社会福利以及政治权利各方面出现的不平等现象。"① 其中，住房权利的差异无疑是社会排斥的重要面向。不同的单位性质意味着员工可享受的住房权利也有所差异。政府部门、国企和事业单位等体制内人员能够享受更多的住房政策优惠。这种差异性的住房制度安排加深了各个社会群体之间的隔阂，导致社会成员之间互相排斥的可能性增大。

对于社区居民来说，外来人口的涌入一方面为他们带来了可观的房租收益，但另一方面也带来了大量隐患。其中，安全问题最为突出，主要包含三个方面。一是财产安全问题，群租房中财物失窃案件频发，租客个人财物被其他租客"顺手牵羊"的情况屡见不鲜。二是人身安全问题，群租房中的租客彼此互不相识，矛盾与冲突时有发生。三是消防安全问题，房东或群租客不但会改变房屋结构，而且会因违规使用电器等对消防安全造成威胁。同时，群租房人口集中，一旦群租房中突发火情，就会带来较为严重的经济损失和人员伤亡。

而对于带来这些问题的群租客，居民呈现一种排斥的态度。我们从和租客的访谈中了解到，外来人口与当地居民几乎没有互动，外来人口的社交圈仅局限在老乡和关系较亲密的外地同事之间。而社区对群租客的态度也是坚决抵制和排斥的，正如滨河社区居委会邓主任说的那样："群租这个问题在我们这个小区很严重，群租的特别多。这给我们的工作造成了极大的困难。我们要挨家挨户的查，一个个登记。……这个问题必须要好好整治。"

城市住房的获得呈现显著的差异性特点，公共住房体制内部是以权利为核心而运行的差序格局，而市场住房体系是以经济实力为核心运作的。总而言之，相对于政治精英，市场精英更倾向于购买商品房，而底层社会人员则往往受制于经济实力，大多无法负担购买商品房的支出。②

常州市外来农民工大多为底层的技术工人和非技术工人，商品房购买力低，加之难以满足公租房的申请条件，因而多数人选择群租来解决住房

---

① 吴介民：《永远的异乡客？——公民身份差序与农民工》，《中国社会工作》2012 年第 3 期。

② 魏万青：《职业地位与住房获得：城市住房改革进程中的"差序格局"》，《兰州学刊》2017 年第 3 期。

问题。我们可以在经济和政策两个层面来分析这一现象。从经济层面来说，常州市日益高涨的房价使得大量中低收入的外来务工人员无法负担购买商品房的费用，转而选择"群租"。从政策层面来看，当地户籍成了获得保障性住房资源的高大门槛。我们通过梳理常州市公共保障房申请标准后发现，无论是公租房还是经适房，都必须要获得本地户口。差序性的购房权利与有限范围的住房保障性政策使他们游离在城市户籍和户籍制度基础上的住房保障体系之外。

四　小结

通过调查我们发现，由于户籍制度所限，常州外来农民工在住房权利方面受到了经济层面和政策层面的双重排斥。经济层面上，外来务工人员的低收入难以承受高昂的商品房的价格压力，被迫选择正规市场外的"群租"方式。在政策方面，由于城市地方住房保障制度覆盖面有限，常州市外来农民工难以享受到再分配优惠。这种长期存在的差序性住房分配状况在很大程度上导致了社会不公正。如何消除差异性制度、走向平等的住房权，是维护社会平稳和谐，保障社会公正的重中之重。外地群租客接受了制度上的住房排斥，无法像城市居民一样申请城市公共住房，同时在生活上又受到来自居民的非制度性排斥。这种双向排斥的直接后果是"群租"这一非正规性住房租赁方式的产生和蔓延。"群租"一方面为缓解新生代农民工的居住困难提供了一条出路；但另一方面，"群租"所引发的社会矛盾也愈演愈烈，导致了政府的治理困境。

"群租"现象本质上是新生代农民工居住权利缺失的表现，而居住权利的缺失又在某种程度上限制了新生代农民工的发展。我们认为，不平等的居住权是滋生"群租"现象的根本原因，因而想要消除"群租"现象，根本的举措是保证租客能够享受到与城市居民平等的居住权利，缩小甚至消除新生代农民工和城市居民的居住权差异，实现更为平等的居住权。

第八章 柳村：城乡接合部的另类"繁华"[*]

本章中，我们以江苏吴江经济技术开发区松陵镇的柳村为田野点。作为流动人口的集中聚居地，柳村里每天上演着"另类"的繁华。

一 柳村概况

柳村是吴江经济技术开发区松陵镇所辖行政村。吴江经济技术开发区素有"电子之城""光缆之都""纺织之都"之称，是全国丝绸纺织业、电子信息产业、光电线缆、装备制造等产业的重要生产基地，坚持"工业立区、工业强区"是其发展方针。[①] 开发区内的工业发展带来了大量的流动人口。2006 年，区内流动人口已突破 16 万（常住人口 4 万余人），其中 13 处城乡接合部为流动人员聚居地，柳村则是其典型。[②]

柳村地处吴江松陵镇北部，南隔七里港与吴新村相望，北隔花泾港与姚家庄村相望（见图 8-1）。下辖东斗、西斗、汤阴港、西南浜、柳胥港北、柳胥港南 6 个自然村，行政面积 2.6 平方千米。

在苏州工业化发展过程中，大量外来资本和人员迅速流入柳村，并出现了很多加工制造厂。2017 年第二季度，柳村经营性资产面积达到 1512 平方米，通过发展村级工业、第三产业和投资承包业务等实现了年出租收

---

[*] 本部分调查由华东师范大学社会学系 2016 级硕士研究生谭芳完成。

[①] 《吴江区人民政府关于"十三五"工业结构调整和优化升级发展规划的通知》，http://iic21.com/21sczl/index.php? m = Home&c = Articles&a = showart&artid = 151857&areaid = 212&artcid = 40。

[②] 《流动人口超常住人口吴江建外来人口服务中心》，http://news.sohu.com/20060628/n243978403.shtml。

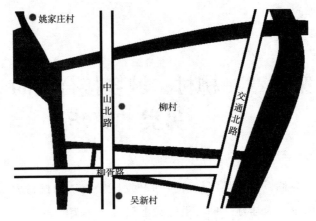

图 8-1　柳村地理位置

入 298.1 万元，临时摊位费 42.43 万元，利息收入 3.77 万元。在柳村中分布着几十家大大小小的工厂。每天早晨和傍晚的时候，都会看到大批的工人涌入或者涌出厂房，成为当地一幅充满生机与活力的生活图景。

二　柳村外来务工人员住房现状

中国城市居民主要是在住房市场上购买商品房和政策优惠补贴的经济适用房。除此之外，城市居民也会以租房的方式满足住房需求。租房形式主要包括租住公房、商品房和廉租房这三种形式。相比于城市本地居民，外来务工人员普遍存在住房困难，选择住房的方式也十分有限。因为户籍制度仍在很大程度上与住房保障等社会福利相关，外来务工人员依旧游离于城市住房福利与保障制度以外，不但没有机会享受福利分房，而且申请经适房与廉租房的途径也极为有限。在调查过程中我们发现，柳村的外来流动人口主要通过以下方式解决住房问题：①集体宿舍，有企业自建和集体宿舍①两种方式；②自行租房，包括私房和商品房；③自购商品房。

---

① 在建筑行业中，集体宿舍通常为建筑工地工棚，该类住房是建筑开发商根据国家规定为建筑工人提供的临时简易工棚。

（一）集体宿舍

我们以柳村内的 GC 电子公司为例。该公司于 1998 年成立，主要从事新型显示器以及新型通信电子产品生产，是吴江地区的纳税大户。GC 电子公司内设有厂房、仓库、食堂、员工宿舍等，占地面积 200 亩，目前有员工 2200 人。GC 电子公司平面图见图 8-2。

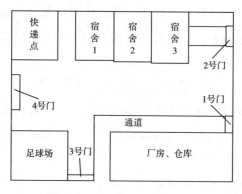

图 8-2　GC 电子公司平面图

在我们的访谈过程中，有许多员工表示目前自己住在公司宿舍。GC 电子公司宿舍是公司自行建造的，共有 3 栋，每栋有 6 层，一层有 20 个房间。其中一栋是女性员工宿舍，一栋为男性员工宿舍，一栋是夫妻房和领导用房。对于员工来说，每月只需交 50 元即可入住，不过为达到宿舍资源使用的最大化，公司规定如果每月入住不满 18 天，则不再享受该员工宿舍床位。这样一来，员工则需要每日签到。不过负责签到的人员是每个部门自行安排轮岗的，"既然是熟人，那就有操作的空间"。受访者郑先生表示，对于公司这一规定，员工们有自己的应对措施。"不过，谁会每月花钱去外面住个 10 多天呢？"（LX20170823Z）一般来说，选择居住在员工宿舍的多为未婚人士或者夫妻分居两地的打工者。

普通员工宿舍是 6 人间的，室内有床、衣柜、桌椅、空调，有独立的卫生间和公共洗衣机。为了避免拥挤，公司将从事白班和夜班的不同作业人员安排在一起，这样可以分流使用公共资源。当然，关于多人入住，问题不止公共资源使用方面。受访者小刘表示：

> 宿舍有的人邋遢，脚臭，真有点受不了。不搞寝室卫生就算了，自己的衣服、袜子都不及时洗。
>
> （LX20170824L）

对于宿舍公共卫生问题，公司每个月会抽查两三次，并对卫生不达标的员工进行通报批评。但是这种突击性的检查，对于个别员工来说影响不大。除了公共卫生问题，员工们还面临着生活习惯不同等问题。受访者郑先生表示：

> 我们生活习惯方面不同，比如有的人抽烟有的人不抽烟。他要是抽烟的话总是说他也不好，人在外打工总是有些要忍受的。虽然宿舍规定吸烟室以外的地方为禁烟区，但是由于没有相应的监督措施，这一点很大程度上需要靠员工自觉遵守。不过，这样的人并不多。很多时候大家都还挺懂（规矩）的。所以觉得也还好。
>
> （LX20170823Z）

也有的谈到了隐私和个人空间问题。郑先生2017年才来到GC，他表示一开始就想到外面租房子的，但是由于工作还没有稳定下来，所以先暂时住在宿舍。

> 没有自己的个人自由，做什么事情都需要考虑很多。你不能打扰他人，更不想被他人打扰。而且这边还有门禁，晚上11点钟就进不来了，一点都不自由。
>
> （LX20170823Z）
>
> 很多人住，总会有些吵的嘛，可我平时喜欢安静点，看些书。
>
> （LX20170824W）

但是，也并不是所有人都强调这一点，有的员工就认为大家住在一起挺好的。受访者小刘表示：

> 有那么一个两个在宿舍的话不那么无聊。时间久了，大家都熟悉了，有的时候礼拜天还可以一起出去玩一下之类。要是自己租房的话，上班就上班，（跟同事们）下班就像路人一样，总是一个人也不好。
>
> （LX20170824L）

对于流水线上的操作工人来说，每天重复一样的动作已经很单调了，下了班同事之间聊聊天、开开玩笑是一种不错的放松方式。受访者肖女士也表示：

> 大家年纪都差不多，有很多话可以说。女孩子嘛，总是叽叽喳喳的，也蛮开心的。
>
> （LX20170823X）

当然，住在宿舍也有很多其他的优点，最显而易见的就是离上班的地点比较近，平时可以多休息一会儿。

> 而且公司还有食堂，不用自己做饭，很方便的。像我就比较懒，下了班在食堂随便吃点，就可以回宿舍休息了。
>
> （LX20170823X）

GC电子公司在柳村属于较为大型、成熟的电子公司。其各种生活设施也相对比较完善。为了丰富员工们的业余生活，公司还在职工之家设置了图书室（见图8-3）、棋社、乒乓球室、健身房（见图8-4）、舞蹈房、计算机学习室、练歌房等。员工只需凭厂牌进行登记，即可享受相应的服务。

如今，许多企业意识到良好的工作和生活环境对于增强员工的企业归属感、提高员工工作效率具有重要的作用，特别是在出现了"用工荒"后，不少企业纷纷通过提高薪酬、改善居住环境来吸引更多应聘者。

图 8-3　GC 电子职工之家图书室

图 8-4　GC 电子职工之家健身房

　　记得刚出来打工那会儿，我们十几个人挤一个宿舍，还不带厕所跟浴室，宿舍摆满床后，只留下一个狭窄的过道，过道顶上永远挂满了未干的衣物，几乎每张铁床都是生锈的，为避免铁锈掉到眼睛或身上，得用胶布或纸贴住，有条件的会买一些好看的画报粘起来。宿舍里闷热、潮湿、脏乱，只供电灯跟风扇这两种电器，而且还是定时定点开关的，更别说给你安个充电插座。现在很多厂子的宿舍都还不错了，我们公司就挺好的，还有健身房什么的。我喜欢打乒乓球，平时下班后会约几个人来乒乓球室打球，有的时候也健健身。

（LX20170823Z）

当然，还有一些员工表示自己下班后并不会去职工之家。一线操作工人平时晚上下班晚，很多员工表示根本没有时间或者精力再去娱乐。

……打理一下个人卫生，刷刷手机、看看电视剧呀，就可以睡觉了……

（LX20170824L）

除了 6 人间的宿舍，公司也安排了夫妻房。受访者陈女士老公是 GC 的老员工，从 2007 年一直干到现在。在 2008 年的时候，老公帮她介绍进厂，之后他们就申请了夫妻房。

可是后来怀孕回老家了，我们就从那里搬出来了。你知道的，只有夫妻双方都是厂里的职工，才可能申请入住，而且还需要排队，有的时候房子不够。那个房子蛮好的，挺大的，房子是套间，有独立的卫浴和厨房。而且每月只需交 150 元。外面（租的房子）光单间就要 300（元）了。

（LX201708234C）

由于数量有限，夫妻房的设置还是不能满足员工需求。目前在很多地方，夫妻房只是作为一种福利，奖励给表现好的员工使用，对于很多双职工来说夫妻房还是遥不可及的。

在资本主义发展的早期，随着工厂的规模越来越大，出现了宿舍体制。18 世纪前后，英国大量聚集钢铁厂、羊毛厂和棉厂的工业区域形成了"工厂村"，在工厂村内，大多数雇主会解决员工的住宿问题。工厂为员工提供宿舍的行为被看作西方"家长制"管理实践的伴生物。此外，关于日本工业化的研究显示，提供宿舍是日本家族主义管理方式的组织特征，宿舍意味着"工厂即社区"。① 20 世纪 80 年代农民工外出打工现象出现以来，集体宿舍的居住方式一直都是农民工解决城市居住的重要方式之一。那么这种生产和生活空间同一化的方式对于工人们来说，意味着什么呢？许多研究表明，工厂严苛的宿舍管理与检查制度使工人完全置身于福柯式的"全景敞视空间"之中。他们认为，如果工人可以选择，他们更愿意离厂而居。因为工厂提供给工人的是一个封闭的社区，居住在宿舍通常会受到更为严密的控制，对他们的工作、生活、人际交往、休闲娱乐等场所进行全方位覆盖。但是对员工生活的控制并不是目的，如何能够发挥劳动力的最大价值才是工厂所关心的。吴炜、朱力对住宿方式与农民工权益之间关系的研究表明，宿舍劳动体制要长于非宿舍劳动体制；在工休方式上也存在很大差别，宿舍劳动体制下工人的休息休假时长比非宿舍劳动体制下短。② 也就是说，这种生活与生产一体化使得企业的控制更加具有畅通性与一致性，集体宿舍有助于保持劳动力日常再生产的连续性。任焰、潘毅建构的"宿舍劳动体制"理论强调，居住在集体宿舍中的农民工往往面临着更大强度的工作压力，成为一种不自由的劳动力，它带来了工作和生活的一体化，强化了企业对农民工的日常控制，其本质是将农民工纳入一种封闭的环境中进行管控以符合企业追求效率最大化的需求，使得宿舍劳动体制更加具有一种规训的意味。③

我们在调研中发现，居住在工厂宿舍与自行租住私房的员工所感到的控制多来自生产时间段，即使有廉价的城中村住房供应，相当部分农民工出于各方面的考量，依然选择了企业提供的员工宿舍。农民工对理想住宅的标准与城市居民大不相同，他们选择住房主要考虑廉价和便利，而住房条件等要求则是次要的。对于外来务工人员来说，就业问题是生活中的重心，而居住则成为附属问题。员工宿舍给他们提供了廉价的住房与伙食，为其节约生活成本提供了很大的便利。对于更加倾向于储蓄而非消费的农

---

① 任焰、潘毅：《宿舍劳动体制：劳动控制与抗争的另类空间》，《开放时代》2006 年第 3 期。

② 吴炜、朱力：《宿舍劳动体制对农民工权益的影响分析——以江苏省为例》，《中国人口科学》2011 年第 4 期。

③ 任焰、潘毅：《宿舍劳动体制：劳动控制与抗争的另类空间》，《开放时代》2006 年第 3 期。

民工来说，集体宿舍是性价比最高的选择；相较于城中村中出租私房，集体宿舍在管理方面更加完善与安全；相较于独立居住的人来说，集体宿舍为员工提供了一个情感交流的场所，能够舒缓每天重复操作到麻木的肌肉与神经系统。因此，与其说集体宿舍是对农民工的一种规训，不如说是一种"共谋"。企业对员工的控制主要存在于生产领域，不管是流水线式的操作还是三班倒的调休制度，对于租住在外面的员工与住在集体宿舍的员工来说，并没有本质差别。下班之后，宿舍员工依然可以出厂、就餐、逛街、散步、娱乐，由于节约了通勤及做饭的时间，住在集体宿舍的员工的可自由支配时间反而更多了。

近些年来，农民工住房问题越来越受到重视，只有将农民工住房纳入制度设计，才有可能改善他们的居住状况，企业提供集体宿舍就是一种有效的途径。如果企业的管理更加完善或者人性化，则更有利于在企业和员工之间建立一种良好的合作关系。当然，通过集体宿舍这种方式解决农民工住房还存在着很多问题，其中一个非常重要的因素就是集体宿舍只适用于劳动力代际再生产和自我再生产分离的情况之下，对于那些有随迁家属的农民工来说，他们要解决的不只是个人的住房问题，而是整个家庭的住房。对于这部分人群，他们很多都选择自行在外租房。

（二）租住私房

沿着柳河，有两排1~2层的民房。这条街上的房子几乎都被用作商业门店房，便利店、美容美发店、服装店沿街排开，还有人力资源中介公司和日租房。每当夜幕降临的时候，就会有各种流动小商贩出现在柳胥街上，卖卤味的、炒饭炒米粉的、卖水果的，等等。柳村的财务报告显示，2017年第二季度的临时摊位费达到42.43万元，以每个月200~500元的摊位费来计算，可想而知在柳村内的流动摊贩数量相当可观。与工厂里的农民工相比，他们大部分都是租住在附近的私房中。穿插在各地的流动商贩，与整齐排列在柳河两侧的门店房屋，成了柳村具有生活气息的生态圈。

我们走访了"柳村日租"（见图8-5）以了解情况。通过交谈我们得知，"柳村日租"的老板并不是本地人，他们是2014年从老家河南过来，

图 8-5　柳村的日租房

向本地人租借了两层楼房用于生活起居。在一条狭长的走廊两侧，是一间间 10 平方米左右的出租房，一张床、一个简易衣柜和一张桌子便是房中标配。有的房间自带卫生间，有的房间则没有。因此，价格也会有所不同。每层楼都会配备公共的卫生间和厨房。

　　当时租房的时候走了几家，这边的房子大概都是 200~300（元），如果要套间的话就要贵些。看到这家比较干净就选了这里。要做饭的话自己用个电饭煲什么的。打开窗子，将就一下。反正平时也不需要，就放假偶尔做一下。

（LX20170823Z）

　　虽然居住的面积非常小，室内陈设也非常简陋，但是对于这里的打工者们来说，这是他们进入城市的狭小入口、获得机会的廉价观望台。当我们问受访者郑女士对住房的满意度的时候，她说：

　　我现在打工，也没有啥理想中的家什么的，感觉两个（和丈夫）一起上下班，稳定的工作，就挺好的。关于住这方面暂时没有什么意见，已经习惯了。

（LX201708232Z）

　　住房条件一般吧，但没有说什么不满意，出来打工嘛……对于理想中的房子，也没有想很多，只要下班能有个地方休息就好了。

（LX20170824P）

　　在访谈中，大部分的流动人口表示住房条件并没有让他们产生失落感，他们本身对生活质量的要求不高，再加上周围的同事都差不多，便也不觉得住在这样的出租房里有任何不适宜。住房质量并不是流动人口选择住房的主要考虑因素。一些研究表明，收入水平的高低以及住房与通勤距离皆是外来农民工选择住房的考虑因素，与之相比，他们并不看中住房环境因素。① 外出租房主要出于两个方面的考虑，一是为了生活便利，有独立的居住空间；二是为了能和家人、朋友住在一起。②

　　如果能住公租房，我肯定会申请。我又不是本地人，想了也没什么用，跟我没关系。

（LX20170824P）

　　作为"都市外乡人"，他们不敢奢望被纳入住房保障体系。有研究表明，在我国各特大城市中，居住于廉租房、公租房和已购保障房的外来务工人员占比较低，总和不超过1%。③ 外来务工人员大多无法达到申请公租房和保障房的标准，如苏州市保障房申请条件为具有苏州市市区城镇常住户口满5年以上（含5年），可见保障性住房面向的群体主要是城市本地居民，申请条件的高门槛使得获取保障房的外来务工人员比例偏低。

（三）购买商品房

　　除了居住工厂宿舍和租住私房之外，也有少部分外来务工人员已经在

---

① 张永梅、李秉勤：《农民工居住问题：解读漂泊状态下的特殊性》，《南京人口管理干部学院学报》2013年第3期。
② 蔡禾、王进：《"农民工"永久迁移意愿研究》，《社会学研究》2007年第6期。
③ 刘厚莲：《我国特大城市流动人口住房状况分析》，《人口学刊》2016年第5期。

当地买了商品房。这部分务工人员通常就业稳定，而且已婚（有子女）。例如，受访者赵女士于 2015 年在嘉湖阁以接近 8000 元每平方米的价格购入了一套 138 平方米的商品房。

> （我们是）名副其实的房奴。当时也是为孩子上学，主要看的是学区房（第二实验小学），公立学校的教育比杂牌的要好，而且私立的也挺贵的。我们买房都是为了小孩，不然谁会顶着这么大的压力去买房。
>
> （LX20170825Z）

> 小孩子十几岁了，当时学校比较难进，但是有房产证就可以了。没办法被逼无奈在这边买了一套小房子。在运东开发区华东商业城那边，离公司骑电动车大概十来分钟。我是 2005 年买的房子，大概 2500 元左右一平方米，两室一厅八十几平方米，开发商简装了一下，自己买点家具简单布置了一下……我也是贷款买的，将近 20 万，首付了一半，贷了一半……当时买房子压力还是挺大的。
>
> （LX20170825W）

王女士是 2007 年来的 GC 电子，在厂里做了 10 年，由于夫妻两人发展都还不错，前几年把房子卖掉了，重新买了一个更大的房子。

郭新宇、薛建良曾对农民工住房选择进行了实证分析，认为作用于进城务工人员住房选择的因素是多样的，其中就业稳定和迁移的家庭是主要影响因素。在务工地城市居住和就业越稳定的农民工，其永久性迁移预期越强，选择稳定的住房形式和更高质量住房的可能性也越大。家庭成员随迁的农民工更倾向于在务工地长期发展和定居。[1] 那么对于这些已经买了房子的外来人员来说，是否就打算定居在此了呢？

当我们问及是否已经将户口迁移过来的时候，两名受访者均表示户口还在老家。赵女士说：

---

[1] 郭新宇、薛建良：《农民工住房选择及其影响因素分析》，《农业技术经济》2011 年第 12 期。

户口还在老家河南，当然想迁过来，但是目前没有了解过，所以就一直耽搁了，但是没想过把大人的都迁过来，毕竟农村还有地，现在的政策也挺好的。想把小孩的迁过来，因为你也知道，河南的升学压力太大了。

（LX20170825Z）

王女士也认为，转户口的话也只想把小孩子的迁过来。

但是转念一想，我们家3个人，转我儿子的又必须有一个监护人，所以也还没转，再说将来也没有确定。

（LX20170825W）

解决户籍问题是外来流动人口实现教育、居住等其他社会权利的前提。关于外来务工人员户籍迁移的研究表明，愿意全家迁移城市的流动人口只占被调查者的24%；① 侯红娅等学者的研究表明，有接近半数的农村流动人口愿意"离开土地和农业劳动，进入城市长期居住并从事非农工作"。② 新古典经济学对此做出的解释是，只有具有更高的比较经济效益的时候，迁移才有必要。也就是说，农民工群体在城务工收入越高，且迁移成本越低（老家没有责任田），更愿意实现永久性迁移。但是这种纯粹理性化的解释似乎很难简单地推演到农民工的户口迁移上。就像蔡禾、王进提出的，年龄、受教育水平、外出务工市场和迁移成本（有无责任田）等因素在制度性永久迁移解释中的影响并不显著。③ 外来务工人员收入越高，却越不倾向于选择把户口迁到工作城市。正如我们在访谈中所了解到的一样，这些已经在当地买了房子的外来务工人员并没有进行制度性永久迁移的意愿。

---

① 朱宇：《户籍制度改革与流动人口在流入地的居留意愿及其制约机制》，《南方人口》2004年第3期。
② 侯红娅、杨晶、李子奈：《中国农村劳动力迁移意愿实证分析》，《经济问题》2004年第7期。
③ 蔡禾、王进：《"农民工"永久迁移意愿研究》，《社会学研究》2007年第6期。

受访者们均表示，农村老家的土地可以成为他们最后的保障。对于他们来说，这是一种为分散风险而采取的多样化经营策略，其背后是一种社会理性在起作用。对于他们来说，户籍变动代表着他们将永远离开父辈成长与生活的土地，离开故乡的亲缘血缘关系与社交网络，离开熟识的社会语言与文化环境，转而踏入另一个"陌生人"社会。所以，当外来务工人员面临是否迁移户籍的选择时，他们更偏向于考虑对城市生活方式能否适应，对城市语言和环境能否熟悉，以及在城市能否获得足够的生存发展空间。部分受访者表示，虽然已经在这边买了房子，但是对于他们来说买了房子并不意味着就是当地人了。

> 这边亲戚、朋友挺少的，邻居整体来说还行，但也只是上下班的时候打个招呼什么的。总觉得来到苏州10多年，没有什么有意义的事情，坎坷比较多。外地人在本地生活遇到的困难比较复杂……
>
> （LX20170825W）

一方面，由于早期在城市中缺少户籍制度的保障，外来务工人员不得不面临工作与生活的双重压力。例如，遭受到当地人的歧视与偏见、受到雇主不公平的对待，又或者是心理上的对打工前途感到迷茫、不安和焦虑等，这些压力必然会影响到制度意义上的永久迁移意愿。另一方面，在外打工的经历又加重了他们的乡土情结，农民工在有意无意中表达着对于故土的眷恋。在城市务工时间越久，他们越觉得自己只是城市的过客。

三 未来的打算——回迁性购房

研究显示，近些年，我国中西部地区的城市出现新生代农民工返乡购房的现象。① 受到大城市的制度性排斥，自身又缺乏较高的人力资本，许多农民工融入不了甚至也不想融入城市生活。而实际上，由于在城市长期

---

① 申端锋：《从大都市到小县城：80后农民工返乡的一个路径》，《学习与实践》2009年第3期。

居住，新生代农民工的生活方式已经城市化，这使得他们很难返回农村生活。由此，较高比例的新生代农民工折中选择了一条既能在城市居住，又能够兼顾故土关系的"中间道路"——在家乡地级市或县城买房。同时，为了推动经济迅速发展，尤其是房地产行业，国内三、四线城市政府出台各项优惠政策吸引新生代农民工回乡买房和就业。可以预见，返乡购房的新生代农民工将会越来越多。

> 我打算过几年回去，在镇上买个门面，做点小生意。毕竟老待在外面也不是办法，再说了，老了之后工厂是干不动的了。
>
> （LX20170823X）
>
> 老家的工资太低，这边毕竟工资高一点。我和丈夫干个 10 年，赚个二三十万应该是没有问题的。到时候再在家里买个房子啥的……
>
> （LX20170823Z）

市场化为新生代农民工返乡购房提供了基础，为他们的主动选择提供了空间。

由于在东部地区城市积累了一定的工作经验和资源，许多返乡农民工会选择在家乡创业，在一定程度上激发了中西部地区的经济活力，推动内地工业、服务业的发展。但同时新生代农民工返乡购房后也会给县城带来很多的挑战，即需要发展经济、创造更多就业岗位以消化和吸收更多返乡农民工。

四　居住的情感诉求——"想要房子，但更想要一个家"

农民工家庭的最基本特征就是家庭成员长期分居。受访者郑先生目前和妻子就处于分居状态。

> 我和妻子两个人在不同的地方打工，她去年和妹妹一起去了常州打工，我一放假就往那边跑，但这样也不是个办法。我们现在也在考

虑中，看看谁那边情况比较好，做到年终吧，到时候再决定……不过我们有一个共同的目标——在外面买一个房子，我、老婆和孩子一起住，给孩子一个更好的教育环境……

（LX201708235Z）

夫妻长期两地分居已经成为困扰流动家庭的一大问题。很多家庭就是夫妻长时间分居感情疏离，最终导致婚姻破裂。像郑先生这样的情况还不算太坏的，他们至少相隔不远。而对于很多农民工来说，只有夫妻一方在城市工作，配偶、孩子和老人则在家乡生活。长期两地分居使夫妻之间不能进行日常的心理沟通和情感交流，且会因为性压抑而产生烦恼和焦虑，影响其婚姻和家庭的稳定。

在谈到自己打工生涯中影响最深刻的一件事情时，小潘非常细致地描绘了打工第一年过年的时候没有回家，一个人过年的场景。他说：

因为是就 9 月份刚出来的，离家比较远，年假又很短，这个年对我来说，简直是一种煎熬，或者说，还不如没有的好，我一直上班上到大年三十中午 12 点。回到自己租的房子里，什么都没有，蒙头大睡了一觉。

（LX20170824P）

这种长期分居的生活使得农民工家庭都不完整，特别是对孩子来说，缺乏完整意义上的父爱和母爱，会给他们的生活造成很大的不安全感和无助感。

对于新生代农民工而言，住房问题不仅仅是一种住房获得性问题，更是一种家庭形态问题。虽然房子对他们来说确实很重要，但更重要的是能不能实现家庭的团聚。小刘在跟我们描绘他理想中的家时说道：

想在一个大城市，有一个哪怕 80 平方米的小房子，不过肯定靠自己，然后再有一个女朋友，每天一起上下班。再说有了自己的房子，想把爸爸妈妈接过来，我妈妈从来没有出来过。现在我哥哥也在外面工作，感觉一家人支离破碎。我想要的生活是一家人可以住在一起，白天各上各的班，晚上的话一起吃个饭、看个电视。房子对我来说也很重要，而且租的肯定没有买的那种兴奋感。但是关键是得有那个人（女朋友）……房子是一个固定资产，房子也是对家庭的一种稳固嘛……

（LX20170824L）

五　小结

现有研究表明，新生代农民工的住房类型受到很多因素的影响。有学者认为，农民工所在行业与其住房类型具有很大的相关性。任焰、梁宏对珠三角的农民工居住情况的研究表明，制造业和建筑业农民工解决住房的方式为社会主导型，而服务业和批发零售业则为资本主导型。[①] 那么，为何农民工所处行业会在其住房解决方式方面发挥作用呢？我们认为，雇佣企业的规模起到了重要的作用。一般来说，企业规模越大，越有实力为其员工提供各种各样的福利，包括住房保障等。由于规模效应，员工越多，企业在每个员工上花费的边际成本越小，因此提供住房福利的可能性越大。一般来说，从事制造业和建筑业的企业规模相对来说比较大。除此之外，还与行业的组织管理方式有关。工厂要求标准、统一、效率，因而由工厂提供住房有助于集中组织与管理。

我们在调查中也发现，柳村里的许多大型工厂都为员工提供了集体宿舍，这些宿舍连同厂房、仓库等都被一道道围墙紧密地包围起来，构成一个独立的生存单元。而那些在柳村小街从事商业、服务业的人员通常都是自行租赁住房。当然，对于很多员工来说，企业提供集体宿舍只是给他们多了一种选择，农民工的住房解决路径既包含雇主提供也不排除市场租赁。但究竟是哪一种，则取决于其年龄、婚姻状态以及所处的迁移阶段。

---

① 任焰、梁宏：《资本主导与社会主导：珠三角农民工居住状况分析》，《人口研究》2009年第2期。

例如，单身未婚的年轻人更倾向于选择在宿舍居住，而夫妻或者情侣通常会选择在当地租房；购买房屋通常是整个家庭迁移的，他们在当地就业稳定，并且孩子是否在当地就读也是影响买房的重要因素。

总的来说，新生代农民工的住房选择不仅有短期的考量，还包含着对未来生活的长远打算；不仅受到经济理性的影响，还具有社会理性的特征。

第九章　尚文公寓：商住楼里的外来租户*

苏州是长三角城市群中重要的中心城市之一，也是国家高新技术产业基地，国务院 2016 年批复的《江苏省城镇体系规划（2015—2030 年）》中指出，到 2030 年，苏州将成为一座特大城市。《苏州统计年鉴 2017》显示，2016 年末苏州市常住人口为 1064.74 万人，其中户籍人口 670 多万人。[1] 在苏州的城市总体设计中，工业园区占据了"双城双片区"格局中的"苏州新城"地位。"截至 2013 年年末，工业园区的常住人口达到102.8 万，其中户籍人口 41.3 万，流动人口有 57.5 万。截至 2015 年 12月，苏州工业园区拥有公共技术服务平台 30 多个、国家级创新基地 20 多个，国际科技园、创意产业园、中新生态科技城、苏州纳米城等创新集群基本形成，为 50 多万人提供了就业岗位。"[2]

本章中，我们以位于姑苏区和工业园区交界处的尚文公寓为田野点，通过对一个混杂社区的调查，探析苏州市新生代农民工的居住选择。

一　尚文公寓概况

尚文公寓由苏州置业房地产开发有限公司开发，2003 年竣工完成。它位于苏州市东环路 930 号，西对苏州大学东校区，北临万科美好广场，东与夏园新村老住宅区隔河相望，南挨拆迁小区夏家桥小区（见图 9-1）。

　*　本部分调研由华东师范大学社会学系 2014 级本科生邓子如完成。
　①　《苏州统计年鉴 2017》，http：//tjj. suzhou. gov. cn/sztjj/tjnj/2017/indexce. htm。
　②　《非凡之城，书写中国骄傲》，http：//news. sipac. gov. cn/sipnews/yqzt/yqzt2017/201710dlfjwzn/
　　　mtjj/201710/t20171010_626476. htm。

公寓周边交通便利，出门即是苏州大学东校区公交车站和东环路高架，步行15分钟到达地铁1号线东环路站。周边的配套设施也较为齐全，方圆1000米内有万科美好广场、欧尚超市、横街菜场等基础设施。这几乎构成了公寓住户们日常休闲生活的全景图。

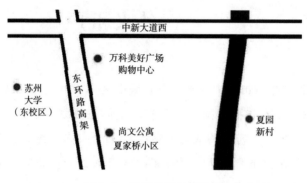

图9-1　尚文公寓地理位置

　　我们从物业管理处了解到，尚文公寓的1幢、2幢为多层，3幢、4幢为小高层，其中1、2、3幢大多为无门禁的出租房，面积多为38~76平方米的小户型单身公寓，少有自购的住户；4幢是有门禁的小高层，面积多为110~140平方米，住户基本都是房屋产权所有者。比较特殊的是，由于尚文公寓最初设计和规划的定位是商住房①，所以有两幢楼的房间是没有设计厨房的。购买尚文公寓的房屋产权所有者大多是出于投资或商用目的，很少有自购入住的。而这些少数自购入住的住户现如今也积累了足够的资本在空间更大、环境更好的社区购置房产，因此尚文公寓目前的主要住户是租户。

　　尚文公寓不像一般的住宅社区，它没有正式的大门，只是在西南口有个限制车辆进出的道闸。物业管理处的墙外贴着"尚文公寓"4个斑驳的红色大字，字是面朝北方的，东西走向的初次来访者通常会找不到它。公寓内的四幢大楼呈四方形分布，俯瞰像一座"四合院"。除了1幢的一、二、三层是香雪海大酒店，四、五层是住宅外，其余的三幢楼全是住宅楼。公寓西南

---

　　①　商住房是指该楼的使用性质为商住两用。购买商住房不能落户，且与普通商品房不同（产权70年），通常商住房的产权是40年，水电物业费是商住标准，高于民用标准。

侧的物业管理处连接着用钢板搭建的保安室，保安室外便是公寓的临时快递点。保安室的斜对面是喜乐超市，约 10 平方米，售卖一些生活用品和水果蔬菜。喜乐超市的北面是元和房产中介公司，内部张贴着一些尚文公寓的出租与售卖信息。四幢楼包围着一块空地，空地上零星竖着几个快递蜂巢和几棵树，树与树之间挂着松松垮垮的晾衣绳。位于东北侧的两个地下自行车库基本上废弃了一半，多数住户的电瓶车和自行车都杂乱地停在地面上（见图9-2）。每幢公寓楼门口都有一排标着号的垃圾桶，流浪猫狗是它们的常客。尚文公寓外景见图9-3。

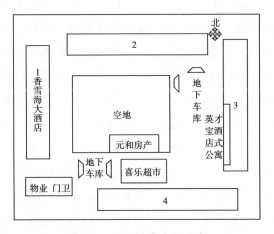

图 9-2　尚文公寓空间分布

图 9-3　尚文公寓外景

起初，尚文公寓依靠着独特的学区地段优势和较为新颖的单身公寓格局，成为苏州大学的"翻版宿舍"，一些条件优渥的学生、留学生和参加培训班的师生通常会租住其中。彼时的尚文公寓，居住群体的同质性较高。后来，由于尚文公寓地段佳，周边有丰富便利的配套设施，其在租房市场上的知名度越来越高，也越来越受到年轻上班族的青睐，成了一个开放的、异质性较高的社区。

我们调查时发现，尚文公寓登记在册的一共有514户居民，绝大多数都是外地租户。居委会工作人员表示，尚文公寓内的外地人占了70%以上，本地人也多数是"新苏州人"。物业与住户的交集不多，除了报修和缴纳物业费、电费外，基本上不会跟住户有更进一步的交流。居委会工作人员道出了尚文公寓目前的居住生态。"我们不了解。你想你去租房子的话，你不可能搬进去的时候去居委会报个到，说我已经住进来了，走的时候也不会说我走了。只能说我们居民的社区意识不强，我们的属地管理也没有到这个程度。""你想这边租的人都是群租的，又不是个人的。别的小区么，都是自己的房子呀，像这边都是租的，就是今天觉得不舒服么就搬走了，明天又来了新的。反正就是租户比较多，很复杂。"

居委会和物业管理处的工作人员虽然都不了解公寓里的住户，但在他们的话语中，尚文公寓总体上是一个"复杂"的公寓，这个"复杂"又有些意味深长。学界的一些研究也表明，混合居住确实存在复杂的情况，不同特质的人群共同处于一个空间内，会使得一些差异更加明显，也愈加复杂。①

二 "复杂"公寓里的社会生态空间特征

法国学者列斐伏尔认为："空间是一种社会的产物，社会空间是社会关系的产物。"② 为了进一步了解尚文公寓的社会空间，我们访谈了12个公寓的居住者，其中6个女性租户，6个男性租户，他们多来自江苏、河南、安徽等地。从居住面积上看，除了住在4幢的两位合租者的居住面积

① 徐延辉、邱啸：《居住空间、社会距离与农民工的身份认同》，《福建论坛·人文社会科学版》2017年第11期。

② Lefebvre, H., "The Production of Space," Oxford：Oxford Blackwell Press (1991).

达到了 100 平方米，其他住户的居住面积均为 30～40 平方米，月租金1200～1900 元不等。

（一）"杂"居的住户

冯健、王永海通过对北京中关村周边居住区社会空间的调查，发现其社会空间从单位制小区的"同质性"发展到了原住居民与外来人口混合的"异质性"。居民有在中关村工作的务工人员，有"季节性租住"的考研大军，还有周边高校的退休职工等，居民的流动性较强①。紧邻苏州大学和工业园区的尚文公寓情况也是如此。我们的调查发现，除了来苏养老，替子女照顾孙辈的老人，其余在 35 岁以下的年轻人都有自己的职业（包括求学），且大多数都在附近的工业园区上班。被访者来自各行各业，如编程开发、天猫运营、医疗器械、电器制造、房地产评估、美容美甲等。在工业园区工作的受访者均表示，尚文公寓离上班的地方较近，全天通勤时间在 20 分钟到 1 个小时。比起园区的高房价，尚文公寓的房价（公寓每平方米的售价是苏州园区商品房售价的一半以下②）和租金都在自己的承受范围之内。因此，尚文公寓的地段优势和性价比是受访者选择住房的首要考虑因素。张文忠、刘小平等学者认为，住房价格水平、住宅的环境状况和交通区位条件都会影响居民对住宅区位的选择③。我们的受访者选择尚文公寓也不外乎这三个因素。依托于紧邻工业园区的地段优势，尚文公寓住户目前的职住分离现象并不明显。

> 我来到苏州之后，工作一直在园区，所以就一直在这里住。这里的通勤情况蛮好的，很方便的，这个位置。

　　　　　　　　　　　　　　　　　　　　　　　　（RW20170826F）

> 我在国际科技园上班的，就坐个 4 站公交再走一会儿就到了。这

---

① 冯健、王永海：《中关村高校周边居住区社会空间特征及其形成机制》，《地理研究》2008年第 5 期。

② 数据参考房天下网站所公布的公寓价格走势，http://renwengongyu.fang.com。

③ 张文忠、孟斌、吕昕、刘旺：《交通通道对住宅空间扩展和居民住宅区位选择的作用》，《地理科学》2004 年第 1 期；刘小平、黎夏、陈逸敏、刘涛、李少英：《基于多智能体的居住区位空间选择模型》，《地理学报》2010 年第 6 期。

里交通很便捷，有地铁，有苏大东校区的车站，离欧尚和菜场都近，地段很好。

（RW20170820C）

尚文公寓除了地段优势之外，小户型也是一个特点。有一位受访者因为青睐尚文公寓的小户型设计以及多样的住户群体，将自己的美甲店开在尚文公寓内。美甲店不需要很大的店面，因此公寓的小单间十分合适，不仅租金便宜，日积月累也有了稳定的客源。

因为这里便宜嘛，一个月1800。如果是店铺的话，一年10万，一个月平摊下来也有8000左右。美甲就是这样，你做得好了，就在这家做了。一般就是第一个月来了，第二个月、第三个月也来，可能就会办卡了。

（RW20170820M）

除了租金便宜、上班通勤便利、小户型空间设计等多样化的个体居住需求外，部分公司也租了几间房子当作员工宿舍。

（二）"老死不相往来"

由于尚文公寓的原住居民已经有了一定的经济条件和支付能力，他们往往在外面购房以获得更好的居住条件，然后把尚文公寓出租以获得相应的租金收益。原住居民的搬离和外来租户的涌入将尚文公寓原先的社会关系网络打散。虽然住在同一幢公寓楼之中，但是住户们处在"老死不相往来"的稳定状态中。

跟邻居不了解，完全不熟悉……我们上班族，等于是每天在这边睡一觉。

（RW20170820Cb）

在楼道碰见的话会打一下（招呼），这个小区都是出租，常住的很少的。

（RW20170820Ca）

多数是租的房子，有一个是印度尼西亚的……反正没有什么太多的交集。

（RW20170826F）

住在1、2、3幢的住户对邻居基本上都不熟悉、不了解，平常见面也不会主动打招呼。住在4幢大户型里的住户因为租住期比较稳定，偶尔会点个头，打个招呼。

也不能说认识，就是面熟，都知道是这幢的。

（RW20170830S）

尚文公寓的住户大多来自江苏、安徽、河南三省。不同于城中村棚户区中常有的同乡聚居的情况，公寓楼里的住户即便来自同乡，也很少产生交集。宿舍楼的简单设计也让尚文公寓有别于城中村，它没有村中的"我家大门常打开"，也没有其他可以共享的房间或设施。每幢公寓的走廊里都空空荡荡，住户也都关门闭户。不少受访租户表示，其实他们真正在尚文公寓的时间多半在休息，所以也没有跟周围邻居来往的必要。尚文公寓2幢内景见图9-4。

图9-4　尚文公寓2幢内景

我们从居委会工作人员处得知，市、区、街道举办的各类活动的参与度，尚文公寓都是本街道所辖社区里最低的。

> 我们不分户籍，只要是小区里的居民都可以参加的。有文体类的，什么乒乓球、太极，等等。有社区的，街道的，园区的。像我们每年都有这种活动的……是他们自己社区活动参与度不高，是他们的觉悟问题……由于他们住在尚文公寓，再加上各行各业的特点，他们对苏州没有什么归属感。这与他们的性格也有关系，一切向钱看，参与社区活动啊有好处？没有好处，那我就在家带带孩子，不参与。
>
> （居委会主任）

住房的功能之一是将人们置身于一个相对稳定的社会关系网络之中。理想状态下，邻里、社区、学校、商店以及休闲设施等元素构成了社区内居民日常生活的主要内容，形成稳定的社会联结①，而尚文公寓却与之背离。

（三）落脚之地：住户的流动性较强

尚文公寓的住户不仅异质性较高，而且流动性也较强。部分租户与房产中介签订的合同是短期的，就像物管处工作人员所形容的"今天搬进来了，明天又搬走了"那样。此外，公寓楼的一些客观条件也使得一部分租户的流动性增大。

> 签了一年的合同，之后会找别的地方。因为这里不能烧饭，之后希望自己做，健康一点，外卖都吃腻了。
>
> （RW20170820Cb）

不少外地住户来到苏州之后就租住在尚文公寓，但也只是将尚文公寓

---

① 徐延辉、邱啸：《居住空间、社会距离与农民工的身份认同》，《福建论坛》（人文社会科学版）2017年第11期。

作为一个落脚之地，累积资本等待机会寻得更好的居住环境。

> 又买了一套新的大一点的房子，等小孩上完小学就搬到新的房子里，现在正在等建成装修。
>
> （RW20170826W）

> 租户太多了，有点杂，因为地段好嘛，可能看着交通蛮方便，今天来明天走这样，不太安全。
>
> （RW20170826F）

部分租户较为频繁的流动也增加了其他住户对社区内部成员的不信任感，认为公寓的社会环境是不宜定居的，也因此在一定程度上影响了其他住户的流动性。潘泽泉、何倩的研究表明，居住地类型对流动人口的身份认同的影响显著，居住在商品房小区、郊区或集镇的流动人口最有可能产生城市居民的身份认同。[①] 然而，居住在尚文公寓这一商品房性质中的许多租户也没有把自己当作尚文公寓的居民，他们只把尚文公寓当作一个具有留宿功能的地方，并不是一个生活的寓所，这种身份是暂时的、不稳定的。换言之，尚文公寓称不上真正意义上的"家"。

（四）不定的隐患：不安全事件频发

尚文公寓在建设之初是按宿舍的样式来设计的，距今也有十几年的历史，墙体渗水、管道老化已不是新鲜事，住户怨声载道。作为外来人口占比达到70%的无门禁社区，尽管保安24小时值班，常有警察巡逻，但公寓内的小偷小盗案件仍然时有发生。

> 这个2幢不行，有臭虫、蚊子什么的，而且管道容易老化，一直漏水。下雨天，水都从下面渗出来，很不好。
>
> （RW20170826F）

---

① 潘泽泉、何倩：《居住空间、社会交往和主观地位认知：农民工身份认同研究》，《湖南社会科学》2017年第1期。

门口的大爷 24 小时值班的，也经常有警察会在这里。这边电瓶车常被偷。之前旁边的那个公寓，白天门被砸掉了，也没人知道。

（RW20170820M）

上述的"砸门事件"源于 3 幢中的英才宝酒店式公寓。由于老板欠钱逃逸，整合好的三十几间房子全部都断水断电，老板的一些投资伙伴前不久过来闹事，把门给砸了，依旧不了了之。只有一个来自河南的中年妇女守着这个英才宝。她把家产全部交给了原先的老板，于 2008 年一起投资英才宝，花了 24 万元房屋转让费，54 万元公寓式酒店装修费。未成想老板前不久见一直没有盈利便卷款走了，只剩她一人留在这里无所事事，目睹酒店大门被砸掉的时候，她也无计可施。

我的情况太复杂了……我不想那么多了……谁也没有多伟大……我的青春都为别人付出了。

（RW20170826Y）

除了 3 幢的"砸门事件"，2 幢也在不久前发生了一起"跳楼事件"。一个女租户因某些个人问题，喝酒消愁，一时之间就想不开要跳楼。公寓内迅速来了数辆警车，在 2 幢楼下围了一圈警察，最后成功救下了这个女租户。

被访者均表示尚文公寓的治安做得比较到位，然而"砸门事件""跳楼事件"接踵发生，让不少住户的神经开始紧张了起来，不仅操心着公寓固有的硬件设施安全隐患，也开始担心起了其他的社区安全问题。

（五）尚文公寓的"停车难"问题

问及对公寓有何整改意见时，租户们普遍反映的就是管道煤气安装和车位扩建这两大问题。由于内部空地有限，尚文公寓只有 20 个固定停车位，住户每月缴纳车位费 120 元，物业能保证该住户有个不固定的停车位。住户想每天都获得心仪车位的唯一途径就是先到先得。公寓内有 40 多个汽车停车位，然而住户的私家车拥有量已破 50 辆，因此，没有固定车位的住户基本上都是找到空地就停，使得尚文公寓这个原本不大的"四合院"内部空地变得更加无序、拥挤。

公寓1幢前三层是香雪海大酒店，而酒店外部只有20多个停车位，每天晚上都供不应求。不少顾客会将车子停放在对面的苏州大学或北面的万科美好广场，也有不少顾客将车子停放在东环高架路下面的东西两车道中间。这几种停车方式都不方便，前者通常需要有苏州大学的通行证或是缴纳高昂的停车费给万科；后者地处十字路口，停在东西两车道中间的高架路下方，虽然免费但很容易造成两车道的拥堵。于是，不少"聪明"的顾客把视线转移到了尚文公寓。这样一来，香雪海大酒店顾客的停车问题迎刃而解，而本就不宽敞的尚文公寓却显得更加拥挤。

三　踢来踢去的皮球：社区"三驾马车"的推诿与缺失

长期以来，社区治理的"三驾马车"——居委会、业委会、物业公司之间的角色定位模糊、职责错综交叠。尚文公寓未能免"俗"，它虽没有业委会，但居委会与物业公司和住户也没有过多的交集。在多数被访者心中，物业就是缴费和报修的一个"地点"，居委会就是发通知和告示的一个"单位"。我们在访谈物管处的工作人员时，听见最多的词就是"复杂、乱"，但是工作人员又不断强调物业已经完全尽到了责任，但这个责任也只停留在"楼道打扫""保安巡逻""张贴通知""收缴费用"层面，把其他的管理问题都踢给了居委会。

这不是我们社区的问题，是社会问题。规划再超前的小区也不能解决这个问题。是买房子的居民还是我们的临时租住人员？他的身份是什么？漏水这个问题每个小区都有的，关键是漏水之后怎么去处理。它有负责处理的物业，它有维修基金。活动场地太少，那么你买这个小区，选择这个商品的时候，就已经决定了。你不能因为你的病患就要求这些，人生下来只有父母不能选择。你要绿化面积大、设施好的小区，那你就应该去买那些小区……既然看中的是区位，那这个小区的环境可能就没得选。你买了个商品，7 天之内可以换可以退，7 天之后，再感觉不好你只能认，你投诉也没用，没有强迫你买这个小区的房子，所以我说只能是心态的问题。居民的诉求有些是无理诉求，我们是不能去响应他们的。

（RW20171013X）

没有啊，我感觉尚文公寓里的居民都很好啊，很和谐。他们居民不来找我事情……万科的居民的维权意识都蛮高的。尚文公寓嘛，就是门一关他们什么都不管的。物以类聚，人以群分嘛。尚文公寓也有些人很自私的，比如说这个管道煤气的问题，他买房子的时候就应该知道没有的，现在抱怨有什么用呢？

（RW20171013X）

我们移步尚文公寓所属的街道居委会，提出了受访住户的诉求，却得到了上述的反馈。可以看出，居委会的工作人员不仅对"临时租住人员"和"居民"有着很强的身份标签区分，还自有一套社区治理的"精神胜利法"，把能推诿的责任都推给物业。住户的诉求和抱怨都是"自私"的，无理的诉求无须响应。居委会认为尚文公寓没有给自己的治理工作造成负面影响，只要不闹事，没有突发事件的发生，那尚文公寓就是一个"和谐"的公寓。

在新时代的新要求下，居民自治应当成为一个新的发展方向和构建和谐社区的新型格局。然而，居委会主任表示，街道居委会的主要责任就是"维稳"，其余的并不是当下的工作重点。尚文公寓内部成员的社会联系松散，成立不了业委会，组织都无动于衷，住户个人也更无心于聚焦公寓内的安全保障、环境秩序、设备设施管理等事务。在居委会和物业公司的割裂管理下，尚文公寓外显的杂乱形象也不难理解。

四　小结

基于在尚文公寓进行的田野观察和访谈，我们发现，尚文公寓的"复杂"源于特殊的空间设计、住户的流动性强且愈加异质化以及"三驾马车"治理推诿这三大因素的共同作用。商住楼的设计导致了单身化、年轻化、流动性等住户结构特点；租户较强的流动性又使得住户群体愈加复杂和异质化，社区内的社会联系较少；社区成员的社会联系少致使社区活动难以维持和有序开展。

有学者把社区的社会维度概括为"社会互动和社会关系以及人们在其中产生的对社区生活的共同认知和情感"[①]。尚文公寓流动性较强的住户对社区生活缺乏认知，对公寓并没有归属感。居民的整体流动性较强，社区内部的社会联系较少，社会网络较为松散，居民对社区也就没有太多的归属感，离开该居住区的可能性也就较大，这在一定程度上促进了社会流动性的增强。住户构成的异质性，利益、需求和兴趣的分化，也使得邻里关系趋于淡漠和疏离。[②] 紧凑的"四合院式"的空间布局使得公寓有一种逼仄之感，没有更多的面积去营造一个社区公共的场所。社区安全事件频发，异质化、流动性、信任缺失迫使公寓内的住户把自己安然地锁在个人空间内。这种基于"私"的闭门自守，导致尚文公寓内人际关系的萎缩，社区渐渐衰落。外来流动人口居住的不稳定性导致他们在累积地缘、业缘、信任以及社会支持等资源时，面临较大困难，也难以融入社区和获得归属感，住宅仅作为空洞的物理形式而存在。[③]

当今中国各大城市都不乏与尚文公寓类似的公寓，外来租户远多于原住居民，个体化、原子化的居住使得社区内部的社会联系较少，社会网络松散，住户流动性较强。然而，城市化不会停下脚步，人们为了获得更好的生活依旧在努力地流动，本地居民与外来人口混合居住型的公寓也会越来越多。如何改善因住户的强流动性而带来的一系列社区治理问题值得深思。

---

① 方亚琴、夏建中：《社区、居住空间与社会资本——社会空间视角下对社区社会资本的考察》，《学习与实践》2014年第11期。
② 朱磊：《农民工的"无根性居住"：概念建构与解释逻辑》，《山东社会科学》2014年第1期。
③ 朱磊：《农民工的"无根性居住"：概念建构与解释逻辑》，《山东社会科学》2014年第1期。

第四编

实证调查：浙江

第十章　梦之湾蓝领公寓：
客居他乡的落脚处[*]

本章中，我们以杭州梦之湾蓝领公寓为田野点，通过对杭州市外来流动人口获得公共住房的考察，探究当前新生代农民工获得公共住房支持的可能性，这既是对当下新生代农民工居住权益和诉求的回应，也是对当前中国城市公共住房保障体系运行的反思。

一　杭州外来人口及公共住房政策概况

根据第六次全国人口普查数据，"2010 年浙江全省的外来务工人员有11824000 人，占全省常住人口的五分之一左右。与十年前相比，浙江全省常住人口增加了8135000 人，增长幅度超过 200%，每年平均增长 10%。但同时，从户籍人口指标上来看，从 2000 年到 2010 年，十年间全省仅增加 2467000 人，仅占外来人口的五分之一。以上数据可以看出，二十一世纪以来，外来人口在浙江省常住人口迅速增长方面做出了巨大贡献"①。

作为浙江省省会，杭州是浙江省省外流入人口最多的城市之一。第六次全国人口普查数据显示，杭州市有 870.04 万常住人口，而其中外来人口有 235.44 万，约占常住人口 27.1%。据此推算，在杭州每 4 个常住人口中便有 1 个是外来人口。其中，来自省外人口为 174.27 万人，占全部外来人

---

*　本部分调研由华东师范大学社会学系 2017 级硕士研究生张荣瑾完成。

①　国家统计局：《浙江省 2010 年第六次全国人口普查主要数据公报》，http：//www. stats. gov. cn/tjsj/tjgb/rkpcgb/dfrkpcgb/201202/t20120228_30409. html。

口的74.0%。① 2017年仲量联行发布了《杭州城市白皮书》，涉及杭州各行业从业劳动力状况，其中超过45%的人在第三产业从事服务工作，远超过长三角地区的多数城市。②

作为外来流动人口的重要住房来源，价格相对低廉的城中村农民房曾是最主要的住房选择形式，尤其对于从事安保、卫生、快递、餐饮服务等薪资水平较低的外来劳动力来说，以最低成本满足居住需求是他们留在城市工作最主要的保证。然而，最近几年杭州城市更新改造的速度不断加快，大量城中村被拆迁改建。数据显示，"十三五"期间，杭州将完成178个城中村的改造工作，到2020年杭州主城区要基本完成改造246个城中村。③ 在此背景下，大量外来务工人员的生活居住空间被取缔。

在住房保障方面，杭州市政府和住房管理部门早年推出"六房并举"的政策，即限价商品房（拆迁安置房）、公租房（经济租赁房）、廉租房、经济适用房、人才房、危改房并举的保障性住房体系。2017年，杭州市相关管理部门颁发了《关于加快筹集建设临时租赁住房的工作意见》和《关于加强临时租赁住房建设和管理若干问题的通知》。其中明确提出要为外来务工人员建设一定数量的住房并提出一定的数量目标——2020年以前，要在杭州建成并推出供外来务工人员居住的临时租赁住房40000套。④ 目前杭州市政府针对解决外来人口住房困难问题出台了专门的住房保障举措，即人才房、公租房、蓝领公寓相结合的保障体系（见图10-1）⑤。

① 杭州市统计局：《杭州市2010年第六次全国人口普查主要数据公报》，https：//hznews. hangzhou. com. cn/xinzheng/yaolan/content/2011-05/12/content_3722983. htm。
② 卢常乐：《杭州为外来务工人员供4万套临时租赁房 留住服务业"末端人才"》，《21世纪经济报道》2017年12月20日。
③ 卢常乐：《杭州为外来务工人员供4万套临时租赁房 留住服务业"末端人才"》，《21世纪经济报道》2017年12月20日。
④ 杭州市住房保障和房产管理局：《杭州3年筹建4万套（间）蓝领公寓》，fgj. hangzhou. gov. cn/art/2020/1217/art_1229268437_58872571. html。
⑤ 来自与杭州城市建设投资集团有限公司相关管理人员的访谈。

图 10-1 杭州市公共住房保障体系

作为地方保障房建设体系中的重要组成部分，杭州市蓝领公寓是解决城市服务行业从业者住房"燃眉之急"的重要举措。从 2017 年 12 月开始，杭州各个城区都在推进蓝领公寓的建设。2018 年杭州计划推出 14000 套蓝领公寓。[①]

为了进一步了解蓝领公寓中外来流动人口的居住经历、当前在公寓中的实际居住情况，我们来到梦之湾蓝领公寓，对其中的物业管理人员以及 13 位蓝领工人进行了访谈，其中 6 位女性、7 位男性，全部为非杭州户籍的外来流动人口，浙江省外户籍占多数。除了其中 1 位是某公司驻蓝领公寓的管理层，其他 12 位主要从事安保、保洁、餐厅服务、酒店服务工作，年龄在 20~40 岁。这些受访者以单身为主，住在 5~8 平方米的单间，仅有两位女性和丈夫合住在 10 平方米左右的套间中。

二 梦之湾蓝领公寓概况

（一）地理位置

梦之湾蓝领公寓位于杭州市下城区长木村岳帅里 144~148 号，北侧为杭州明珠实验学校，西侧为杭锅新村，南侧为富春园社区，东侧为杭氧社

[①] 其中上城区全年累计筹集 600 套，下城区全年累计筹集 1100 套，江干区全年累计筹集 2100 套，拱墅区全年累计筹集 1300 套，西湖区全年累计筹集 2100 套，滨江区全年累计筹集 2100 套，下沙经济开发区全年累计筹集 700 套，萧山区全年累计筹集 2000 套，余杭区全年累计筹集 2000 套。《各区积极推进蓝领公寓建设》，杭州市住保房管网，hzxh. gov. cn/art/2018/5/28/art_1207985_18373232.html。

区，交通便利，距离地铁 5 号线城市之星站不到 200 米，附近还有 6 路、8 路、47 路、72 路等公交车站（见图 10-2）。

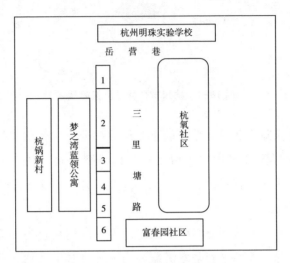

图 10-2　梦之湾蓝领公寓社区

2018 年 8 月 30 日，我们来到德胜东村附近，沿着王马路转入了三里塘路，三里塘路是一条很窄的小路，最多能供两车通行，两边是大片的老城区单位小区住房，每幢最多四五层高，路边还有一些低矮的自建房，经营理发、食品零售等生意。梦之湾蓝领公寓所在地是路西边一条狭长的区域，由原来的自建民房改造而成，共有 6 幢主楼，外墙粉刷成土黄色墙体和深红色墙边，墙根部分由石砖巩固，每幢楼门口都有门禁系统，需刷卡才能进入。靠东面的一面墙上，用红色字体印写着"梦之湾蓝领公寓欢迎您"的标语，用蓝色和黑色字体印写着《梦之湾蓝领公寓安全须知》。因为是 2018 年刚刚建成，并于同年 7 月迎来首批入住蓝领，公寓外观看起来很新，外部显示出一种朝气、舒适之感；同时，其外部的规整、单调、简易之感也像极了学校的学生宿舍。梦之湾蓝领公寓入口见图 10-3。

图 10-3　梦之湾蓝领公寓入口

（二）公寓筹建

杭州蓝领公寓主要选择两种房屋进行改造重建，一种利用城中村改造房屋，对废旧的宾馆、学校、办公楼等建筑进行修建；另一种则是利用已经移平建筑的土地配置新的建筑，但是建筑楼层不可超过 4 层。梦之湾公寓则是由农民自建房改造而成。2018 年 2 月，杭州公布第一批住房租赁试点国有企业名单，确定了杭州市城市建设投资集团有限公司和杭州市钱江新城投资集团有限公司等 20 家企业为国有住房租赁试点企业。梦之湾蓝领公寓就是由杭州市城市建设投资集团有限公司投资开工改造。

梦之湾蓝领公寓项目总建筑面积 5303 平方米，由 6 幢主房和 5 幢附房组成。为了最大限度利用原有建筑空间，将 300 套房源优化为 345 套，单人间、双人间、套间一应俱全，其中，房源的 85% 为单身公寓，其余 15% 为家庭双人间或套房。公寓内设有公共卫生间、公共食堂（厨房）、小卖部、理发室等配套设施，公寓周边设立电动车停放位、垃圾收集点等，较好地满足蓝领们的居住和生活需求。

蓝领公寓在管理上，坚持公约化管理，严格按照《蓝领公寓入住公约》，由专业化物业管理公司（杭州市本科物业管理公司），对公寓入住的公共卫生、安全用水用电、物品使用、费用缴纳等 10 个方面进行管理；同时，按照《梦之湾蓝领公寓安全须知》（见图10-4）有关用电安全、消防安全、公共安全、维修等规定，进行规范和管理，共同创造"和谐、文明、整洁、安全"的居住环境和良好公共秩序，真正将蓝领公寓管好用好。[①]

图 10-4　梦之湾蓝领公寓安全须知

（三）租住办理

蓝领工人申请入住梦之湾蓝领公寓要通过所在单位办理，对于受理单位的要求原则上是杭州下城区社会经济发展需要的物业、餐饮、保洁、保安等服务性行业的单位，营业注册地址、经营场所及纳税地在下城区，必须具有独立法人资格，注册资金不少于人民币100万元。

对于入住蓝领工人个人的要求是，申请人及其家庭成员为非杭州市区（杭州市区不含富阳、临安、大江东产业集聚区）户籍，且申请人持有公安机关签发的有效期内的"浙江省居住证"或"浙江省临时居住证"；申请人与用人单位签订一定年限的劳动合同，并正常缴纳社会保险金；申请人及其家庭成员在杭州市区无房（含直管公房）；申请人及其家庭成员未

① 杭州市住房保障和房产管理局：《杭州首个蓝领公寓交付使用》，http：//fgj. hangzhou. gov. cn/art/2018/b/22/art_1229268437_57479643. html。

同时申请市、区两级公共租赁房及其他区蓝领公寓；申请人及其家庭成员符合本区规定的其他条件；入住申请人的家庭成员仅包括配偶和未成年人子女。由于第一批房源有限，因此会更倾向于在城市建设、维护等一线的保洁、保绿、保安等人员。到后期，包括餐饮、出租车、物业等行业的人员都可以申请。[①]

梦之湾蓝领公寓租金根据户型而定，租金价格区间为 1.03～1.78 元/（平方米·天），其中最小户型的单人间月租金不超过 300 元。[②] 梦之湾蓝领公寓房源信息见表 10-1。

表 10-1　梦之湾蓝领公寓房源信息

房源名称		租赁用途	楼层数	间数	出租面积（平方米）	租期（年）
区 1	1 号楼主楼	居住	4	43	487.68	3
	1 号楼附房一	居住	1		117.1	3
	1 号楼附房二	居住	2		189.07	3
区 2	2 号楼主楼	居住	5	163	2095.17	3
区 3	2 号楼附房	居住	2	10	217.48	3
区 4	3 号楼主楼	居住	5	68	806.4	3
	3 号楼附房	居住	2		154.61	3
	4 号楼主楼	居住	2		256.34	3
区 5	5 号楼主楼	居住	3	61	271.15	3
	5 号楼附房	居住	2		348.91	3
	6 号楼主楼	居住	2		156.61	3
	6 号楼附房	居住	1		48	3
合计				345	5148.52	

资料来源：见杭州市住房保障与房产管理局《下城区蓝领公寓受理通告》，http://fgj.hangzhou.gov.cn/art/2019/2/18/art_1228995665_41938346.html。

[①] 《解决外来务工人员租房"刚需"杭州加速推进蓝领公寓建设》，http://ori.hangzhou.com.cn/ornews/content/2018-05/23/content_7006876.htm。

[②] 《最低租金不足 300 元，出门就有地铁站，杭州首个蓝领公寓可租赁了》，https://baijiahao.baidu.com/s?id=1602664401024288564&wfr=spider&for=pc。

取得租赁资格用人单位按以下规定程序申报蓝领公寓。

受理。取得租赁资格用人单位按照要求，受理本单位符合入住条件的外来务工人员的申请，并对申请材料的规范性、完整性、准确性进行核对校验。

单位公示。取得租赁资格用人单位将申请材料规范、完整、准确的申请人及其家庭成员的户籍、婚姻、房产等情况在本单位公示 5 天，并接受举报。

申请。取得租赁资格用人单位汇总本单位蓝领公寓入住申请人员信息后，向区国有实施主体提交申请相关材料。

审核。区国有实施主体对取得租赁资格用人单位提交的申请相关材料进行初审，初审通过后报区住建局进行审核并备案。

社会公示。取得备案后，将用人单位及申请人员相关信息在区政府门户网站公示 7 天，并接受举报。

用人单位需要提交的报名材料如下：①承租意向申请书；②营业执照副本复印件加盖公章；③法人身份证原件及复印件加盖公章；④授权委托书（委托非法人报名）、受托人身份证原件及复印件加盖公章；⑤企业情况简介；⑥企业上一年度纳税证明及提供社保单。

三　顶层设计：保障性住房的公共支持

（一）地方性公共住房政策的出台与落实

自 20 世纪 80 年代住房商品化改革起，住房逐渐被市场力量所主导，国家似乎逐渐退出了住房分配领域。然而，市场规则并不能保证住房作为公共产品的公平分配，在保证全体社会成员都能住有所居的问题上，国家作为公共机构必须考虑到住房困难群体的利益。国家和地方政府在住房保障体系的建立方面一直有所举措，出台了一系列针对城市流动人口的保障政策。

为了推进城市化发展进程，建设和谐包容的城市社会氛围，尽可能为外来人口享受城市公共服务提供更多可能性，杭州市政府近年来连续推出一系列改革，相关内容涉及户籍、教育、住房等。其中，在住房保障体系方面，杭州市政府出台了一系列建设公租房、人才公寓、蓝领公寓的实施意见，为外来务工人员解决住房困难、实现"住有所居"提供制度性指导与支持。① 在国家与各个城市地方的有关法律法规中，保障房用地是被划入年度建设用地中的，而且通常以划拨土地的形式供给。虽然保障房用地是通过出让的方式供给，但实际上保障房收益与商品房用地收益相去甚远。另外，由于各个地方政府很大程度上依赖"土地财政"，加之地方建设用地紧俏，保障房的建设需求往往无法得到满足。在房源筹集方式上，国家相关部门出台的法律法规提供了多样化的选择，可以通过新建、改建、长租等方式筹集，但是具体的流程和操作细则仍缺乏详细的说明，在一定程度上对筹集充足的用地十分不利。在保障房的产权性质方面，国家和地方部门也同样缺乏必要、明确的说明。②

在长三角地区，浙江解决农民工住房问题方面的创新治理工作表现突出。以杭州市为例，近年来杭州市鼓励一些效益较好的企业单位用附近的二手房作为农民工宿舍，鼓励城郊村镇集体利用城乡用地增减挂钩节余指标建设农民工住宿租住区，多渠道解决农民工问题。③ 但从满足农民工住房总体需求程度上来看还远远不够。我们与杭州住建部门相关人员的座谈中，他们也表示，在当今住房市场价格居高不下的情况下，国家能做的是保证住房总量充足，其他则交给市场来调节。但目前政府在住房数量上无法保证需求，尤其是针对外来流动人口的公共住房远远不能满足其需求。

> 房价问题还是量的问题，剩下的交给市场去做就行，现在就是公租房、廉租房量供不上，就把房价抬上去了，实际上是系统工程。实际上和粮食问题一样，政府把量保证了，剩下的交给市场去做。硬调没用的。现在全市都在推蓝领公寓，但是只是杯水车薪，解决一部分

---

① 王春福：《公民身份与城市外来人口公共服务的供给——基于杭州市外来人口调查的分析》，《浙江社会学》2010 年第 11 期。

② 郑莹、于骁骁、祝晓楠：《公平视域下公共租赁住房制度的路径实现》，《河南社会科学》2014 年第 9 期。

③ 阳作军：《杭州解决城市农民工住房问题的思考与探索》，《城市规划》2012 年第 3 期。

人的问题。

（WML20180830Z）

（二）公共保障性住房的管理困境

研究显示，当前城市公共住房体系面临诸多问题：公租房保障形式单一；公租房融资渠道单一；房源供给相对不足；定价较高。这些问题也在此次调查中有所体现。为何国家在建立多元充足的公共住房保障体系方面行动缓慢？是制度设计问题，还是利益考量？我们在调查中了解到，公租房、人才房、蓝领公寓等公共保障住房由于收益少甚至无收益，政府在公共住房筹建招标时，很少有房地产公司投标，因而公共住房的筹建只能由国有房地产公司来承担。

> 蓝领公寓是国企地产单位在推，成本也是很高的，也很难收回，只能由我们国字头公司来做。梦之湾蓝领公寓投入 1000 多万，一年出租收入 220 万，收回成本很难。

（WML20180830Z）

梦之湾蓝领公寓由杭州一家国有房地产企业筹建完成。我们在与其相关负责人的接触中了解到，对于蓝领公寓的筹建公司面临两难困境。一方面，由于政府筹建临时租赁房的政策号召，国有企业不得不带头进行筹建；但另一方面，临时租赁房的筹建对于公司来说很难见到效益，甚至很难收回建造成本，企业本身承担很高的财务压力。同时他们透露，政府将蓝领公寓计划作为临时性缓解住房压力的举措，3~5 年后都将被拆除。

> 蓝领公寓市里要求 3~5 年后拆除，就是过渡性质，目前外来人口外移，现在是这么说的。本身是厂房改建的，改建省一点，但是不比重新建，因为重新建配套可以是全新的，但是改建的话很大程度上会受到原先建筑的限制，比如说不能做饭，不能做饭可能让很多工人的吃成了问题，他们很节约的，吃的问题是很重要的。公共厨房也很尴

尬，没人管，物业不会管。

有 24 家单位找我们签约，后来经过筛选，我们区要求 3 年完成 3100 间，现在梦之湾有 344 间，这个也是杯水车薪。原先是农民房，居住也是很差的，可以烧饭，但是安全问题保证不了。就是把问题从个人头上转到国字头上。

（WML20180830Z）

有研究表明，我们很多地方都没有设置专门的公共租赁住房监督管理机构。

"通常情况下，保障性住房的行政管理工作是由国家住房管理部门联合住房规划、建设、财税等多部门一同实施的，然而多部门的工作不易统一管理，在办事效率上较低。此外，由于缺乏针对保障性住房的监督管理制度，相关立法不严格完善，住房管理机构、保障对象缺乏严格明确的审核和监管，保障房体系的资金、准入、退出方面滋生了很多问题，例如保障房对象不合保障标准，保障房主体私下转租房屋等。"[①]

梦之湾蓝领公寓的后期管理方面，也同样出现了公共困境。旧房改造基础上的蓝领公寓在配套设施使用方面受到很大限制，无论是户型构造、房屋质量，还是配套供给，蓝领公寓作为国家供给的临时性公共物品，缺乏更实质有效的运行管理。在这一过程中，我们可以看到国家通过公共住房的供给尝试发挥其在住房市场中对资源的调节和配置作用，也尝试承担新的责任。但是在具体的实施过程中，由于多方实际利益的牵制，公共部门在蓝领公寓的实际管理和运行中所发挥效应有限，甚至缺位。就如调研中负责人所说的"从个人头上转到国字头上"，在解决住房困难群体的问题上，国家的确面临着重重压力，不仅仅是在住房数量上保证社会困难群体的需求，更需要国家发挥作用调动社会和市场的力量来共同参与公共住房的运营。

---

①　郑莹、于骁骁、祝晓楠：《公平视域下公共租赁住房制度的路径实现》，《河南社会科学》2014 年第 9 期。

四　居住正义：新生代农民工的住房权益与诉求

（一）被驱逐与重获保障

我们在梦之湾蓝领公寓的受访者来到杭州工作和生活的时间长短不一，最长的有 15 年，最短的不到 1 年，但他们都有丰富且曲折的租房搬迁经历。特别是 2015 年之后，由于杭州着手筹办 2016 年 G20 峰会，为了改造城市形象，杭州拆迁了大批的城中村房屋。作为外来流动人口性价比最高的住房选择，租住城中村农民房的路径被堵死。

> 我过来是因为农民房那边要装修改造，民房拆得差不多了，公寓楼还在装修，单位这边申请租房我就过来了，但是没办法，这边太远了，我工作在滨江区那边，骑电动车大概 50 分钟。萧山那边十几平方米，1300~1400，农民房现在都租不到了，小区房的话更贵，不合租的情况下，滨江那边 6000 多。
>
> （WML20180830A）
>
> 搬家搬得我好烦啊，都没有一个固定的地方，好累的，在这边应该会久一点，在这边毕竟时间也不算短，东西挺多的，搬家也很烦，在这边住得久一点就安定一点。
>
> （WML20180901Z）

城市更新的客观结果直接导致了农民工租房途径的减少，他们不得不多次搬家，每搬到一个新的住所却又面临着新的拆迁，因而他们有"丰富"的搬家经历。

> 我这个屋子有 8 平方米，具体多少钱公司出，我也不知道具体多少。原来就是自己在外面租房子，搬家次数多了去了，搬了三次吧，都是因为农民房拆迁，杭州这种情况很多。原来住在拱墅那边，北站，那边农民房拆迁了，就这么一点工资，农民房拆了，我们去租商

品房也不现实。一个月工资 5000 多，原来租房子 1000 块钱以下，15～16 平方米，有厨房、厕所，这边不让做饭，单位负责一顿饭，剩下的就在外面找地方吃。

（WML20180830Q）

而他们更不会选择商品房租住，一方面承受不了相对高昂的租金压力，另一方面也不想忍受与他人合租的不便。很多受访者表示身边的同事因为承受不了住房压力被迫到杭州市区以外的郊区生活，即使是萧山这样位置偏远的区域租房价格形势依然不容乐观，甚至很多人选择了回乡。

杭州很多单位部分承担了住房保障功能，为本公司员工提供宿舍。但宿舍数量有限，没有获得单位宿舍的员工只有为数不多的住房补贴，远不足以支撑他们实际的住房花销。

我们新白鹿①本身是给所有员工提供宿舍的，如果不申请宿舍的话，是给他们补贴的，当时这个补贴是比较少的，在 400 元左右，申请了宿舍补贴没有了，相当于加了房租了。

（WML20180901X）

2017 年前后杭州市政府出台了临时性公共租赁房政策，各城区推行蓝领公寓政策，下城区也首推梦之湾蓝领公寓，集中力量将其宣传打造成全市首批解决外来农民工住房问题的蓝本。2018 年夏，梦之湾迎来首批入住工人，在一定程度上解决了部分工人的住房需求。

我来杭州十二三年了，在现在单位工作三四年了，搬家就搬过这一次。我们公司还好，很多员工做了十多年了，也一直提供住房，公司报一些、员工自己付一些，所以都是老员工。在这边申请公寓，要有社保、结婚证明、户口本、暂住证，我们单位有一批暂住证不齐是

---

① 新白鹿餐厅是杭州知名的中餐连锁餐厅，也是杭州、上海地区著名的"排队餐厅"。它成立于 1998 年，前身为位于耶稣堂弄的"白鹿面馆"，后改名为新白鹿餐厅，总部位于杭州中山北路 572 号。在上海和杭州共有数十家分店，员工总数超过 1000 人。

申请不到的。

> 这边申请也挺严格的,需要好多证件,比如说你的户口本、无房证明、社保证明、居住证,我们单位好多满足不了这个条件。居住证的话,比如说你现在住在这一家,这一家告诉你我要拆迁了不让你住了,你的居住证就办不出来了,必须要有它的暂住证才能办居住证。这边拆迁了公安那边把户销掉了,就不是那边的出租户了,这样的话你的居住证就办不成了。公司申请到下城区,下城区报到区政府审查。

(WML20180830H)

同时,我们在调查中了解到,申请蓝领公寓要以公司为单位,要求提交申请的个人满足社保、暂住证、无房等多重要求,尽管政策门槛并不高,但还是有很多农民工申请不到,主要是因为一大部分农民工流动性大,缴纳社保不足,被排除在临时性保障住房门槛之外。

(二) 弱势身份认同与居住压力

由于蓝领公寓面向的群体是服务行业的工作人员,我们的受访者也皆为一线服务岗位人员,收入总体水平在 3000~5000 元/月。从绝对数字上来说,这一收入水平并不能使他们陷入绝对贫困,但对于远距离迁移到杭州务工生活、补贴家用的农民工来说,其薪资水平的确无法供给他们的生活需求,尤其是在没有房产、公共住房支持的情况下,合租商品房的费用占到他们收入的一半,加之每月开销用度,留作补贴家用或储蓄的收入实在少之又少。

在物质水平无法保证的情况下,"过日子"是受访者们最常提到的概念。跨地域流动背后的生活逻辑是希望在家乡以外的大城市寻找"致富"之路,但在生活成本高昂的一线城市,能够"把日子过下去"也显得尤为奢侈了。来自黑龙江的刘女士一开口便向我们诉苦,她说自己曾经满怀期望,乘坐 40 多个小时的火车从齐齐哈尔来到杭州,但是因为学历低、没有工作技能,不得不选择基础性的公共厕所保洁工作。住宿由单位提供,位置紧邻公共厕所,和丈夫每月加在一起不到 5000 元的工资根本无法维持一家三口的生活，尤其还要供养一个十七八岁的儿子。最近她的儿子因为学习成绩差辍学了，她更苦恼于儿子的未来，不知道自己留在杭州还有什么期望。

> 不是咱倒霉，就是咱没钱。你说我们一个月 3000 元，租房子 1000 元，吃穿用度 2000 元，你说都是出来打工的图的啥呀，图的不就是省点钱嘛，我们就是没钱，有钱谁往这儿住。你说我们为啥，这么远，我从东北黑龙江来的，一个月三千四五，租房吃喝，还有个孩子十七八，辍学不上了，还得养个孩子。没办法，我们这个死工资，我们还不能报销，你看人家公司给安空调，我们就是屋子给你了，四面墙、一扇窗户一扇门，啥都没有，都得自己买，我们趁啥。谁有钱谁住这儿?！就这个我们也吃不消，一个月 500 元，我们还要吃饭，剩下 2000 元我还要省吃俭用。
>
> （WML20180830L）

来自安徽的齐先生同样向我们表达类似的苦衷。他离婚后一人来到杭州，做安保工作每个月赚 4000 元左右，虽然没有家庭和子女的负担，但是作为儿子，要供养家中两位老人，尤其是近期父亲被诊出脑瘤，他打算暂缓一段时间回家带父亲去医院复诊，大笔手术费用也是他所担心的。在杭州的经历让齐先生感觉到作为低学历外来务工人员的艰辛，尽管他在自己的岗位上工作数年，但因为学历低一直在一线岗位，很多没有工作经验的大专学生可以一毕业就做他的领导，尤其在国企体制内，作为合同工的他，更感受到国企体制内社会资本和社会网络对他的排斥。无论是经济收入水平还是社会身份资格，对于齐先生这样的外来务工人员来说，弱势身份似乎如烙印一般无法摆脱，他们有心期望未来，却无力改变现状。

> 但是现在杭州不行了，就是低收入的人才给你住这个地方，你一个月 4000 多元，一碗青菜拉面也 16 元，滨江那边最繁华的地方。我换过好几个单位，但是都是做保安，因为做其他的也没什么技术，没技术到这边工资也不高的。

我是小学学历，我们学历不行，这要是有点学历，混个物业经理没问题的。我们这个单位，是个国企，就是靠学历卡你。你说的论资排辈，说得好听，进了单位之后，说你行，不行也行；说你不行，行也不行。

（WML20180830A）

面对外来务工者的抱怨和诉苦，我们最初无法理解他们的生活逻辑。为何在城市生活成本和压力无力消受的情况下还要留下？随着了解的深入，几位受访者的回答似乎揭开了这一谜团。

我们要不是冲着社保就走了。我们2004年来的时候，是不给外地人交社保的，到2008~2009年的时候才给外地人交的，我干到明年够10年可以转的吧，可以转回老家。我们好多同事说实话都是冲着保险来的。目前我的目标是冲着保险来的，至于长远待不待在这边也没想好，杭州这边也不好，可能考虑到周边，像绍兴、临平，住房消费相对没那么高，工资水平虽然不高，但是消费也不高。杭州消费太高了，工资不高消费高，小年轻都是月光族，买买衣服什么的就花没了，像我们年纪大一点的就节省一点。

（WML20180830A）

每年过节都回家，至于留不留在杭州，我肯定是要做满15年把养老保险交满再做决定。我已经在这边6年了，还有9年。也不一定回老家，不过我们在老家县城也有房子，以后如果不在这边做回老家也可以，自己做做小生意。

（WML20180830W）

来自省外农村地区的受访者感受最多的还是城乡福利保障体系的差异，访谈中他们频频提及"社保"，没有编制、没有住房、没有杭州户口，这些都无法击垮他们对城市最后的期待，社保犹如铁饭碗一般成为他们在城市挣扎生活的最后一道防线。这种城乡福利保障差异是制度性的福利差异，也构成了城乡居民在身份上的根本差异。

　　我呢，住在这儿无所谓好不好，我过来一个月不到，我有住的地方就好了。以后不打算留在杭州，打算明年就回去，老早就想回去了，在外面都是漂，还要考虑以后。我家里也有房子，社保什么的交够 10 年就好了，就能转回去。

（WML20180830Q）

　　"有住的地方就好了"，这是受访者们最常提到的一句话，也是他们在城市中经受波折住房经历之后残存的最后的住房需求。对于他们来说，住房大小和质量在没房子住的窘境下显得并没有那么重要。从他们的日常生活轨迹考量，住房对于他们来说只是一个落脚的地方，白天出去上班，单位包吃，晚上回来有个地方休息就好。至于未来，留在杭州与否，大家的回答似乎都不那么乐观，在杭生活十几年的受访者一般都会坚定地表示交够社保之后回老家做小生意，对于杭州目前居高不下的房价他们表示毫无购房能力和计划；而对于刚来杭州的受访者来说，生活压力和成本似乎也让他们对未来充满了不确定性。

（三）公共福利的有限性和临时性

　　由于梦之湾蓝领公寓刚开放入住不久，公寓内入住率仅有半成，入住且接受我们访谈的农民工也仅有一个月的生活体验。具体谈到蓝领公寓申请入住过程时，他们的感受和体验也五味杂陈。

　　以前是单位有宿舍，好多人住在一起。蓝领公寓推出来之后，单位帮申请。必须是以单位为中心进行申请的，房租相对原来宿舍是贵一点，因为之前宿舍是不需要租金的。而且我们刚住过来这边是什么都没有的，只有一个空空的房子，我们要自己买空调、床、柜子什么的，这些单位不会帮我们置办。

（WML20180830R）

　　原来是集体宿舍，这边是单间肯定是方便一点，清静一点，我是很满意的。申请的时候有很多人达不到条件的，报名的比较多了，我们就只有几个符合条件。但是逐渐的，每年都有机会啦，有的新来的没有暂住证不行，明年肯定是有机会的啦。

（WML20180830W）

入住的工人最初是提交规定材料到单位，由单位申报至相关部门审核，通过审核能够入住的仅是单位中的一部分员工，没有通过的员工则在单位宿舍或通过补贴的方式自行租房。而不同的单位对员工的住房福利补贴程度不一，比如像新白鹿餐饮这样的公司会为员工提供床铺、衣柜、空调等设施，而另一部分公司则没有额外补贴。很多受访者对此表示不满，他们一方面抱怨公司福利不行，另一方面认为梦之湾蓝领公寓本身的设施配备不够到位。

> 房租465元一个月，这个有10平方米，你们看看，这个房子是公司申请，自己掏钱，我觉得400多元太贵了，这不是正儿八经的廉租房。他们杭州廉租房60多平方米才300多元，都是针对外地人的，打工的，我不是听说的，我侄子就是住的那个房子，50多平方米才200多元，那是真正的廉租房，这个算什么，说的10平方米，最多有5平方米。我侄子他们办得早，他在垃圾站开车已经有十六七年了，工龄长，那个是正儿八经的廉租房，就是给外地打工人提供的。

（WML20180830S）

一些受访者表示，杭州针对外来务工人员也开放公租房，价格更低、面积更大，但同时要求也更高。公共住房体系的差异化保障使他们感到相对心理落差和不满，尤其是梦之湾蓝领公寓中一些房间面积十分狭窄，只能容下一张床和一个柜子，没有窗户，视觉体验极为不适，居住体验就更可想而知了。尽管多数受访者表示他们对于居住的要求并不高，但是公寓的一些配置和之前宣传的确不同，受访者范先生表示公寓虽然宣传得好，但是并非真正考虑到外来务工人员的居住体验，一些房间实际上无法住人，格局太差了。

> 可能因为这是第一个蓝领公寓，对它的包装和宣传有点夸大了。

我们真的住在这里，感觉配套设施不是很完善的，我们单身住在这边还好，很多是夫妻两人带着孩子住在这里，肯定是要开火做饭的，但是它这里不允许；另一个问题是，这个里面只有冷水，如果要是洗澡用热水，要自己去装热水器烧，这个在设计的时候都没有考虑到。如果他们在设计的时候考虑到让一个人住3年的话，这些都是必备的、是要考虑的，这两点让我觉得他们还是在做表面功夫吧。但是物业也说了，这么一大片的问题，重新改造也是不太可能的事情了，就只能自己解决克服一下了。我觉得从住3年的角度考虑这样设计绝对是不合理的，因为夏天阳光直射进来，房间里没有窗户就非常热。下雨的时候，雨水落在上面声音也是非常大。

（WML20180830R）

这里是不允许留宿的，10点以后就不能进来了，这里就是像学生公寓一样的，不留外面人住的。

（WML20180830A）

我到这边住了一个月了，但是住得不好，不舒服，一个问题是不能烧饭，二是要用公用厕所。但是我那个房间空间太小。总之格局改得很差，我们公司给我们的大的单间，两个人一起住，没有独立卫浴，说是19平方米多，实际上量下来才10平方米多一点，公摊面积大。房租每月800元，带阳台的话1000多元，公司能报销小一半，400多元。

（WML20180830H）

此外，在房屋质量上，住在顶楼的受访者表示彩钢板结构设计是极不合理的，一方面是夏天彩钢板吸热导致屋内温度极高，另一方面下雨时屋顶钢板产生的噪声也无法忍受。他们表示尽管政府为他们提供了一个容身之处，但是可能考虑到成本问题，做工细节不到位，根本没有考虑过实际居住者的体验和感受。

在物业管理方面，蓝领公寓配备了专业的物业公司入驻管理，在卫生、维修等方面提供了便捷的服务。但同时，受访者表示公寓规定对他们的限制很大，不能开火做饭对于他们来讲十分不便，他们只能选择外卖或去路边小店解决，对于收入不高的外来务工人员来说，也是较大的开销之一。尽管公寓内部配备了食堂，但食堂尚未开放，对于首批入住的工人来说十分不便，也有受访者担忧未来食堂开放后食物价格是否实惠。

五　小结

改革开放至今40余载，我国城乡人口流动已成为常态，学界对于农民工的关注和研究也趋于系统和成熟。城市不断的发展和扩大仍持续吸纳农民工的进入，新生代农民工也随着城市化的推进面临着新的问题和挑战。尤其是近年来，随着城市房地产市场泡沫的不断膨胀，加之城市更新的推进，新生代农民工在居住方面遇到了重重阻碍，很多人不仅面临居住环境差的问题，甚至一大批外来人员因高昂的居住成本而选择离城返乡。尽管住房形势严峻，但国家在公共住房保障方面不断努力，试图通过一系列公共住房体系的建立缓解外来流动人口的住房困境。

杭州作为长三角地区外来人员最为集中的城市之一，在解决外来务工人员住房需求上不断推陈出新，进行多方面的创新实践。基于梦之湾蓝领公寓的调研，我们可以看出杭州在地方公共住房保障体系和实施中的努力。但是，从目前杭州地方政府针对外来务工人员提供的公租房、人才房、蓝领公寓并举的住房保障体系来看，覆盖群体有限，保障房总量远远不够。不论是从保障体系构建过程中的利益分割考量，还是国家在发挥市场、社会力量的战略设计上，公共保障房体系的构建仍旧面临很大问题和挑战。蓝领公寓只能暂时、有限地解决一小部分外来务工人员的住房需求，他们在居住方面仍然缺失稳定且平等的机会和权利。

"在当下城市治理的制度背景之下，作为外来务工人员市民权的一部分，居住权是这部分群体实现就业、教育、医疗等其他相关权益的基础和条件。"[1] 调查表明，尽管外来务工人员享受到单位宿舍、蓝领公寓这样的临时性住所，但在制度和权利保障中还是被排除在外，在公共保障体系中

---

[1] 赵晔琴：《外来人口的居住现状及居住需求调查——以上海三个外来人口集中居住小区为例》，《上海青年管理干部学院学报》2014年第2期。

没有对外来务工人员这一类别人口稳定和持续的权利保障。

陈映芳将城乡流动人员问题放在城市的吸纳/排斥系统中考察，这一系统所针对的群体不仅仅是来自农村的务工人员，同时也包括各种技术人才等外来人口，是一整套针对人口的筛选准入机制，通过种种制度安排来实现其吸纳或排斥。自 20 世纪 90 年代末开始，住房逐渐转变成一种紧缺资源，其分配与再分配既通过权力与资本的运作而进行，也通过社会各方面群体相互作用而进行。

为了实现城市的发展，吸引人才与资金，各地政府一方面通过户籍制度建立门槛对外来人口进行筛选，另一方面通过建立精细化、差异性的社会保障制度来释放大量人口流入所导致的城市治理压力。对于不同类型的城市居民人口，政府通过调整相关政策灵活掌握其中的运作。具体来说，作为管理体制的核心，户籍制度本身并不具有排斥性，却被利用成为一种吸纳/排斥外来人口的依据。通过以户籍制度为核心的社会保障制度，各地方政府不仅可以对大量外来人员分享有限的城市资源，减轻其治理压力，同时改善城市治理依赖二元户籍制度的情况。在原本户籍制度的基础上，城市治理者建立起新的、系统化的社会保障体系，以发挥社会排斥/吸纳功能。[1] 对于目前制度安排下的外来务工人员来说，他们在城市中唯一能够产生连接的就是单位工作和社保，这是他们唯一感到有安全感的保障。在外来户籍身份和住房市场过度商品化的情况下，他们强烈感受到市场对他们弱势经济能力的排斥，他们在城市中贡献劳动力，最终却无法享受城市的福利而返回家乡。

外来务工人员对于城市来说既是不可或缺的劳动力，又是社会体系中的重要构成部分。公共部门不能因为福利负担而只吸纳其劳动力，忽视其制度身份和公民权利。

---

[1]　陈映芳：《城市开发与住房排斥：城市准入制的表象及实质》，《宁波大学学报》（人文科学版）2009 年第 2 期。

第十一章　康居公租房：新生代
农民工的栖身之所[*]

本章中，我们以杭州市拱墅区的康居公租房为田野点。作为新生代农民工和杭州本地中低收入者的聚集地，康居公租房的年轻住户多为拥有一定技术和高级职业资格证书的"高级蓝领"、新就业的大学生，也有杭州市本地的低收入家庭和从事公交、环卫行业的底层劳动者。我们希望通过调查进一步了解新生代农民工的住房经历及住房行动策略。

我们对康居公租房的 11 位住户进行半结构访谈，其中男性受访者 4 人，女性受访者 7 人，年龄均在 31~50 岁。来源地以浙江省省内和邻近的安徽省为主。

一　康居公租房概况

康居公租房项目是杭州市区最早开发建设的公租房项目，同时也是浙江省建设最早、规模最大的智能化管理公租房小区。整个项目占地面积 13.58 公顷，建筑面积 33.58 万平方米，共提供房源 4693 套，分 3 个园区进行管理，其中以夏意苑规模最大。[①] 该项目于 2009 年底开工，2012 年竣工，2013 年 6 月开始交付，现已配租 4631 套，入住 1.3 万余人，入住率为 94.5%。

（一）空间布局与地理区位

康居公租房位于杭州市东北部拱墅区半山街道夏意社区，以广济路为

---

* 本部分调研由华东师范大学社会学系 2017 级硕士研究生胡诗文完成。
① 春晓苑 1445 套、夏意苑 1744 套、秋韵苑 1504 套。

界，路北是秋韵苑、路南是春晓苑和夏意苑，横隔笕丁路，呈"田"字分布（见图 11-1）。其中，春晓苑建成时间最早，住户主要是杭州市区的中低收入家庭、享有低保的家庭以及一部分来杭较早的外来务工人员。夏意苑是三个园区中面积最大的公租房社区，主要容纳公交、环卫专项申请人员和多数外来务工人员。夏意苑也是康居公租房管理中心和办事大厅的所在地。秋韵苑建成时间最晚，是夏意社区办事处和社区卫生服务中心的所在地，距离新规划的菜场和停车用地最近。

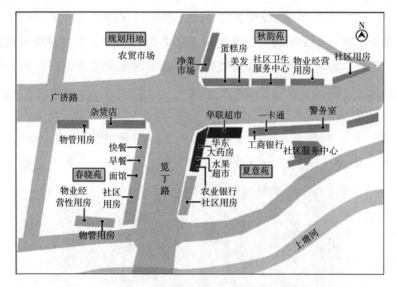

图 11-1　康居公租房社区空间分布

康居公租房房屋配比为创业人员 1647 套、新就业大学毕业生 357 套、中等偏下收入家庭 2177 套，另有公交、环卫专项房 450 套①，非成套（单身公寓）有 405 套。根据《杭州市物价局等 3 部门关于杭州市区公共租赁住房租金标准的通知》（杭价服〔2014〕96 号），康居区块属于八类地区②，每月租金 10.5 元每平方米。公租房社区的物业是通过公开招标引进

---

① 公交、环卫专项房主要分布在夏意苑 11 幢、12 幢、13 幢、14 幢、16 幢。
② 租赁一级土地等级的成套公共租赁住房标准租金为每月每平方米建筑面积（下同）36.00 元，二级 32.00 元，三级 29.00 元，四级 27.00 元，五级 21.00 元，六级 16.00 元，七级 12.00 元，八级 10.50 元，九级 9.50 元，十级 8.00 元，十一级 6.50 元，十二级 5.50 元。

的，目前正在管理的是具有一级资质的南都物业。物业收费标准为每平方米每月 1.05 元；公用能耗费 0.5 元，但居民不单独缴纳物业费，而是通过与房租合并的方式统一缴纳。

从配套方面看，康居公租房社区周边环境优美，东边有皋亭山风景区，西边有 4A 级半山国家森林公园，南边有上塘河围绕。周边教育配套也在近几年逐渐发展——社区拥有 3 所幼儿园和 2 所小学①，并且目前正在规划建设 2 所初中——杭钢中学、康居中学。周边的医疗配套也相对齐全，附近分布有杭钢医院、浙江省肿瘤医院，杭州中医院丁桥分院也正在建设中。相对于教育和医疗配套，康居公租房社区附近交通配套发展则相对滞后，出行以公交车为主。目前暂无轨道交通覆盖，市区通勤时间约 1 小时。此外，康居公租房社区周边的娱乐配套也相对欠缺，只有华联超市等购物场所。康居公租房外景见图 11-2。

图 11-2　康居公租房外景

（二）入住情况

康居公租房项目是杭州市区最早开发建设的公租房项目，建成时间较早，入住率也相对较高。自建成以来已交付 4631 套，入住 1.3 万余人，入

---

① 虎山幼儿园、康居幼儿园、半山路幼儿园；省教科院附小、北秀小学。

住率为 94.5%，本地人与外地人入住比大约为 49∶51。①

> 我们这边因为是最早建成的，刚开始因为比较远没有很多人申请。但是因为面积比较大、租金比较便宜，后来申请的人就多了，还要排队。现在 4693 套基本上都已经租出去了。
>
> （杭州康居公租房管理中心工作人员）

由于杭州市采取分层住房保障，因此公租房的受众定位主要是城市中低收入家庭、新就业大学毕业生、拥有中级职称的人员、创业人员、拥有高级职业资格证书的"高级蓝领"。杭州市在落实公租房政策时也同样按照配比标准接收租户。我们的受访者绝大多数是持有高级职业资格证书的"高级蓝领"，也有一小部分是从事公交、保洁等行业的人员。

> 申请条件在网上都可以查到的，主要是针对新就业大学生、城市中低收入家庭、拥有中级职称的人员、创业人员、拥有高级职业资格证书的人员。主要（申请条件）就是本科毕业未满 7 年、在杭州签订一年以上劳动合同、有高级技能证书、年收入人均不超过 52185 元、杭州市区无房。
>
> （TY20180901W2）

考虑到对城市中低收入家庭和底层劳动群体的照顾，杭州市公租房规定"外地人员只能申请租住两期（即六年），本地人只要符合要求就可以一直长住"，"公租房配备有公交和环卫专项住房且房租减半"。由于申请流程相对便捷简单，只需要主申请人符合申请条件，其他申请人只要满足人均收入不超过杭州市平均工资水平，因此，康居公租房成为许多外来务工人员的栖身之所。

> 申请还不算麻烦的，这个房子是 2013 年开始申请的，准备材料，

---

① 康居公租房管理中心。

就是常规的身份证复印件、户口本、结婚证、小孩的出生证明、高级等级证书、单位合同，社保好像是满两年吧，提交材料之后就审核，审核通过了就通知你去选房。我今年刚审核过，还是提交原来一样的材料。我当时以个人身份申请的，我和我老婆一起，要求都是一样的，但社保啊，劳动合同啊，他不需要的，因为我是主申请人嘛。个人收入不能超过5万多少，因为小孩也包括在内，所以3个人15万也可以。

（TY20180901W1）

我那个申请蛮快的，2013年申请的，6月份就陆陆续续办手续，到年底就通知我们可以入住了，（从申请到入住一共也就）半年吧。我申请的是两居室，3个人的那种，一家三口嘛。

（TY20180901W2）

可以看出，由于杭州市公租房定位人群具有目标性和相似性，其居住居民也有较大的职业同质性。正如上文所述，在杭州市分层住房保障体系的规划下，康居公租房的租户属于这一体系的中下层，因此，康居公租房的住户群体同质性较高。

二 城中村改造后的最佳选择

为了解决杭州市城区内木、砖木结构等住房"破、危"问题，以较好的城市形象和完善的城市布局迎接第19届亚运会的到来，同时努力推进多元化、多层次住房供应保障体系的搭建，杭州市在2015年就颁布了《关于开展杭州市主城区城中村改造五年攻坚行动的实施意见（2016—2020年）》。① 该意见要求以拆除重建、综合整治和拆整结合三种方式加快推进改造城中村的相关工作，并在"十三五"期间，能够实现主城区城中村的基本改造工作，把老城区的城中村改造成配套完善的新型社区。另外，我

---

① 杭州市人民政府：《〈关于开展杭州市主城区城中村改造五年攻坚行动的实施意见（2016—2020 年）〉的政策解读》，http：//www.hangzhou.gov.cn/art/2017/12/11/art_1256285_14039422.html。

们在对杭州市住房保障与房地产管理中心的访谈中了解到，如火如荼的城中村拆迁从 2016 年开始，"五年攻坚行动，在去年的四五月份启动，下半年力度特别大。其实城中村拆迁从 2006 年开始就有推动，但是比较缓慢。为了 G20 峰会啊，轨道交通的建设啊，为了迎接一些新的国际性盛会啊，没有办法，必须要改变一些城市面貌，提高一些城市形象"。当时杭州市政府为了响应国家"去库存"的宏观政策，对于被拆迁居民主要是采用货币安置的形式。同时为了鼓励被拆迁户搬迁，政府也出台了一系列政策，安置方式也从货币安置转向以实物安置为主。"现在是没有大肆地推货币安置，主要还是实物安置。一是发现货币安置会从另外一个方面助推房价；二是因为房价上涨太快，货币安置也没有多大购买力了。"

中国的人口流动在很大程度上是城乡之间经济发展不平衡的结果[①]，选择来杭务工的新生代农民工主要来自周边经济发展相对落后的省市，他们的迁移主要受到经济因素的影响。绝大多数外来务工人员因为经济收入有限、居住地与工作地点距离等客观因素，农民自建房——城中村的主要构成部分就成了他们栖身之所的首选。我们的受访者基本上都有租赁农民自建房的经历。

（没租公租房）之前我们有员工宿舍，一直都住公司，但是公司宿舍只能住 3 年。当时我有同事租房子，也都是住在农民的自建房，原先的白龙村啊，没拆迁的时候都在附近（住），都是今年拆迁的。

（TY20180901X1）

之前都是住的农民自建房，住过北站那边，（出来打工的）一般是哪里离单位近就住在哪里，就 10 多平方米，大概一个月五六百块钱吧。住了有三四年吧。

（TY20180901Z3）

（没租公租房以前）住农民房啊，以前农民房没拆，不过那时候也还便宜，不到 1000 块钱，但是现在都拆完了。就 G20 左右吧，拆

① 吴维平、王汉生：《寄居大都市京沪两地流动人口住房现状分析》，《社会学研究》2002 年第 3 期。

得蛮厉害的，反正这一片都拆光了，就五六年前吧。有一大部分人还是住房有困难的，你想如果他（外来务工人员）没有一定收入的话，像那种什么公寓啊或者说这种他住不起的，几千块，正常的消费吃、住、行肯定要保障，才能考虑其他的东西。房租（把收入的）很大一部分扣除了，那就没有意义了。

（TY20180901X2）

在群体特征上，新生代农民工表现出数量多、分布集中、住房诉求被挤压、住房条件差①等特点。他们通常选择租房或者单位宿舍方式解决住房问题，然而由于收入低和本地户籍限制，农民工住房问题最突出的矛盾就是适合他们租住的房源极为缺乏。城市更新给新生代农民工的居住问题造成了直接影响，很多外来务工人员失去了最为广泛、便捷和低成本的居住途径——租住农民房，加之受到自身经济实力的局限，个体通过市场化购买住房实为天方夜谭，也难以负担商品房小区的高额租金。此外，去萧山、余杭租房，虽然交通便捷，但是相应也增加了时间成本和通勤成本。因此，对于掌握了一定技术、具有一定文化资本的新生代农民工而言，杭州市郊的公租房成了解决住房问题的最佳选择。

三 仅作为"栖身之所"——康居公租房存在的现实性缺陷

（一）空间上的隔离——选址过于偏远且休闲娱乐配套欠缺

资料显示，杭州市5个公租房地块与市中心的距离均超过了8千米，其中规模最大的康居公租房项目与市中心相距11.5千米，在空间选址上属于城乡接合部的低端用地（见表11-1）。

---

① 谭术魁、彭艳丽：《我国城市民工住房存在的问题及改善建议》，《中国房地产》2003年第9期。

表 11-1　康居公租房周边配套情况

与市中心距离	公共交通设施	医保定点医疗	公办教育设施	购物场所
11.5 千米	附近公交站：施家湾、丁桥、应家塘 途经公交：335, 817, 677, 99	卫生站：无 医院：浙江省肿瘤医院（三甲）、杭钢医院、半山镇社区卫生服务中心	幼儿园：虎山幼儿园、康居幼儿园、半山路幼儿园 小学：省教科院附属小学、半山实验小学、丁桥和北秀小学 中学：丁桥中学、丁兰实验中学、杭州师大附属丁兰实验学校、北苑实验中学	新城广场物美超市、杭州华联、好又多超市

资料来源：见茹伊丽、李莉、李贵才《空间正义观下的杭州公租房居住空间优化研究》，《城市发展研究》2016 年第 4 期。

选址上的偏远性必然会带来交通上的不便，加上采用摇号随机选房的方式分配公租房房源，申请者很难保证可以申请到距离自己工作单位近的公租房。

上班我老公不是很方便，因为我老公在萧山那边，江干区，我是自由职业者，也还方便。老公过去坐公交，早上在杭州这边就这样，容易堵车，过去要 1 个多小时吧，还是有点远。

（TY20180901X2）

此外，相比于其他集中建设的公租房社区，康居公租房周边的购物配套从数量上看也是最少的，仅有 3 家购物超市。我们在访谈中得知，康居公租房的休闲娱乐配套基本处于空白状态，而公租房中的租户有多半是中青年，具有休闲娱乐消费的需求。他们远离原生环境，也在一定程度上放弃了原生地的文化，缺少休闲娱乐设施的新生活环境不仅在一定程度上剥夺了他们休闲生活的多样性，也无疑会给他们的社会融入带来一定的困难。

不可否认，选址上的偏远性凸显了康居公租房的非正义性。过于偏远的选址使得杭州公租房租户对城市核心空间的享用明显不同于其他商品房社区，并且公租房的选址在空间上集聚态势显现。虽然集中建立的公租房社区面积都相对较大，而市区可用于新建住房的土地面积有限，这是杭州市市级公租房的选址偏远性不可忽视的现实障碍。但因此，作为城市的建设者和生活者，新生代进城务工人员很难享受到便捷的市区服务。此外，选址的偏远会导致城市住房空间的分化，从而造成人为的居住隔离，加剧城市各个社会群体间隔离，造成社会群体之间的误解和不公平现象。受限于空间上的偏远和较差的机动性，他们进入市区的通勤成本和时间成本都比本地市民要高很多，选址偏远会形成城市住房空间的分化阻碍了他们更好地融入城市生活。

（二）日常生活中的不满意——房屋质量较差

然而，尽管选址偏远，但公租房的租金优势，仍吸引着大量新生代农民工申请。考虑到新生代农民工选择来杭务工主要是出于经济因素的考虑，"赚钱"是他们生活的主题，而康居公租房低廉的房租本身就减轻了他们很大的经济压力。

> 我这个房子 64 多平方米，应该算最大的，月租金是 700 多元，然后单位可以给我减半的嘛，减半就 350 多块钱。（我的工资）对于住公租房没有多大的压力。
>
> （TY20180901W1）

但是，"物美价廉"本身就是一个理想状态，对于公租房社区来说就更是一个遥不可及的乌托邦。在这里，价格与品质正相关的市场经济规律起着主导作用。由于公租房房租较低，建房多选用价格低廉的材料，加之建成时间较早（尤其是春晓苑），很多房屋已经出现了外墙皮脱落的现象，房屋内部也出现了裂痕和墙皮脱落的问题（见图 11-3）。

> 房屋质量不好，豆腐渣工程。你看，房屋顶上这里我老公全部敲掉又涂过一遍的；这边没敲（卧室），你看，掉了这么多啊。敲过了以后这里没掉，如果这里没敲的话也要掉得更严重。我们还算好的，

这里（卫生间）也是老公敲过弄过的，这里都是弄过的，这里没弄过的会自己掉下来。刚住进来没多少时间就这样了，没住进来多少时间我们就发现（墙顶）自己就掉下来了，我们就自己弄的。你看看还有这里（卫生间），这个门，这个门框都塌陷下来了，也有裂缝。你看那个卫生间的瓷砖也不好啊，都快要掉出来了，都是松动的。你看这个上面吊顶（卫生间的吊顶）我老公弄上去了，本来是掉下来的。

（TY20180901Z2）

图 11-3　脱落的墙皮和裂开的门缝

来自安徽黄山的徐女士表示自己租住的公租房质量也很差。

房屋质量太差了，住几年之后整个房子都要修。这个很麻烦，因为整个（墙皮脱落）都需要弄，家具也需要搬，一开始的时候是一小块地掉，后来就全都掉。我感觉春晓苑的质量很差，夏意苑可能还稍微好一点。

（TY20180901X2）

关于外墙皮脱落的问题，住房保障与房地产管理中心的工作人员做出了如下解释："公租房外墙皮脱落主要和外保温层材料有关，从建筑结构上讲要求保温，保温材料的黏合性不强，所以容易脱落。保障房的建设资金也是有限的，建筑工艺也在不断进步。它是 2009 年开始建的，比较老旧，后面建的（公租房）工艺就有很大进步。"

此外，还有的受访者反映房屋存在隔音效果差和下水道味道大的问题。

> 房屋可能就觉得隔音效果比较不好，还有就是经常有房屋下水道的臭味，每次人家洗完澡就有。
>
> （TY20180901Z3）

> 这边房屋隔音不好，水管经常坏掉，有时候会漏水。不过我住低层不怎么受影响，高层有时候水上不去。
>
> （TY20180901L1）

> 质量没有说有多好，隔音效果比较差，卫生间装修比较差一点，但是像我们外来的人（也没有这么多要求），能住就行。
>
> （TY20180901L2）

房屋质量相对较差是公租房存在的现实缺陷，也是住户们普遍产生的抱怨。这有着建造年代、建筑工艺水平和投入资金等各方面原因。康居公租房规定没有杭州市本地户籍的申请住户最多只能住两期（即 6 年），若有杭州市户籍，则只要符合条件就可以申请长住。由于杭州市落户政策相对宽松，对于大多数可以申请到康居公租房的住户来说，只要愿意，可以一直住在这里。低劣的房屋质量会在很大程度上影响到他们的生活品质。本身他们就受到了居住空间偏远性的制约，再加上房屋质量较差，新生代农民工的居住权益难以得到有效保障。

（三）不安定的生活环境——安全隐患的存在

从康居公租房社区的自然环境看，辜亭山风景区、4A 级半山国家森林公园和上塘河都形成了"景观配套"上的优势。社区内部绿化覆盖率高，小区内也配有基本的健身设施和公共活动场地。但是通过调查发现，小区内养狗不规范、曾发生过偷盗事件和入住人员相对较杂也使得康居公租房内存在一定的安全隐患。

> 这边人比较杂，有些精神不好的也有，当时（申请的时候）没有（条件规定精神不正常者需要监护人的陪同），现在是规定必须得有监护人才可以，当时只要他条件符合就可以了。
>
> （TY20180901W1）

> 你像小区养狗的人特别多，晚上不注意就是一脚（狗屎），虽然你有那个狗屎投递箱，但是人家不弄啊，没有用的，而且那个狗都不怎么拴，万一咬到孩子也不好；第二就是晚上也很吵的，喝多酒的啊就会跑到（你家）楼下来叫，经常发生。
>
> （TY20180901W1）

> 这边也有素质不好的人，像以前（2014年左右）就有电瓶车被偷过。而且你听，现在这边在施工，每天都吵死，靠近马路的就特别吵。
>
> （TY20180901Z2）

> 这边安全也就一般，虽然没有看到大的盗窃，但是好像之前是听了有一次偷了电瓶车（是去年还是前年），后来就搞了一个刷卡，保安那边就开始南门、北门24小时都有人了。
>
> （TY20180901X2）

公租房申请门槛不高，这在为有一定技术和学历的新生代农民工提供基本居所的同时使社区人员构成复杂。康居公租房老人和幼儿居多，防范能力较差，绝大多数青壮年白天工作，晚上才会回家，加上对申请人的审查不严，导致了社区居住的安全隐患。

有学者指出，"行政机制和市场机制共同影响了城市更新改造，市场规律带动资本的升值，而行政机制保持了资本的作用"。[①] 公租房的住户一是在社会经济地位上处于劣势，二是居住人员混杂，大家的利益诉求有所

---

① 张京祥、胡毅：《基于社会空间正义的转型期中国城市更新批判》，《规划师》2012年第12期。

偏差，社区成员间的熟悉度和信任感都较低，加上住户的社区认同感较低，多数人都只是把它当作一个"栖身之所"，也就很难有参与社区事务的积极性。由此，个体住户也就很难形成利益共同体来维护自身的权益。不可否认，作为松散的个体，基本没有维护自身居住权的话语权利，也就不具备与强大的行政组织对话的能力，久而久之，即便自身利益受损反映给上级行政单位，也难以得到实质性的处理和改善。

（四）"除了邻里其他人都不熟"——社区融入程度低

如前所述，公租房选址的偏远性以及其集中建设的性质，使得居住在其中的住户在社会经济地位上有着高同质性——他们都是经济收入较低的群体。这就使得他们在居住空间上和其他社会阶层的群体产生了隔离，加上外来务工群体的强流动性和流出地的多样性，一方面他们难以融入整个城市，自己的社会关系网络仍然以血缘关系和原生地缘关系为主；另一方面也难以对社区生活产生认同感，难以融入社区生活。

> 当时在宁波读的大学，专业对口就找了工作，留在了杭州。平时住在这里社交圈不大，孩子在老家养着。反正同一层嘛，就认识一下，有什么事相互帮忙，其他人就算了吧。
>
> （TY20180901Z3）

> 这边邻居都不熟悉，没什么社交。公司的同事也有跟着一起过来申请这边的，有两三个也在这边，但不一定能见到。
>
> （TY20180901Z1）

> 最早家里有一个哥哥，在公交公司做售后服务，那时候刚下学嘛，就过来帮忙。在杭州也没什么亲人，父母都在江苏大哥家。这边邻里熟悉也就是小孩同学的家长，下去聊个天什么的。因为毕竟像我们就是下了班就回家烧饭什么的，也没时间出去干啥。
>
> （TY20180901W1）

社会关系网络在很大程度上会给予个体社会支持，外来务工人员社交网络的拓展主要以业缘关系展开，在杭州结交的新朋友主要是自己工作的同事。王师傅因为是公交修理工，他告诉我们康居公租房里有一栋公交专项房专门留给他们公司员工居住。这样就意味着他的社会支持网络虽然高度交叉，但可以解决生活中大部分的问题。

> 这边我们的同事多，我们公司很多外来务工人员申请的，因为我们单位修理工基本上都有等级证书的，单位每年也都在考的。我们单位第一批老员工都住夏意苑，大一点，那边好像有一整栋楼都是我们公司的。大家没事也可以出去聚一聚、喝喝酒。
>
> （TY20180901W1）

但是很多住户则不如王师傅便利，他们多数背井离乡、工作忙碌，生活的重心是赚钱养家和尽量做到节约生活成本，因此也就很难去追求趣缘网络的扩建。社交圈局限于社区内部的邻里，且交往有限，这就使得他们一方面很难对社区产生认同感和归属感，另一方面也很难形成次级社会支持网络。当遇到问题时很难求助于身边的社会关系网络，这也会加重他们在城市的被剥夺感。

此外，社会经济地位高同质性的小区也在无形中形成了"居住隔离"——康居公租房内聚集着杭州市本地低收入家庭和经济能力较差的新生代农民工，影响了城市空间的包容与开放度，与城市中其他阶层群体产生一定的居住隔离性，加剧了城市空间的碎片化。①虽然杭州也有在高档商品房中配建公租房，但正如康居公租房社区工作人员所表述的，"那些地方的价格肯定要贵很多很多"。对于经济困难的外来务工者，房租无疑是一道巨大的门槛。这种现象也反映出在城市空间资本化的过程中，一些原本属于所有市民的城市公共资源——优美的环境、优越的地理位置、便捷的交通和生活圈等逐渐成了少部分人的专属。

---

① 曹现强、张福磊：《我国城市空间正义缺失的逻辑及其矫治》，《城市发展研究》2012年第3期。

四 租户们的行动策略

面对康居公租房存在的弊端，在此居住的租户们虽然有所抱怨但仍表示出较为强烈的长期居住意愿。我们认为，他们的行动策略是在保证自己享受政府提供的保障性住房的同时，把公租房中的不利因素降到最低。这种行动策略的本质是一种在现有条件和政策框架下的补救行动和被动行动。

（一）巧妙利用"换房政策"

2013 年，杭州市出台了《关于进一步规范杭州市本级公共租赁住房房源调换工作的通知（试行）》（杭住保办〔2013〕22 号）。通知指出："已签订租赁合同的市本级公共租赁住房承租家庭双方可进行房源调换，未签订租赁合同的承租家庭双方可进行房源调换，已签订租赁合同的承租家庭与未签订租赁合同的承租家庭间不可进行房源调换。调换房源双方承租的均为市本级公共租赁住房房源，且须为同一户型（居室数相同）。"根据这一条款，一些住户可以通过自行调换房源来弥补自己所申请到的公租房的缺陷。

> 因为我之前不是申请的河畔水境人家嘛，但是公租房还没下来（河畔水境人家），今年 6 月份才签的合同，我是提前一年多就跟人家换的，人家不在这边住，所以我提前一年多就来住了。这个必须是要签合同才能换，（所以）没签合同之前是私下换的，签了合同之后正式换的。因为我在这边工作嘛，离得近一点，大概上班骑电瓶车不到 10 分钟。
>
> （TY20180901Z1）

公租房的分配通过随机摇号产生，摇号摇中却放弃的申请者 1 年之内不得再次申请。因此，通常大家会采取换房策略，而不是放弃申请到的住房。

提交材料之后就是审核，审核通过了就通知你去选房，我选到的不是这边的，但是考虑到离单位近，就和别人换了一下。那个时候换房的挺多的，因为上班方便。

（TY20180901W1）

有好多符合公租房条件的都要申请公租房了，这房子（公租房）就供应不过来了，很多人想调房都调不了，去年登记的都没有。

（TY20180901W2）

康居公租房管理中心的工作人员告诉我们，很多租户私下里都有换房群，他们会首先在那里找到可以和自己换房的合适人选，经双方协调后再去官网上申请，最后在换房大厅办理相关的手续。多数租户通过换房的途径可以缩短自身工作的通勤时间，节约通勤成本。此外，通过换房政策，公租房的申请者可以综合考虑自身经济实力、上班便捷程度等因素与其他申请者进行房源调换。这一方面保证了对公租房资源的享受，另一方面也可以弥补由于空间偏远带来的不便。

（二）"价格便宜就很好了"

如前所述，新生代农民工最大的特点之一就是社会经济地位相对较低，加上经济趋向的流动目的，因此他们不愿意也很难负担得起质量上乘、位置优越的商品房小区作为自己的租住房源。而康居公租房因为较低的租金、较为正规化的管理和相对优越的自然环境，成为新生代农民工在城中村被拆除后的首选。可以说，价格优势使得康居公租房即便在质量上存在瑕疵、地理位置较远、社区存在一定的安全隐患，却仍然让大批租户不愿离开。

现在的月租金是583元（包括物业费），很便宜的，一平方米10块5毛吧。这边用电也便宜，那我们自己租房的时候一度电都要一块多嘛，这边一度电5毛6，晚上10点多以后才2毛多钱，所以说空调都不停地开的。所以说公租房住得很好的，划算得多。

（TY20180901Z1）

如果没有公租房，你看我工资拿到手的 4100 元，我老婆 2500 元，
两个人 6000 多元，小孩上学，根本没法生存。

（TY20180901W）

这边应该是算满意的，租的房子都差不多，不能有太高要求。但
是房租真的是便宜，比较合适。

（TY20180901X3）

这边就是住的人员比较复杂，房屋质量不是很好，但我这个人对
住的方面也没有什么讲究，价格便宜挺好了。

（TY20180901L1）

质量没有说有多好，住过就都知道了。但是像我们外来的人能住
就行。

（TY20180901L2）

受现实经济条件的制约，绝大多数受访者对康居公租房的评价相对较
高，最主要的原因就是低廉的房租让他们有了可以栖身的地方。他们将自
己贴上"外来人"的标签，认为"外来务工只要有个住的地方就可以了"，
康居公租房虽然在房屋质量上存在一些问题，但他们认同"便宜无好货"
的道理，认为"这个价格也不能奢求多好的质量"。正如任焰、梁宏所指
出的，"他们仅仅是以劳动获取收入，其本身缺乏明确的身份认同，对现
代社会的运作也无从知晓，更不会有机会参与公民的社会与政治生活"[1]。
缺少这种文化认同，他们就难以形成具有一致利益取向的集合体，也就很
难寄希望于通过赋权等手段让他们自下而上地维护自己的居住权利。

（三）"没打算深交朋友"

对于城市公民身份认同的缺失使得新生代农民工缺少了融入城市生活
的积极性，进而使得他们放弃主动社交。局限于公租房内的浅层社会关系
并不足以作为其社会支持网络的主要部分，也就很难帮助他们更好地参与

---

[1] 任焰、梁宏：《资本主导与社会主导——"珠三角"农民工居住状况分析》，《人口研究》
2009 年第 2 期。

城市生活、享受城市权利。无论是希望留在杭州继续打工，还是准备回老家发展，几乎所有的受访者都没有表现出想要融入城市的强烈愿望，对于他们来说，杭州市民身份的获得就是为了帮助子女就近入学以及可以长期享受房租低廉的公租房。

来自河南的张女士打算将自己的户籍从老家迁到杭州，为了儿子在杭州就近上学。她的爱人的户籍仍留在原籍地，为的是可以在老家拆迁时获得经济补偿。

> 也没想着深交什么朋友，这边的环境很好，其实主要是带孩子。以后打算在杭州定居发展，最近几年都打算住在这儿。没打算在杭州买房，因为买房之后公租房就不能住了，户口迁过来可以长期住。
>
> （TY20180901Z1）

公交修理工王师傅也在访谈中提及正是因为儿子要上小学，所以也打算迁户口让孩子就近入学。

> 以后都打算留在杭州，毕竟小孩在这边读书，公司也在这里，准备明年小孩读一年级就把户口迁过来，现在这边说是积分落户，我觉得我的积分是够的，如果我能迁过来，老婆、小孩都能一起过来。能长住是最好，买房是肯定买不起的，户口是肯定要迁的，因为孩子要在这上学，我和老婆要在这长期工作。
>
> （TY20180901W1）

谈到社交圈的建立时，王师傅主要的朋友就是和自己同住在康居公租房的同事，平时交谈的对象也包括孩子同学的父母。对于这种社会关系他自己也并不在乎：

> 反正平时下班也没什么事，这边也没什么来往，就回家带带孩子做做饭。我们平时也聊，楼下孩子的家长啊见了面也说说话。
>
> （TY20180901W1）

来自金华的张女士因为和丈夫结婚来到了杭州，她表示，在杭州待着主要就是为了让公司帮自己缴纳养老保险，让自己缴够可以领取养老金的条件，她和爱人都退休后就会回家养老。

> 2013年就把户口迁过来了，孩子也方便上学。住在这边社交不怎么多，平时半夜下班了睡觉，睡完觉就在家带小孩，没什么其他的（活动）。没怎么休闲娱乐。我在这边就是交养老金啊，等交够了，我和老公退休就回老家，老家也有房子住，这边能住就先住着，反正户口迁过来也可以长住了。
>
> （TY20180901Z2）

已经在余杭区购房的张女士则觉得和康居公租房的居民们社交并没有什么必要，只是把这里当作"过渡性"住房，社交费时费力，日后也没有可能维系在此建立的社会联系。

> 平时住在这里社交圈我不大的，孩子在老家养着。平时也没有什么娱乐。反正同一层嘛，就认识一下，有什么事相互帮帮忙，但是其他人就算了吧。
>
> （TY20180901Z3）

经济地位上的高同质性使得他们在居住空间上聚集，但这种聚集只是物理上的聚集，并非真正形成一个具有心理认同感的社区。每个外来务工者都背负着自身独特的生活方式和地域文化，虽然他们在社会经济地位上趋同，但在文化背景上千差万别。进城务工也改变了他们原有的生活方式，这种生活方式上的转变本身也是乡土文化与城市文化的冲突，差序关系在新社区的缺失也需要他们在心理上的适应期。对于绝大多数外来务工人员来说，他们对自身身份的认同更多是"劳工身份"而非"市民身份"，这也使得他们存在很强的戒备心，加上公租房申请人员职业多样、背景混杂，都给他们主动社交造成了一定的障碍。

五　小结

杭州市为了解决外来人口和城市中低收入家庭的居住问题采取了"六房并举"的政策，其中，公租房就是解决"'两个夹心层'——外来务工人员和企业新就业人员住房问题的'杀手锏'"。① 康居公租房作为保障性住房确实给有一定技术、学历和职称的新生代农民工提供了栖身之所，让他们能够在城市更新运动后仍然有相对经济、便捷的途径解决自身的住房问题。此外，康居公租房低廉的租金也给新生代农民工减轻了生活成本，相对便捷的申请流程和相对宽松的落户政策也帮助他们加快市民化的进程，并在很长一段时间内提供了住房保障，减轻了他们的后顾之忧。这些都是康居公租房的贡献所在。

但不可否认，康居公租房也确实存在着选址过于偏远、房屋质量存在问题、有安全隐患等缺点，这些都在很大程度上制约了新生代农民工平等地享受城市空间。虽然新生代农民工可以通过换房、"占租金少的便宜"、主动放弃社交等手段来中和这些不利因素，但这些策略其实都是在结构性因素制约下迫不得已的行动。

新生代农民工对于公租房社区的偏好是迫于生存空间挤压和城市空间更新做出的理性选择，政府作为城市空间的主要规划者，借助大众传媒，将"其对空间的理解通过各种方式植入大众对空间的理解之中"。② 大众对于空间的诉求本身就受到市场的挤压，加上话语权威的压制（无论诉求是否合理，经常被贴上"落后、毁坏城市形象、阻碍经济发展"的标签）就更无从表达。新生代农民工因为经济条件劣势、社会融入程度低、实质性市民身份难以体现等原因更加对空间的选择没有话语权。不可否认，公租房社区确实为他们提供了栖身之所，但这个空间也仅仅可以"栖身"，不是"生活"，多数租住者愿意留在这里长住只是因为低

---

① 《坚持"六房并举"实现人人安居乐业》，http://hzdaily.hangzhou.com.cn/hzrb/html/2010-03/24/content_844432.htm。

② 张京祥、胡毅：《基于社会空间正义的转型期中国城市更新批判》，《规划师》2012年第12期。

廉的房租可以缓解经济压力，这是他们迫于生计和现实的选择。强大的住房压力和格格不入的"农民工"身份无论是在经济上还是在现实上都给他们长久留于此地安心发展带来了阻碍，这最终将不利于城市的长远发展。

第十二章　益村：杭州西湖区的新式城中村[*]

本章中，我们以杭州市西湖区的益村为田野点。作为"农转居"后的新式城中村，益村成了大量外来务工人员的集中聚居区。

一　益村概况

（一）地理位置

益村位于杭州市西湖区古荡街道，是一个典型的"农转居"后形成的居民点。建成于2005年，现有400多幢民房，共459户，近2万名居民，其中2000多人为本地常住村民，其余为外来人口。[①] 益村分为北区与南区，北区坐落于丰潭路与文一西路交叉口，南区位于丰潭路与文二西路交叉口，南区与北区之间互不相连，中间坐落着浙江财经大学（文华校区）（见图12-1）。益村北区总体略大于南区，北区包括六个分区，有北门、东门和南门三个出入口；南区则包括两个分区，有南门、西门两个出入口。

（二）整改情况

作为杭州城西典型的城中村，2015年前，益村的社区环境较为恶劣，整体呈现脏、乱、差的空间面貌，与周边干净整洁的居民区格格不入。村

---

[*] 本部分调研由华东师范大学社会学系2018级硕士研究生乐妮完成。

[①] 《杭州城中村改造：益村用上无人机产城融合打造双浦新区》，http://ori.hangzhou.com.cn/ornews/content/2017-08/08/content_6621505.htm。

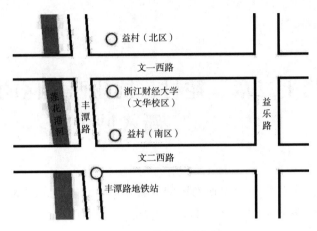

图 12-1　益村地理位置

内是清一色的四层砖混结构小楼，房屋立面布满了五花八门的广告牌和空调外机；房顶则到处是村民违章搭建的临时房和天线，数不清的电线在空中和房子的外部错落纠缠。同时，因为没有专业的物业公司管理，小区环境与公共设施长期缺乏治理与维护，小区公共秩序也没有专人维持。随意停放的车辆，商户、居民堆放的杂物、垃圾与建筑废料侵占了路面与绿化带，不但给人们的日常出行带来了许多不便，也存在着极大的安全隐患。

　　2016 年，为贯彻中央城市工作会议精神，落实《中共中央、国务院关于进一步加强城市规划建设管理工作的若干意见》提出的关于"城镇棚户区、城中村和危房改造"的相关目标，杭州市政府提出"主城区城中村改造五年攻坚行动"。计划自 2016 年起，用 5 年时间完成 178 个主城区城中村的改造，其中拆除重建 139 个，拆整结合 18 个，综合整治 21 个。[①] 益村因为村内建筑相对较新、基础设施比较完善、村容村貌较为整齐，也在综合整治之列。综合整治的具体项目主要包括拆除违章建筑、完善配套设施、整治房屋立面、提升环境品质和体现村域特色等。通过改变村中的住房样式和空间布局，从整体上改善益村社区的居住环境质量。

---

① 《杭州市主城区城中村改造五年攻坚行动（2016—2020 年）的实施意见》，http://www.hzbzfjs.cn/data/htmlfile/2016-12/eaadfae6-3599-4891-9d36-7ff3e202e3a2/9816686f-805b-4c9b-8-636168068622304000.html。

　　益村的整改工作最早开始于 2015 年 8 月，至 2017 年 1 月益村综合整治工作基本完成。整治后的成果让益村焕然一新。在房屋外观方面，原本违章搭建的自建屋、广告牌被拆除；房屋墙体整体被粉刷成了米色，并安装了空调架放置空调外机；屋顶也进行了统一规划，村民此前自行在屋顶安装的太阳能热水器、天线也被拆除。在小区外部环境方面，小区经过了"上改下"电力改造，彻底改变了之前村中电缆交错的情况；小区道路重新铺设，道路坑洼不平整的问题得到解决；小区的景观绿化也进行了重新设计，移植了一批樟树、灌木，位于北一区和北三区中间的中心绿地也更换了新的健身器材和座椅，成了居民休闲锻炼的好去处（见图 12-2、12-3）。2017 年整改初步完成后，益村引入杭州物华物业，物业费由益乐股份经济合作社支出，村民不用缴纳任何费用。

图 12-2　改造前的益村（北区）

图 12-3　改造后的益村（北区）

为了防止违章乱搭乱建、随处堆放杂物情况反弹，益村在每幢民房门口和辖区商户门前设置了"巡逻扫描点"。所谓的"巡逻扫描点"其实是一块印有编号和二维码的门牌，负责巡查的物业人员在发现某家住户或商户存在不文明、不合法的行为时，只要扫描门牌上的二维码就能将问题记录在终端，而对应的居民或商户会收到整改通知。这些记录会与每一户居民的月度考核挂钩，益村出台的《城中村长效管理公约》和《奖励实施办法》中有详细的奖惩措施，没有不良记录的居民，益乐股份经济合作社按每户每月 1000 元的标准进行奖励；而违规多了，不仅无法拿到奖励，甚至还会影响年终的股份分红。2017 年 4 月，益乐股份经济合作社购买了一台无人机，每周都会从空中拍摄益村，检查是否有违章搭建、丢弃废物的情况，使违章建筑的检查和取证活动变得更为便捷高效。另外，益村所在的古荡街道还开展了广泛的宣传活动，小区的宣传栏里贴满了违法建设防控信息（见图 12-4）。

图 12-4　益村违法建设防控信息公开栏

在益村的整治行动中，伴随着市政府的宏观规划、布局，城中村内的违章搭建、非法商铺被拆除或取缔；同时，社区中心绿地、物业中心和居民活动中心等新的社区生活空间则被建造出来。吴莹认为，社区空间布局的改变会在一定程度上规训和引导居民生活方式的改变，并带来新的治理挑战①，这些公共空间的出现为益村居民提供了休闲娱乐的新去处，在一定程度上改变了他们的日常生活习惯与活动轨迹。

（三）益村居住人口类型

益村是杭州西湖区重要的外来人口集中居住点之一，人员流动性大、异质性强，居民构成较为复杂。当地居民主要分为以下两种类型。

第一类是本地村民。本地村民是该区域的原住居民。2000 年左右，原有私房被拆除后便开始在此地居住，出租房屋和商铺是他们主要的经济来源。2017 年社区综合整治后，房屋外部违章搭建、张贴的广告牌被统一拆除。益村的《城中村长效管理公约》也规定居民不得私自乱贴乱建租赁信息。因此，当地居民开始使用网络招租、口头招租等新方式招揽租客。小区中时常可以见到当地中年妇女成群结队地在小区房屋租赁信息网点附近出现，热情地招呼着路人去自家出租屋看房子。

第二类是外地租客。这类居民又分为单位集体租住居民和个体租住居民。益村周边有许多写字楼和商户，其中一些企业为吸引员工入职，会统一租赁益村的房屋，分配给实习生、单身员工及其他独自在杭州的职工居住，并负担一定比例的房租。个体租住则是以个人形式与房东或房屋代管机构签订房屋租赁合同。与周边商品房小区不同的是，除了少数人是通过房屋中介寻找出租房的，益村里的租客更多的是直接与房东联系后获得房源信息的。

二　居住状况

郑思齐、曹洋认为："工作机会、住房机会和城市公共服务设施的空间布局是影响'居住-就业'空间关系的三个最为重要的因素。"② 这在益村租户的住房选择中有着较为突出的体现。从整体上看，益村是一个非常

---

① 吴莹：《空间变革下的治理策略——"村改居"社区基层治理转型研究》，《社会学研究》2017 年第 6 期。

② 郑思齐、曹洋：《居住与就业空间关系的决定机理和影响因素——对北京市通勤时间和通勤流量的实证研究》，《城市发展研究》2009 年第 6 期。

典型的城区"混居空间"。虽然有着内部设施陈旧、隔音效果差、空间狭小等缺点，住房质量普遍较差，但良好的地理位置以及便利的交通条件还是使其成为杭州城西外来人口的重要集中居住点。

（一）生活便利：各类店铺、公交线路一应俱全

益村所处的古荡街道是杭州城西居民点分布较为密集的一块地区，人员流动量大，带动了地区商业的繁荣。在益村周边1千米的范围内，分布着大大小小的超市、餐饮店、服装店、健身房、水果店、KTV、洗衣店和文印店，而益村靠小区主干道分布的住宅一楼大多出租给了个体小商户，以理发店、超市、小吃店居多，也有几个快递点（见图12-5）。在益村2015年底开始的综合整治中，一些存在安全卫生问题的店铺被取缔。周边的繁华是益村成为杭州城西热门租住点的重要原因。访谈中许多租户表示，正是考虑到日常生活娱乐的便利性才选择了在益村租房。

> 小区旁边有个A健身房，我有时候会去，同事介绍的，我们在淘宝上买的卡很便宜，只要30多元一个月。
>
> （YL20190114K）

> 住这里嘛，别的好处没有，但是方便是真的方便，公司就在旁边，不到5分钟就走到了，吃饭、买东西、玩儿的地方附近都有，想去别的地方门口地铁一坐就能到……朋友来杭州了，大家聚一聚也方便。
>
> （YL20190115L）

同时，交通发达也是益村区位上的突出优势。小区附近有多条公交线路，南区离杭州地铁2号线的丰潭路站以及文二西路丰潭路口的公交车站都较近，3分钟不到就能走到地铁站和公交车站，居民出行十分便利。北区离最近的地铁站约15分钟路程，离南门不到100米就有益村公交站。

（二）"表里不一"：外部环境优美整洁，住宅内部陈旧破败

2017年初综合整治完成后，益村的外部环境与以前相比有了质的提高，小区的景观绿化、房屋外观、道路、停车场和居民公共活动空间都得到了重

图 12-5 益村内部的各类商户

新规划。小区整体环境变得更为干净、整洁和优雅，同时也更具人性化和人文气息，这在很大程度上提高了小区居民的生活质量。此外，在引入专业的物业公司后，村中各项事务的管理水平也有了很大的提高，车辆乱停放堵塞小区道路、居民在公共空间随意堆砌弃物的现象不再出现。

但是，我们在调查中也发现，综合整治的重点主要是外部环境的改造，对房屋内部环境的触动极为有限。内部设施的改造项目包括管道煤气入户、墙壁粉刷等，但是住宅内部简陋、陈旧，卫生条件差等问题依旧存在（见图 12-6）。在访谈中，多位受访居民提到了对居住房屋公共空间环境的不满。

> 益村房间出租时间也长了，设施都是老设施了，楼梯的灯不亮，没有人打扫楼道。楼梯那里一股味道，只要门一开，就会有那种味道，很难闻的。
>
> （YL20190114C）

同时，益村本地村民通常自家住一层，将房屋多余的空间隔成单间出租，出租房中的家电、家具大部分是村民成套订做或订购的廉价产品，且大多使用年限较长，住户们的使用体验普遍较差。

图 12-6　益村（南区）房屋内部环境（a）

那边的空调，要是不站在下面感觉到热风吹过来，根本不会感觉它开着。家具质量不好，我之前看床裂了一条缝，后来一踩就踩空了。

（YL20190114W）

另外，因为每栋住宅有许多租户，而向阳的房间和屋顶晾晒衣服的空间又十分有限，迫于无奈，许多租客将衣物晾晒在公共过道，并将鞋子、脸盆等杂物随意摆放在公共空间，使原本就十分狭窄的过道变得更加拥挤（见图 12-7）。

（三）"隔墙有耳，隔窗有眼"：个人隐私和私人空间得不到保护

为了吸纳更多租户，获得更多的收入，益村的房东普遍会将自家房屋中出租的楼层隔出 6~12 间配备洗手间的狭小单间。房屋内分隔空间的墙体单薄，隔音效果很差。住户们普遍反映半夜听见隔壁邻居马桶冲水，甚至相互交谈的声音。这不但影响了他们的日常生活，也侵占了他们的私人空间，使居民产生了不同程度的心理压力。

图 12-7　益村（南区）房屋内部环境 b

　　因为房间的隔断都是房东他们自己隔的，一层里面隔十几间，所以会比较吵，隔音效果不好。

（YL20190114K）

　　我住在四楼，房子就是握手楼啊，你挨着我、我挨着你，楼间距很小很小。你刚从自己这儿窗户探出头，就伸到对面人家房间里面去了。

（YL20190114C）

　　同时，因建造年代相对久远，益村房屋间距十分狭窄，最小的地方才 1 米左右，是名副其实的"握手楼""一线天"。住在面向最小间距房间的租户，不但十分潮湿，常年见不到阳光，即使白天在家也需要拉上窗帘开灯。因为只要拉开窗帘，房间内的情况就会被对面的住户一览无余。个人隐私成了租客们最头疼的问题。23 岁的租客小潘多次重复了她害怕被陌生人偷窥的烦恼，并表示正在考虑换房子。

　　对面窗户那户家人在干什么，我们这边看得一清二楚。上次我早上起床看到一个男的裸着上身在里面走，吓我一跳，赶紧把窗帘拉上。我们平时一般不打开窗帘的，只有上班了才打开换换气。休息日家黑咕隆咚的，白天也一直开着灯。

（YL20190115P）

（四）压抑憋屈：居住空间狭窄拥挤

益村的出租屋大多是房东自行隔出的小间，面积大部分在 8~15 平方米。为了充分利用空间，在分隔时基本没有考虑房间的结构格局与家具摆放的需要，这使得出租房的空间利用率普遍不高。在访谈过程中，几乎每一位受访者都提到了益村出租房空间的逼仄与局促，其中许多女性受访者都强调了厕所的狭小。出租房的厕所面积在 1 平方米左右，蹲式坐便器上方安装了热水器与花洒，角落是一个小型洗手池。在狭小的空间里租户还摆放着水桶、拖把等生活用品。

> 我觉得我的厕所真的是太小了，干净还挺干净的，但是空间真的太小了，很紧张……里面就是那种四肢基本伸不开的，洗澡的时候感觉很不舒服。上面是洗澡设施，下面是蹲坑，有些人有厨房的还是厨房和卫生间一体的，太小了。

（YL20190114W）

> 前几年我老婆孩子也在的时候，就这几平方米，十一二平方米，一家三口都围着那 10 平方米转的。你想转一下，我就要到床上去坐下，真是受不了。

（YL20190114C）

> 你知道吗，这儿不只是小，因为是他们（房东）自己分（隔）的房间，格局特别差，很多不合理的。你知道吧，我那个衣柜都不能完全靠着墙，所以特别拥挤，我东西又多，过道上都是东西，看着很心烦，但是要用的东西总不能一直不拿出来。

（YL20190115P）

（五）生活成本高：综合整改后租金总体上升

益村在综合治理后，小区的总体环境有了明显的提升，随之而来的是房屋租金的上涨。调查显示，改造之后的益村，不同房型的租金平均上涨了 200~300 元。目前，益村单人房间的租金价位在 900~1600 元，房屋窗户面向隔壁房屋的边侧房最为便宜，但空间最小，光照不好，房间内基本晒不到太阳。其次是面向主过道的房屋，该类房间的空间与窗户都较边侧方略大，光照条件也刚好。最贵的是朝南向阳的房间，如果是一室一厅，租金则在 2000 元左右。

虽然改造后，房租价格有了明显上涨，但相比周边其他商品房小区，益村的出租房还是有着明显的优势。不过也有租客抱怨出租房的水电费。根据杭州市的用电收费标准，年用电量 2760 千瓦时以下，每千瓦时 0.538 元，但益村因为城中村的特性，用电成本稍高，单价在 1~1.3 元。在月底时租户将电费统一交给房东。在访谈中，有两位受访者提到了房东在电表上做手脚的情况，房东与租客之间互相不信任，彼此争执、产生冲突的情况也时有发生。

> 房间不朝南的，向阳的房间更贵呀，为了省钱呀，我们生活在最底层呐，不见阳光，不见风雨，房子里都看不到星星、月亮是什么样子的，很潮湿……宿舍的配套设施没一样好的，空调耗电，电表走得快，房东想把电表搞快一点，他可以赚一点钱嘛，电表很快的，它转起来你赶也赶不上。

（YL20190114C）

三　居住诉求——被挤压的空间欲求

20 世纪 70~90 年代，伴随着后现代主义理论的产生与兴起，空间观念发生了极大的转变。在此之前的社会学研究中，"空间"通常被视为静止、稳定、凝固的存在，空间因素经常作为从属因素或附加因素出现在相关研究中。^① 20 世纪 70 年代后，詹明信、列斐伏尔、哈维等学者开始挖掘空间的社会性内涵，并推动了"空间转向"的深入发展。新的社会空间观认为，空间体现了生产关系和社会关系的脉络^②，物质空间变化背后是社会权力、社会联系、社会生活等一系列复杂因素的变迁^③。从空间布局及居住者的空间欲求入手，可以对大城市外来人口住房问题进行更深入的挖掘与讨论。

Neil Smith 等学者认为，现代城市空间的差异化生产主要是源于内部的"社会结构"不平衡，人们的受教育水平、职业、种族和阶层等因素的差异，这些因素互相影响、共同作用，是空间不平衡发展的主要生产力。^④这在益村居民的类型与未来住房空间期待中有一定程度的反映。我们发现，益村的租户对未来的住房期待显示出了明显的代际差异。相较于年长者，新生代居住群体对未来住宅的期望更为清晰化、具体化与理想化。他们拥有着比年长群体更高的受教育程度，普遍希望能在换了工作、晋升或结婚后，自己购买商品房或租住条件更优越的小区，并对住房的一些细节有着一定的想象与规划。小陈和小方都是 90 后，毕业不到 5 年，她们对未来住房有着自己的规划和想法。

> 我如果换了工作就会换房子，至少有一室，独卫，一个厨房，然后一个向阳的大窗户，而且要有一个大衣柜。我现在的衣柜太小，稍微多挂一点衣服门就关不上，衣服只能塞旅行箱里，要穿的时候很麻烦……价位在 1000 多，如果之后换的工作工资高，租的房子也可以贵一点，一两千都行。

（YL20190114K）

以后不想住城中村了，益村你外面看着还行，是之前整改的，房子

① 林聚任：《论空间的社会性——一个理论议题的探讨》，《开放时代》2015 年第 6 期。

② Lefebvre, Henri, *The Survival of Capitalism: Reproduction of the Relations of Production*, Trans. Fran Bryant, London, 1976; Allison & Busby, *The Production of Space*, Oxford: Blackwell, 1996.

③ 张京祥、胡毅、东琪：《空间生产视角下的城中村物质空间与社会变迁——南京市江东村的实证研究》，《人文地理》2014 年第 2 期。

④ Neil Smith, "Gentrification and uneven development," *Economic Geography*, 56 (2), 1982.

里面设施还是不行。过两年如果工作变动了我想在新一点的小区租个一
室一厅，有阳台的房子，负担得起就一个人住最好，不行也可以合
租……买房还没想过，杭州房子价格多贵啊，结婚了应该会考虑吧。

（YL20190115L）

新生代对于未来住房的期待较为多样化，尤其关注住房的细节。与此
相对，益村的中年租住人群的住房期待则显得更为模糊。现年39岁的受访
者张先生有一个上小学的儿子，他曾与妻子、孩子在杭州共同居住过一段
时间。但是去年，因为住房空间紧张的问题，张先生的妻子与孩子回了老
家，他一个人独自留在杭州赚钱打拼，目前处于两地分居状态。他很想与
妻子、孩子一起住，却苦于难以申请到杭州的公租房。

公租房要限制条件，要证书什么的，申请下来一套很麻烦，还
要摇号，说不定摇的不是自己理想的地方，大费周章地搞一圈，要
是离自己工作的地方很远也不行。如果你运气足够好的话，它会满
足你的；如果你运气不好，像我们公司，有的人摇到转塘，那上班、
下班加起来要4个多小时，路上危险程度也高。现在车子也多是
不是？

（YL20190114TC）

虽然2018年杭州市公租房准入条件有了部分放宽，但繁复的申请程
序、较高的申请标准依然让许多文化程度不高的外来务工人员望而却步。
同时，公租房的地点通常在城区的外围，对于在市中心上班的外来务工人
员来说，通勤并不方便。35岁的陶女士有一个上小学的儿子，因丈夫没有
交社保，无法满足夫妻双方在杭州连续缴纳社保满一年的要求，孩子只能
进民工子弟学校就读。陶女士嫌民工子弟学校教学质量差，决定将儿子送
回老家上学。

希望一家人可以住在一起，我们所有的努力都是希望家人在一
起。有像公租房那样的条件就可以了，一室一厅，大概七八百块租金

就可以了。而且一定要有个阳台，可以晾衣服。

（YL20190114T）

以张先生、陶女士为代表的独自在大城市打拼的中年外来务工人员，他们理想住房的标准并不高，他们的住房空间诉求基本是围绕"一家人在一起生活"这个基础条件提出的。"一家人在一起"是访谈中他们所表达的最大的期待，他们普遍希望未来住房的空间可以容纳一家人的生活，并且离工作地点比较近，而对于房子的质量、品质等问题则没有太大的要求，但即使是这样的要求也无法满足。因为在住房上被长期边缘化，外来流动人口对于未来住房的需求与期望被压抑，这也加重了他们对住房问题消极、无奈的情绪。子女教育、生活居住等方面存在的诸多困难让外来人口在城市的生活尤为艰难。

四 社交区隔——被排除在外的临时居民

在益村，不同社会群体间"人际交往断裂和社会网络'孤岛化'"①现象非常明显。因在社区生活中长期被边缘化，益村的租客们产生了不同程度的流民心态，他们普遍不将自己认同为与本地居民拥有平等居住权的社区居民，社区归属感与认同感较低。

一方面，益村的本地村民与外来租客之间有着明显的区隔。从访谈结果看，益村临时性居民融入当地社区的程度始终保持在较低的水平。首先，他们与本地居民的日常活动空间有着明确的区分。本地居民一般会频繁地出现在村内规划的休闲娱乐空间，如居民活动中心、社区中心绿地、物业中心等地。在这些场所进行休闲娱乐活动的人群通常较为固定，且有着一定程度的排外性，基本是互相熟识的原住居民。而许多外地临时居民则从未听说过益村有开放的居民活动中心，也有几位受访者表示知晓社区居民活动中心的地点，但认为此类居民活动中心是村里的经济合作社为本地居民设置的，而他们是"外人"，去那里休闲娱乐不太合适。28 岁的李

---

① 李强：《中国城市化进程中的"半融入"与"不融入"》，《河北学刊》2011 年第 5 期。

先生已在益村居住了一年多，对周边环境较为熟悉，但从未踏入益村的居民活动场所。

> 那些地方（指社区活动场所）都是房东他们本地人去的，而且都是年纪比较大的人在那里，我们去他们也不会欢迎……我们（休闲娱乐）都是去外面。
>
> （YL20190115L）

益村的外来人员更倾向于在诸如 KTV、棋牌室、健身房等村外娱乐空间聚集，外来临时居民被明确排除在本地社交圈之外。由于当地居民交流通常会使用本地方言，外来居民难以融入当地人大范围的社交圈，平时接触到的本地居民多局限在房东及其亲属，社区融合的作用没有充分发挥。

> 他们（指益村的本地居民）都是讲本地方言的，我们也听不懂，他们讲他们的，想聊个天也没法子。
>
> （YL20190115P）

另一方面，益村外来人员之间也同样存在着明显的隔阂。在益村高密度的居住环境中，居民之间的空间距离非常接近。益村出租房大多以带卫生间的单独房间的形式出租，为节省空间，整栋房屋几乎没有剩余的公共空间。在进入公共门后，狭长的过道两边分布着数扇防盗门。空间上的临近并没有拉近彼此之间的社会距离。由于益村的大部分居民都是短期租客，居住地经常随工作地点变动，且居民的职业背景、生长环境、方言也各不相同，有着高流动性与高异质性的特点，这给租客间的交流造成了很大的障碍，租客与租客之间几乎不可能建立起深层次的情感性社会联系。毗邻而居却素不相识是益村普遍存在的状态。许多受访者表示，除了同样居住在益村的单位同事和房东，他们几乎不会与其他住户发生联系，大部分居民甚至连自己隔壁住了怎样的人都不清楚。

> 除了房东我一般不和邻居交流的，大家都没怎么见过，大家门一

关，自己管自己的。有什么困难应该也会直接和房东说。

（YL20190114W）

我隔壁住了一个和我同公司的人，我们会交流一下。和别的住户就没什么交流了，走道上碰到了都是低着头，各管各的，也不会打招呼的。

（YL20190114K）

同时，现代发达的网络社交媒体在填充了人们碎片化时间的同时，也满足了年轻一代对虚拟社交的需求。

我都是在网上聊天，网友有远有近的。微信摇一摇里面认识的都是附近的人，有些就是住我们这儿的（指益村），这应该也算邻居吧。

（YL20190115S）

新生代农民工具有越来越强烈的市民化与城市化倾向，与父辈相比，他们渴望得到城市的接纳，获得城市居民的身份认同，与城市居民享受平等的权利。① 然而，当前新生代农民工的社区融入仍然面临着较大的阻碍。他们无法进入本地人的社交圈，也难以在城市建立超越血缘、地缘的新社交圈，被视作"外来者"，也自认为是"外来者"。可以说，益村的外来人口仍处于封闭化、边缘化的状态，游离于城市主流社会之外。

五　小结

作为城中村，益村是与周边商品房小区不同的异质聚落，具有独特的空间布局和居住方式。2017年初城中村综合整治活动结束后，益村的面貌焕然一新，基础设施、居住环境、交通状况都有了很大的提升。同时，小区的空间格局也更为合理化、人性化，以往二元城市景观的现象已不复存

---

① 王春光：《新生代农民工城市融入进程及问题的社会学分析》，《青年探索》2010年第3期。

在，益村似乎已成了名副其实的"新型城市社区"。但是，益村的外来租户无法真正享受到城中村综合整治带来的实惠，他们虽然与本地居民住在同一社区，享有的社区资源却十分有限。

事实上，外来租客早已成为益村居住者的主体。在住房条件上，他们居住的出租房普遍有着内部老旧、空间狭小、格局不合理、隔音效果差等问题，个人隐私也得不到很好的保护。在住房价格上，益村在综合整治后租金上涨，水电费单价也比一般居民住宅高，这在一定程度上增加了外来人口的生活成本。在社区交往上，外来人口普遍被排斥在本地村民的社交圈子与日常生活空间之外，彼此之间也几乎没有交流。因此，他们对益村社区的认同感与归属感不强，这种情况在整改后也没有得到改善。本地社交圈与外地社交圈间依然存在着难以逾越的隔阂，新生代农民工的社区融入问题依然不可忽视。

由于在住房问题与社区生活上被长期边缘化，许多外来人口，特别是有子女的中年外来群体对于住房的空间欲求在很大程度上被压抑了，他们中的很多人并不奢望未来能住上和城市本地居民一样的住房，只希望孩子能在居住地附近就近入学，租住的房子可以满足一家人的简单生活需要。但即使是这样的住房期待，目前看来也很难被满足。较高的公租房准入门槛使得低技能、低学历的外来人口只能"望房兴叹"。

第五编

落脚城市何以可能

第十三章 新生代农民工的住房 供需匹配机制分析[*]

住房供需匹配反映的是住房需求量与住房供给量之间的关系。市场机制对住房资源进行配置，同时政府辅以一定的有效干预确保住房供给与需求的适配，这是理想状态下的住房市场供求结构。① 当前，我国住房市场呈现总量上供需基本平衡，但空间上存在结构错配的新特征。② 具体而言，一、二线城市呈现出供不应求的局面，而三、四线城市则出现房产过剩的局面，需要去库存来实现供需平衡。③

新生代农民工作为农民工群体的主力军，如何满足其在城市的住房需求，已经成为社会关注的焦点。本章，我们主要从住房需求特征和居住现状出发，探讨新生代农民工的住房供需匹配机制及其困境。

一 新生代农民工的住房需求状况

作为一个年龄特征群体，新生代农民工具有不同于老一代农民工的人口学特征；同时，强烈的留城意愿也引发了他们的城市居住需求。这里，我们从新生代农民工的数量和人口学特征两方面来解读他们的住房需求状况。

---

* 本部分由华东师范大学社会学系 2017 级硕士研究生胡诗文协助完成。

① 解海、靳玉超、洪涛：《供求结构适配视角下中国住房供应体系研究》，《学术交流》2013 年第 1 期。

② 林永民、赵金江、史孟君：《新生代农民工城市住房解困路径研究》，《价格理论与实践》2018 年第 6 期。

③ 《2016—2022 年中国城市住房市场专项调研及投资战略研究报告》，https://www.chyxx.com/industry/201606/422046.html。

（一）新生代农民工的增长趋势

1. 全国新生代农民工人数不断增多，占比不断增加

当前，我国新生代流动人口增长迅速。2005 年全国 1% 人口抽样调查数据显示，1980 年以后出生的新生代农民工已经占到全体农民工总数的 34.6%。[①] 2010 年第六次全国人口普查数据显示，我国新生代流动人口约 1.18 亿人，其中，16~30 岁劳动年龄的新生代流动人口占全部新生代流动人口的 77%，规模接近 9100 万人。[②] 图 13-1 显示了 2013~2018 年全国新生代农民工的增长情况。从中可以看出，从 2013 年开始，全国农民工数量不断增多。2017 年新生代农民工总量达到 1.45 亿人的规模，占农民工总量的 50.5%，首次过半。[③] 2018 年，新生代农民工占全国农民工总量的 51.5%，比 2017 年提高 1.0 个百分点；其中，80 后、90 后和 00 后分别占 50.4%、43.2% 和 6.4%。[④] 2019 年流动人口监测数据显示，农民工平均年龄 40.8 岁，从年龄结构看，16~20 岁、21~30 岁、31~40 岁的农民工分别占农民工总量的 2.0%、23.1% 和 25.5%。[⑤]

据国家卫计委预测，包括在城市落户的人在内，到 2020 年中国流动迁移人口将以每年 600 万人左右的增幅逐步增加到总体 2.91 亿人。[⑥] 其中，新生代农民工的数量增长成为一种必然的趋势。这一趋势不仅意味着将有更多新生代农民工流入城市，也意味着不断增长的住房需求。

2. 长三角地区对新生代农民工的持续吸引力

从分地区情况来看，长三角、珠三角、京津冀一直是农民工流入的集中地区。其中，长三角城市群拥有优秀的城镇化基础，地处"一带一路"与长江经济带的交会处，具有重要的战略位置。珠三角地区是中国的"南

---

① 王宗萍、段成荣：《第二代农民工特征分析》，《人口研究》2010 年第 2 期。
② 王宗萍、段成荣：《新生代流动人口的现状、困境及对策》，《人民论坛》2015 年第 36 期。
③ 国家统计局：《2017 年农民工监测调查报告》，http://www.stats.gov.cn/tjsj/zxfb/201804/t20180427_1596389.html。
④ 国家统计局：《2018 年农民工监测调查报告》，http://www.stats.gov.cn/tjsj/zxfb/201904/t20190429_1662268.html。
⑤ 国家统计局：《2019 年农民工检测调查报告》，http://www.stats.gov.cn/tjsj/zxfb/202004/t20200430_1742724.html。
⑥ 《2020 年我国流动人口数据预测分析》，http://www.chinabgao.com/stat/stats/46624.html。

图 13-1　2013~2018 年全国新生代农民工数量和占比

资料来源：见国家统计局《2018 年农民工监测调查报告》，http：//www.stats.gov.cn/tjsj/zxfb/201904/t20190429_1662268.html。

大门"，聚集着先进的制造业和现代服务业。京津冀地区以中国的首都为核心形成有强辐射力的"首都经济圈"，对北方地区经济的激活与发展有重要作用。

2016~2018 年重点地区的农民工数量统计显示，长三角地区的农民工数量从 2016 年的 5039 万人增至 2018 年的 5452 万人，而珠三角地区则出现了农民工数量下降的情况，从 2016 年的 4817 万人下降到 2018 年的 4536 万人。① 2019 年，在长三角地区就业的农民工数量为 5391 万人，虽较 2018 年有所下降，但还是多于京津冀地区的 2208 万人和珠三角地区的 4418 万人（见图 13-2）。显然，长三角地区的农民工数量远多于京津冀地区和珠三角地区的农民工数量。

近年来，除上海、北京等城市外，各大城市纷纷放宽本地落户限制，一些城市的常住人口数量呈现出快速增长的态势，区域间的户籍壁垒被逐渐淡化。以长三角地区的杭州、苏州为例，2019 年杭州市常住人口首次突破 1000 万，达 1036 万人，较 2018 年增加约 55.4 万人，较 2017 年增加约 89.2 万人。② 2018 年苏州常住人口达到 1072.17 万人，较 2017 年增加

① 资料来源于 2016~2018 年农民工监测调查报告。
② 《2019 年杭州市常住人口主要数据公报》，http：//www.hangzhou.gov.cn/art/2020/3/16/art_805865_42297976.html。

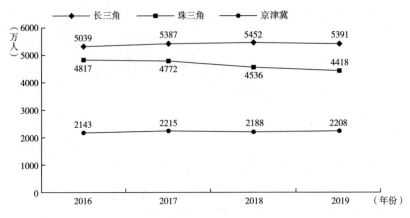

图 13-2　2016~2019 年长三角、京津冀和珠三角地区农民工数量对比

3.81 万人，城镇人口比例达到 76.1%。[①]

综上所述，全国重点地区是农民工主要的流入地区，但对于农民工的吸引力呈现出差异。具体而言，长三角地区对农民工的吸引力大于京津冀和珠三角地区。全国发展强劲活跃增长极、全国高质量发展样板区、率先基本实现现代化引领区、区域一体化发展示范区、新时代改革开放新高地[②]的战略定位也使得未来的长三角地区继续保持对于人力的吸引力。

（二）新生代农民工的人口结构特征与城市居留意愿

新生代农民工的住房需求不仅反映在人口总量规模上，还体现在人口结构特征和城市居留意愿上。作为老一代农民工的衍生和延续，由于不同的社会环境和生命历程，新生代农民工呈现出不同于老一代农民工的结构特征，这就使得他们对于住房的需求也与老一代农民工有所区别。

1. 女性占比偏高、学历水平较高

既有研究显示，相较于老一代农民工，新生代农民工具有女性比例偏

---

①　江苏省统计局：《2019 年江苏省统计年鉴》，http：//tj. jiangsu. gov. cn/2019/nj03/nj0306. htm。

②　《长江三角洲区域一体化发展规划纲要》，http：//www. gov. cn/zhengce/2019-12/01/content_5457442. htm？tdsourcetag=s_pcqq_aiomsg。

高、学历水平较高等特征。[①] 在性别比例上，2015 年流动人口监测数据显示，全国新生代农民工中女性的比例为 51.7%。江苏、上海、浙江三地女性在新生代农民工总量中占比分别达到了 49.9%、52.5% 和 50.5%。而同期江苏、上海、浙江三地老一代农民工的女性比例分别是 40.5%、42.2%、41.6%。青年女性在劳动人口中占比逐渐增大。同时，在劳动力市场之外，家庭结构多元化和小型化趋势加剧，加上青年女性结婚生育年龄的推迟，一定程度上缓解了女性工作和做家务的矛盾，为更多青年女性实现住房自有创造了机会和条件。[②]

在受教育水平上，2015 年流动人口监测数据显示，全国新生代农民工中，拥有大学专科及以上学历占比 11.9%，江苏、上海、浙江三地中拥有大专及以上学历的分别占比 14.4%、13.2% 和 6.3%。而同期江苏、上海、浙江三地老一代农民工中，拥有大专及以上学历的农民工占比分别为 1.4%、11.9%、0.6%。有学者指出，相对较高的学历水平使得新生代农民工的居住选择呈现出与老一代不同的特征。受教育程度越高，住在商品房和保障房的概率越高，同时购房意愿也越强。具体而言，较高受教育程度与社会阶层认同的交互作用对农民工购房有显著的正向影响。单独地看，小学教育程度对是否购房不产生显著影响，但小学教育程度与社会阶层认同的交互项对购房产生了显著的负向影响，说明社会认同感会通过低的受教育程度对新生代农民工购房产生不利影响。[③]

2. 强烈的城市居留意愿

新生代农民工定居流入地城市的意愿是其流动轨迹和生命历程的重要方面。梁土坤利用流动人口管理和服务对策研究数据指出，作为经济基础重要指标的住房，对新生代农民工的定居意愿具有显著的正向影响，他们不但关注就业单位及其工作稳定性，而且住房对其定居意愿的影响也极为

---

① 王宗萍、段成荣：《新生代流动人口的现状、困境及对策》，《人民论坛》2015 年第 36 期。
② 聂晨、薛嘉成：《性别视角下青年女性住房路径变迁及其影响因素研究》，《经济问题》2019 年第 9 期。
③ 龙翠红、柏艺琳、刘佩：《新生代农民工住房模式选择及影响机制》，《社会科学》2019 年第 11 期。

重要。① 不同的住房类型影响着农民工的城市居留意愿。祝仲坤基于 2017 年中国流动人口动态监测调查数据指出，租房农民工中 83.07% 的人具有城市居留意愿，32.66% 的人有长期居留的打算；而对居住于自有房的农民工而言，城市居留意愿与长期居留意愿的比例分别为 91.90% 和 71.95%，远高于租房农民工的城市居留意愿水平。② 龙翠红、陈鹏基于 CGSS 2013 数据指出，38% 的新生代农民工更愿意融入城市，在城市居民身份认同上高于老一代；③ 从新生代农民工内部看，愿意留城的占比超过 84%，其中 90 后新生代农民工因为年龄较小、住房支付能力相对较弱，因此其留城意愿比 80 后新生代农民工略低。④

强烈的留城意愿也意味着随之而来对于住房的需求。拥有自有（产权）住房往往是农民工在城市打拼的重要人生目标，而一旦拥有了城市住房，农民工扎根、融入城市的愿望就会更为强烈。⑤ 新生代农民工有限的住房支付能力和因为户籍制度带来的制度屏障使得他们既难以通过商品房解决住房问题，也很难依靠保障性住房实现住房需求的满足。⑥ 因此，充分考虑新生代农民工的住房需求特征及其现实处境，对于有针对性破除他们的住房困境和实现更好的城市融入都有积极意义。

二　新生代农民工的住房类型

2015 年 10 月，中共十八届五中全会审议通过了《关于制定国民经济

① 梁土坤：《二重转变：新生代农民工定居意愿的发展态势及其影响因素研究——基于推拉理论的实证再检验》，《河南社会科学》2019 年第 9 期。
② 祝仲坤：《保障性住房与新生代农民工城市居留意愿——来自 2017 年中国流动人口动态监测调查的证据》，《华中农业大学学报》（社会科学版）2020 年第 2 期。
③ 龙翠红、陈鹏：《新生代农民工住房选择影响因素分析：基于 CGSS 数据的实证检验》，《华东师范大学学报》（哲学社会科学版）2016 年第 4 期。
④ 孙奎立、王国友、曾敏睿：《农民工留城意愿的影响因素及代际差异研究》，《人口与社会》2018 年第 5 期。
⑤ 祝仲坤：《保障性住房与新生代农民工城市居留意愿——来自 2017 年中国流动人口动态监测调查的证据》，《华中农业大学学报》（社会科学版）2020 年第 2 期。
⑥ 袁书华、贾玉洁、付妍：《新生代农民工问题研究》，山东人民出版社，2014。

和社会发展第十三个五年规划的建议》①，该建议提出促进有能力在城镇稳定就业和生活的农业转移人口举家进城落户，并与城镇居民有同等权利和义务。通过对长三角多地的调研，我们把新生代农民工的住房分为四类：租住城郊私房、租/买商品房、企业提供的职工住房和申请保障性住房。

（一）租住城郊私房

城市中心地区的高房价、高房租，让新生代农民工"望楼兴叹"。退而求其次，他们往往会选择在城乡接合部、城中村和郊区作为落脚地，并且这三个区域又以城中村居多。② 2010 年，国家人口和计划生育委员会（现国家卫生和计划生育委员会）对 106 个城市的调查显示，东部城市的农民工人均住房面积为 11.7 平方米，因为住房支付能力较弱，他们选择聚居在城中村或城乡接合部等缺少城市空间特征的区域，建筑质量较差，居住拥挤。③ 周加欢、冯健、唐杰分析了 2014 年中国人民大学新生代农民工生活状况调查数据，指出相比于 2010 年，2014 年受访的新生代农民工住在商品房社区的比例有所提高，住在城中村的比例有所下降，但城中村和未经改造的老城区仍然是新生代农民工解决住房问题的主要选择。④ 对杭州市 850 位农民工住房状况的实地调查数据显示，居住在楼房边搭建的简易平房占 37.9%，所占比例最高。⑤ 杨俊玲、谢嗣胜对江苏省农民工居住情况的调查指出，居住在城中私房或郊区私房的农民工占比 40.7%。⑥ 2017 年农民工监测调查数据显示，进城农民工中，租房占比最高，达 61%（见图 13-3）。⑦ 由于农

① 《中共中央关于制定国民经济和社会发展第十三个五年规划的建议（全文）》，http://news.cnr.cn/native/gd/20151103/t20151103_520379989.shtml。
② 罗大文：《新生代农民工市民化研究：基于西安市的实证调查》，陕西人民出版社，2012。
③ 董昕、周卫华：《住房市场与农民工住房选择的区域差异》，《经济地理》2014 年第 12 期。
④ 周加欢、冯健、唐杰：《新生代农民工居住特征及影响因素分析》，《城市发展研究》2017 年第 9 期。
⑤ 马万里、陈玮：《建立健全面向农民工的城市住房保障体系研究——杭州农民工基本住房状况调查与政策建议》，《城市规划》2008 年第 5 期。
⑥ 杨俊玲、谢嗣胜：《农民工住房现状研究》，《农业经济问题》2012 年第 1 期。
⑦ 国家统计局：《2017 年农民工监测调查报告》，http://www.stats.gov.cn/tjsj/zxfb/201804/t20180427_1596389.html。《2018 年农民工监测调查报告》，http://www.stats.gov.cn/tjsj/zxfb/201904/t20190429_1662268.html。

民工收入水平低下，又要最大限度地节约开支，低租金的居住区域成为农民工租赁住房的优先选择，城镇边缘地带或者城乡接合部的居住场所恰好能满足他们这一要求。[①] 特别是大中城市的房租不断上涨，农民工无法承受时只能舍弃就近租房的原则选择离工作地点较远的区域租住，逐渐向城乡接合部和城市边缘区转移。[②]

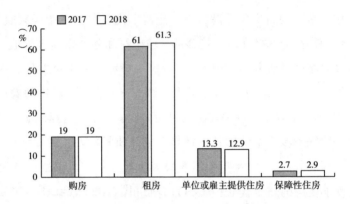

图 13-3　2017~2018 年农民工住房类型占比
资料来源：2018 年农民工监测调查报告。

在本书的田野点中，上海的许村、苏州的柳村、杭州的益村都是典型的城郊私房。许村是一个典型的城中村，村民以搭建私房出租作为重要的收入来源。2015 年大规模拆违之前，将近 1.5 万流动人口在村里租房住。柳村位于苏州吴江经济技术开发区，在园区务工的流动人口中，除少部分居住在企业宿舍中，大部分务工人员租住在柳村的私房中。低廉的租金和距离工厂较近的优势吸引着大量的园区务工人员。益村是"农转居"后形成的居民点，其中混居着本地居民与外地租客。便捷的交通是益村吸引外来务工人员的重要优势，但也存在着内部设施简陋、居住空间狭窄等缺陷。不仅如此，外来租客也很难享受城中村综合整治带来的实惠，难以和本地居民共享社区资源。整治活动导致的不断提高的生活成本和社交隔离

---

① 丁成日、邱爱军、王瑾：《中国快速城市化时期农民工住房类型及其评价》，《城市发展研究》2011 年第 6 期。

② 刘双良：《农民工城市住房保障问题分析与对策研究》，《经济与管理研究》2010 年第 1 期。

的加剧，使得居住其中的外来务工人员不断被边缘化。

新生代农民工一方面受到制度门槛的限制，难以享受保障性住房资源；另一方面因为工作年限较短，缺少经济资本，难以支付居住质量更好的商品房，因此，租住城郊私房成为他们迫不得已的选择。虽然城郊私房有着价格偏低的优势，但松散的人际关系、非制度性的排斥和较差的生活环境都是不可忽视的问题，长此以往会阻碍新生代农民工市民化的进程。

（二）租/买商品房

2018 年农民工监测报告显示，进城农民工户中，购买住房的占 19%，与 2017 年持平。其中，购买商品房的占 17.4%。[①] 有学者指出，随着新生代农民工收入水平的不断提高和以公积金为代表的城市住房保障体系的逐步健全，在城市购买住房人数会相应增加。以购买新开发商业住房为例，由于住房市场信息和产品供给较丰富，购买住房的新生代农民工在寻找住房时，相较于租房的新生代农民工，自身负担的获得成本（特别是搜索成本）相对较低。[②] 然而，商品房的价格因素和城市的购房门槛成为新生代农民工获得住房的重要拦路虎。

房价是新生代农民工购房的最大制约。我们比较了农民工的收入和住宅商品房价格的变化（见图 13-4）。数据显示，2014~2018 年五年中，农民工月收入逐年增长，从 2014 年的 2864 元增长到 2018 年的 3721 元，增长率达到 29.9%。而同期，上海、江苏、浙江的住宅商品房平均销售价格也不断上涨，分别从 2014 年的每平方米 16415 元、7006 元、10526 元增至2018 年的 28981.11 元、10773.54 元、14443 元，增长率分别为 76.6%、53.8%、37.2%。除江苏省外，浙江和上海的住宅商品房平均销售价格增幅均超过农民工月均收入的增幅。2019 年，农民工平均月收入达到 3962元[③]，虽然农民工收入连年增长，但持续上涨的房价使得新生代农民工在

---

① 国家统计局：《2018 年农民工监测调查报告》，http://www.stats.gov.cn/tjsj/zxfb/201904/
  t20190429_1662268.html。
② 倪建伟、桑建忠：《完全成本视角下新生代农民工城市住房成本构成研究——一个理论分
  析框架》，《经济社会体制比较》2016 年第 6 期。
③ 国家统计局：《2019 年农民工监测调查报告》，http://www.stats.gov.cn/tjsj/zxfb/202004/
  t20200430_1742724.html。

流入地购房成为"天方夜谭"。

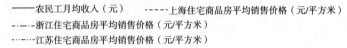

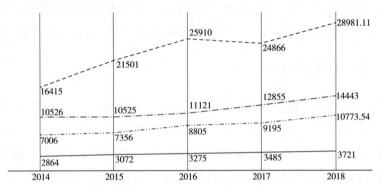

图 13-4　2014～2018 农民工月收入和江浙沪住宅商品房价格对比

资料来源：国家统计局和 2014～2019 年农民工监测调查报告。

　　为进一步做好房地产市场调控工作，逐步解决城镇居民住房问题，促进房地产市场平稳健康发展，国务院于 2011 年下发了《关于进一步做好房地产市场调控工作有关问题的通知》。各城市纷纷响应号召，出台房屋限购令。以上海为例，2016 年《上海限购令细则》中明确指出：提高非上海市户籍居民家庭购房缴纳个人所得税或社保的年限，从自购房之日起前 3 年内在上海市累计缴纳 2 年以上，调整为自购房之日前连续缴纳满 5 年及以上。[①] 非上海户籍人员购房条件如下：第一，购房者已婚；第二，购房家庭在上海无商品住房；第三，连续 5 年及以上在沪缴纳社会保险或个人所得税；第四，限购一套住房。

　　除上海外，长三角其他城市也发布了限购令。例如，杭州市住房保障和房产管理局发布《关于印发〈实施住房限购有关事项操作细则〉的通知》，提出 2016 年 9 月 19 日开始实施住房限购政策，并于 2017 年发布了

---

① 上海市政府新闻发布会介绍《关于进一步完善本市住房市场体系和保障体系促进房地产市场平稳健康发展的若干意见》相关情况，http://www.shanghai.gov.cn/nw2/nw2314/nw9819/nw9822/u21aw1117023.html。

《关于进一步完善住房限购及销售监管措施的通知》，其中指出："户籍由
外地迁入桐庐、建德、临安、淳安四县（市）的居民家庭，自户籍迁入之
日起满 2 年，方可在本市限购区域内购买住房，并按照本市限购政策执
行。"苏州也于 2016 年开始实行房屋限购政策，规定"非本市户籍居民家
庭申请购买第 1 套住房时，应提供自购房之日起前 2 年内在苏州市区（含
吴江区）、昆山市、太仓市累计缴纳 1 年及以上个人所得税缴纳证明或社
会保险（城镇社会保险）缴纳证明"。2019 年苏州市政府颁布《关于进一
步完善我市房地产市场平稳健康发展的工作意见》，明确指出"扩大住房
限制转让实施范围。对市区新建商品住房、二手住房实施限制转让措施"。
可见，新生代农民工在长三角城市购房不仅受到房价限制，同时婚姻、户
籍等制度性因素也成为他们购房的拦路虎。

就租赁商品房而言，高额的租金也是新生代农民工融入城市的主要障
碍。以上海为例，作为房价最高的城市之一，其住宅房地产的价格从 2002
年以后一路上涨，居高不下。城市房产网数据显示，2013 年 3 月 14 日，
上海市住宅平均租金为 53.37 元/（平方米·月）。[1] 2017 年 9 月，上海市
住房平均租金为 74.72 元/（平方米·月），主城区二手住宅租金最高的行
政区达到了 99.83 元/（平方米·月）。[2] 假设在上海租住 30 平方米的房
屋，平均每月需要支付约 2100 元的房租。而 2017 年全国农民工平均月收
入仅为 3805 元[3]，因此，仅房租一项支出就可能占到了收入的一半以上。
农民工的可支付性住房供给严重不足，住房供给与需求错位，都使得新生
代农民工的住房需求难以得到满足，住房困境难以得到有效解决。

（三）企业提供的职工住房

2006 年出台的《国务院关于解决农民工问题的若干意见》中强调，要
多渠道改善农民工居住条件。招用农民工数量较多的企业，在符合规划的

---

① 汪佳莉、季民河、邓中伟：《基于地理加权特征价格法的上海外环内住宅租金分布成因分析》，《地域研究与开发》2016 年第 5 期。
② 《上海最新租金数据监测》，https://www.sohu.com/a/200534978_400087。
③ 国家统计局：《2017 年农民工监测调查报告》，http://www.stats.gov.cn/tjsj/zxfb/201804/t20180427_1596389.html。

前提下，可在依法取得的企业用地范围内建设农民工集体宿舍。农民工集中的开发区和工业园区，可建设统一管理、供企业租用的员工宿舍，集约利用土地。长三角地区的城市也相继出台了相关的政策。例如，常州市政府为了满足外来务工人员的住房需求，鼓励各工业园区、开发区、有条件的企业以及集体经济组织建设公共租赁住房。苏州吴江区内从事电子信息产业、光电线缆、装备制造等企业自建职工宿舍解决农民工住房问题。目前，集中建设农民工集体宿舍的方式主要有三种：一是在开发区或工业园区生产区附近兴建职工宿舍；二是利用城乡接合部农民集体土地兴建农民工宿舍；三是利用破产或倒闭企业的闲置厂房改造或修建农民工宿舍。[①]

国务院发展研究中心课题组 2010 年针对 7 省市[②] 农民工市民化的调研数据显示，33.5%居住单位提供的集体宿舍，其中，低年龄组（16～25 岁）农民工更多的是居住在单位提供的集体宿舍（包括建筑工棚）或自己租的房屋。[③] 根据 2014 年中国人民大学新生代农民工生活状况调查数据，2010 年和 2014 年，分别有 37.5%和 26.4%的新生代农民工居住在企业提供的集体宿舍中。[④] 2015 年农民工监测调查报告中指出，得到雇主（或单位）提供免费宿舍或住房补贴的农民工减少，具体而言，从雇主或单位得到住房补贴的农民工所占比重为 7.9%，比 2014 年下降 0.7 个百分点；不提供住宿也没有住房补贴的比重为 46%，比 2014 年提高 1.4 个百分点。[⑤] 2016～2018 年农民工监测调查数据显示，居住在单位或雇主所提供的住房中的农民工占比不断下降，由 2015 年的 14.1%下降至 2018 年的 12.9%。[⑥]

① 《我国农民工工作"十二五"发展规划纲要研究》课题组：《农民工住房态势及其政策框架》，《重庆社会科学》2010 年第 10 期。
② 主要包括安徽、湖北、江苏、山东、山西、浙江、重庆。
③ 金三林：《农民工现状特点及意愿诉求——基于对 7 省市农民工的调查研究》，《经济研究参考》2011 年第 58 期。
④ 周加欢、冯健、唐杰：《新生代农民工居住特征及影响因素分析》，《城市发展研究》2017 年第 9 期。
⑤ 国家统计局：《2015 年农民工监测调查报告》，http：//www.stats.gov.cn/tjsj/zxfb/201604/t20160428_1349713.html。
⑥ 国家统计局：《2016 年农民工监测调查报告》，http：//www.stats.gov.cn/tjsj/zxfb/201704/t20170428_1489334.html；国家统计局：《2017 年农民工监测调查报告》，http：//www.stats.gov.cn/tjsj/zxfb/201804/t20180427_1596389.html；国家统计局：《2018 年农民工监测调查报告》，http：//www.stats.gov.cn/tjsj/zxfb/201904/t20190429_1662268.html。

在我们调查的田野点中，位于苏州柳村工业园区内的 GC 电子职工之家就是典型的职工宿舍。地处苏州吴江科技区，柳村中许多大型工厂都为新生代农民工提供了集体宿舍，并通过围墙相隔，构成独立的生存单元。这种职工宿舍在一定程度上缓解了新生代农民工的住房困境，但因为容载量有限，工厂宿舍并不能从根本上解决新生代农民工的住房困境。不仅如此，集体宿舍将新生代农民工的工作空间与生活空间相融合，很大程度上限制了他们的社交范围，不利于他们真正融入城市，实现从流动人口向城市居民的转变。

（四）申请保障性住房

2018 年农民工监测调查数据显示，2.9% 进城农民工享受保障性住房，比 2017 年提高 0.2 个百分点。其中，1.3% 租赁公租房，比 2017 年提高 0.2 个百分点；1.6% 自购保障性住房，与 2017 年持平。[①] 可以看出，虽然农民工享受保障性住房的比例有所提高，但仍然停留在一个相对较低的水平，仅有少数农民工享受到城市住房保障。

公共租赁住房相对较高的申请门槛也是新生代农民工难以获得住房保障的重要原因之一。以上海为例，上海市的公租房申请条件要求上海户籍或持有"上海市居住证"达到 2 年以上，并在沪缴纳社会保险 1 年以上，由单位申请的则要签订 2 年以上劳务合同；杭州市的公租房申请条件也要求外来务工人员有高级（含）以上职业资格证书。

在我们的田野点中，杭州的康居公租房和梦之湾蓝领公寓是典型的保障性住房。作为杭州市首个建成的大型公租房社区，康居公租房自 2013 年夏交付使用，目前入住率已达到 94.5%。据康居公租房工作人员介绍，其中一半是外来务工人口，一半是本地的低收入家庭。该公租房社区的申请门槛相对较高，本科毕业的大学生和具有中级职称的劳动工人才可申请。公租房的优势在于环境优美、管理智能化、租金低廉等，但也有位置偏远、娱乐配套欠缺和房屋质量存在瑕疵等问题。梦之湾蓝领公寓则是为解

---

① 国家统计局：《2018 年农民工监测调查报告》，http://www.stats.gov.cn/tjsj/zxfb/201904/t20190429_1662268.html。

决城市服务行业从业者住房问题的保障性住房。该公寓申请门槛相对较低，但也有很多农民工因为强流动性而达不到社保缴纳要求，因此被排斥在申请门槛之外。不仅如此，经由农民自建房改建的蓝领公寓也同样存在设施相对简陋、房屋质量较差的问题。

三　供需匹配失衡下新生代农民工的住房困境

伴随着中国户籍制度的改革和城市化快速推进下用工需求的突增，农民工成为城市劳动力市场的一支特殊"大军"，为经济持续发展提供了重要支撑。[1] 相对于老一代农民工，新生代农民工强烈的留城意愿使得他们更加渴望实现"进入城市"到"融入城市"的转变。住房是社会成员的安身立命之所，也因为承载"家"的意义成为人们的精神寄托。因此，住房是实现农民工融入城市社会、完成向市民角色整体转型的基础性保障。[2] 保障新生代农民工在城市中"有所居"对于推动他们融入城市具有积极的作用。然而，由于受到户籍的限制，新生代农民工很难被纳入城市住房保障体系，无法享受城市住房福利。相对较低的收入和有限的支付能力也使得他们很难在城市中租到质量较好的商品房，在城市中买房、落户更无从谈起。

（一）结构性因素限制新生代农民工被纳入城市住房保障体系

以户口制度为基础的城乡二元结构把城市与乡村分离开来，限制城乡之间的人员流动。由于户籍的结构性因素，新生代农民工很难被纳入住房保障体系。户籍制度的存在，限制了新生代农民工享受城市住房保障。不仅如此，自1994年分税制改革以来，中央与地方财权、事权不统一，土地财政使地方政府在保障性住房建设上缺乏动力，保障性住房供给严重不足。[3] 2016

---

[1] 倪建伟、桑建忠：《完全成本视角下新生代农民工城市住房成本构成研究》，《经济社会体制比较》2016年第6期。
[2] 倪建伟、桑建忠：《完全成本视角下新生代农民工城市住房成本构成研究》，《经济社会体制比较》2016年第6期。
[3] 林永民、赵金江、史孟君：《新生代农民工城市住房解困路径研究》，《价格理论与实践》2018年第6期。

年，国务院办公厅发布的《关于加快培育和发展住房租赁市场的若干意见》为住房租赁市场的发展指明了目标和方向。近年来许多城市通过新增供应、存量盘活、改造利用等方式增加了住房租赁房源数量。如上海在2017年提出"十三五"期间新建和转化租赁住房70万套。但是，公租房的房源供给不匹配问题依然较为严重。[①] 例如，"十三五"期间上海市筹公租房主要为科创中心和自贸区建设提供配套条件，满足重点企事业单位和引进人才阶段性租赁需求，区筹公租房项目则面向本区符合条件的单位和家庭、个人供应。[②] 显然，在公租房的配置中较为重视中高端租赁房源的供应，忽视中低收入人群的租赁需求，"蓝领公寓"和宿舍型租赁房供应相对较少。保障性住房数量有限，城市为了吸引人才促进城市发展倾向于优先满足引进人才的住房需求。住房所具有的巨大外部正效益和准公共产品属性，在大多数低收入群体无法依靠自己的力量获得适当住房条件的情况下，政府理应提供基本住房保障，以维持和发展这种正外部性。[③] 但无法被纳入城市住房体系的农民工很难享受到保障性住房这一"准公共产品"，他们的住房需求难以得到满足（见图13-5）。

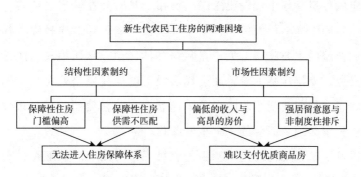

图 13-5　新生代农民工住房困境分析

① 《中央财政 134 亿支持 16 城，住房租赁市场的诸多难题有解了？》，https：//baijiahao. baidu. com/s？ id=1639568170545671369&wfr=spider&for=pc。
② 《上海公租房新政策》，yjbys. com/zhidu/1133063. html。
③ 刘芹：《对保障性住房建设融资安排制度顶层设计的问题研究》，《金融纵横》2011 年第 8 期。

（二）市场性因素限制新生代农民工租购住房

不断增多的新生代农民工留城意愿比老一代农民工更加强烈，在无法进入城市住房保障体系的情况下他们只能通过市场解决住房需求。然而，新生代农民工经济实力相对较弱，纵使收入水平逐年提升，但他们仍难以承受不断上涨的房价。新生代农民工强烈的留城意愿和低收入与高房价之间引发的住房支付性问题成为主要矛盾，商品房市场没能提供与新生代农民工收入相匹配的有效供给。[①] 因此，即使住宅商品房市场能够提供大量供给，相对于新生代农民工的低收入来说，不能形成有效需求，供给与需求错配。[②] 新生代农民工只能租住在单位宿舍、城中村、低质量的老住宅楼内。不仅如此，生活习惯的差异和较低质量住房带来的公共生活配套设施的欠缺，使得新生代农民工也受到非制度性歧视。无论是土地、资金还是机构设置等方面都没有针对这一群体做出专门的政策安排[③]，这就使得他们的城市化过程面临着巨大的挑战。

面对新生代农民工日益涌入城市的状况，城市住房体系面临巨大的考验。稳定的住房是新生代农民工融入城市、长时间在城市居留与生活的必要条件。不同于老一代农民工，新生代农民工的留城意愿较强，住房问题成了他们留城的主要障碍。无论是从居住的区位、聚居模式，还是与城市居民的交流、受排斥感上看，新生代农民工的居住还是处在一个隔离程度较高的状态。如何改变当前的居住隔离状况，改善他们的住房条件，是在城市化进程中必须要面对的一个重要课题。

我国城乡二元结构决定了新生代农民工住房困境的破解路径需要从消费观念、制度层面、产业层面和供给层面共同着手，在"量"和"质"上

---

① 倪建伟、桑建忠：《农民工城市住房成本与分担方式——一个文献研究》，《经济体制改革》2016 年第 6 期。

② 林永民、赵金江、史孟君：《新生代农民工城市住房解困路径研究》，《价格理论与实践》2018 年第 6 期。

③ 赵宁：《新生代农民工城市融入进程中住房保障的困境与出路》，《政法论丛》2016 年第 1 期。

共寻突破口。[①] 在住房供应过程中，市场和政府都是优化住房配置的重要力量，两者应各负其责。[②] 一方面，重视制度层面的推进，减弱户籍制度带来的屏蔽效用，通过完善住房保障制度、增加保障性住房的供应量，确保新生代农民工在享受城市公共服务方面与城镇居民的无异性[③]；另一方面，通过宏观调控稳定房价，扩大新生代农民工住房公积金缴纳范围，引导企业资本在参与城市建设过程中承担起相应的社会责任，提高新生代农民工的住房购买能力，帮助他们更好地融入城市。

[①] 林永民、赵金江、史孟君：《新生代农民工城市住房解困路径研究》，《价格理论与实践》2018 年第 6 期。

[②] 赵宁：《新生代农民工城市融入进程中住房保障的困境与出路》，《政法论丛》2016 年第 1 期。

[③] 林永民、赵金江、史孟君：《新生代农民工城市住房解困路径研究》，《价格理论与实践》2018 年第 6 期。

第十四章 农民工纳入城市住房 保障体系的困境分析： 基于准公共产品的讨论*

党的十九大报告提出，要加快建立多主体供给、多渠道保障、租购并举的住房制度，让全体人民住有所居。农民工的住房问题不仅是社会热点问题，也是地方政府治理中的难点问题。从 2005 年开始，国家层面出台了一系列关于将农民工纳入城市住房保障体系的政策文本，各级地方政府也相继出台了一系列地方性的"农民工住房"配套政策，如浙江湖州的农民工住房"公积金制度"、上海的农民工公寓，等等。但是，很多地方性的政策仅停留在探索层面，对解决农民工住房问题的实际作用非常有限。"应然"层面的制度政策与"实然"层面的地方实践之间成为一对特殊的矛盾。

本章中，我们将保障房看成城市准公共产品，借助公共产品的相关理论，试图分析农民工纳入城市公共住房体系的制度困境与现实障碍。

一 准公共产品：理论溯源与概念确定

对于公共产品的讨论，在西方经济学历史中有着较为久远的渊源。尤其是 19 世纪以来，以英国、德国等为主的西方国家对于国家生产性的讨论使得公共产品的理论和概念显现了初步的轮廓。但由于各自具体的国情与实践，其并未能将该理论明确地提出。英国学者通常将国家视作消费主

＊ 本部分的核心观点发表于《吉林大学社会科学学报》2015 年第 6 期，此处有较大幅度改动。华东师范大学社会学系 2019 级硕士研究生梁日盛对本部分的修改亦有贡献。

体，从而难以发展公共产品理论；而德国学者虽然采取一种积极的态度将国家视作带有生产性作用的重要角色，但最终也没有将这一概念概括出来。[1] 真正意义上推动公共产品理论的是来自意大利、奥地利及瑞典的一些学者。他们分别从供给与需求两方面完善和发展了公共产品理论，这也为后来其他学者发展公共产品理论提供了重要的基础。[2]

20 世纪 40 年代，公共产品理论传入美国，并获得了巨大的发展。美国经济学家萨缪尔森提出了萨缪尔森模型，通过讨论边际消费替代率与边际生产转换率的关系使得其与帕累托效率进行有效的结合，实现相关领域成就性的突破。[3] 1954 年，萨缪尔森发表了经典论文《公共支出的纯理论》[4]，区分了私人消费商品（private consumption goods）和集体消费商品（collective consumption goods）。所谓集体消费商品即公共产品，而由个别消费者所占有和享用，具有敌对性、排他性和可分性的产品就是私人产品。萨缪尔森认为，公共产品最重要的特征之一是被全体社会成员共享，是不可分割的，且个体对公共物品的消费不会对他人的消费过程与结果产生影响，即收益的非排他性和消费的非竞争性。与此相反，私人消费产品则具有排他性和竞争性的特征。

在萨缪尔森之前，经济学领域关注更多的为纯公共产品范畴；而美国经济学家布坎南对非纯公共产品的研究标志着相关领域研究问题的转移。[5] 在现实生活中，往往存在着一类产品，它们既不属于纯公共产品，同时又区别于私人物品。它们既拥有公共产品的某些特征，但又与之相区别开来，这便是"准公共产品"。对准公共产品的讨论主要分两类。第一类是布坎南提出的俱乐部产品[6]，它们主要控制设施使用者的数量，即有限的

---

① 刘守刚：《国家的生产性与公共产品理论的兴起——一个思想史的回溯》，《税收经济研究》2019 年第 3 期。

② 刘守刚：《国家的生产性与公共产品理论的兴起——一个思想史的回溯》，《税收经济研究》2019 年第 3 期。

③ 马斯格雷夫：《财政学说简史》，载阶兰·J. 奥尔巴克、马丁、费尔德斯坦主编《公共经济学手册（第 1 卷）》，匡小平、黄毅译，经济科学出版社，2005。

④ Samuelson, P. A. 1954, "The Pure Theory of Public Expenditure." *Review of Economics and Statistics* 36 (4).

⑤ 任俊生：《论准公共品的本质特征和范围变化》，《吉林大学社会科学学报》2002 年第 5 期。

⑥ Buchanan, J. M., "An Economic Theory of Clubs," *Economica* 32 (1965).

个体能参与到俱乐部产品的使用之中；第二类则是美国经济学家奥克兰①和挪威经济学家桑德莫②提出的非纯公共产品，即该类产品着重控制使用者的使用频率而非使用者数量（见图 14-1）。

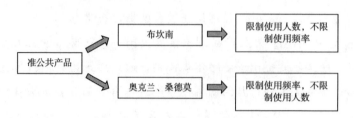

图 14-1　准公共产品的两种类型

布坎南的俱乐部理论认为，"准"公共产品是一种"集团公共性"产品③，其本质属性就是"集团公共性"。并且在集团内部和外部，准公共产品的属性会发生相应转化：在集团外部，准公共产品表现出向私人产品转化的趋向；在集团内部，准公共产品表现出向纯公共产品转化的趋向。在有限的消费水平内，多个俱乐部成员消费相同的俱乐部产品并不会互相影响；但消费水平超越了临界值，随着更多俱乐部成员的进入，俱乐部产品的消费将会陷入紧张的状态，从而可能使得此类消费的非竞争性减弱甚至消失。雷诺兹也认为，准公共产品是具有消费的竞争性、排他性以及外部性的产品，其中，外部性是准公共产品的本质属性④。

二　我国保障性住房的发展历程与基本类型

保障性住房是我国在推行住房商品与市场化过程中，为解决城市中低收入群体住房困境而设置，由政府参与修建并对住房与住房对象各方面进

---

①　Oakland, W. H., "Congestion, Public Goods and Welfare," *journal of public economics* 1 (1972).

②　Sandmo, Agnar, "Public Goods and the Technology of Consumption," *Review of Economic Studies* 40 (1973).

③　Buchanan, J. M., "An Economic Theory of Clubs," *Economica* 32 (1965).

④　雷诺兹：《微观经济学：分析和政策》，马宾译，商务印书馆，1982。

行限定的，具有福利性质或微利性质的住房类型。① 这里，我们将保障性住房置于准公共产品的讨论语境中，重点梳理保障性住房的发展以及类型演化，以此勾勒我国现行保障性住房的特点。

（一）我国住房保障政策的发展

新中国成立以来，福利分房制度为解决居民的基本住房问题提供了一定的保障，这实际上可以视作我国较早期的住房保障制度。当时城镇居民的住房通常由单位或政府统一安排，租金十分低廉，具有很大需求量。② 然而，由于当时国家发展以注重生产为主，而住房被视作一种消费且分房制度具有福利性质，因此住房往往受到轻视而无法很好地解决居民住房困难和政府财政问题。③ 改革开放以后，福利分房所带来的财政和居住矛盾进一步凸显，使得国家开始探索其他住房供给模式。④ 由此，我国开始进行住房商品化的探索并不断调整和发展。到了 1994 年，国务院作出《关于深化城镇住房制度改革的决定》，强调住房要与社会主义市场经济相适应，并应当加快满足城镇居民快速增长的住房需求。这一文件正式标志着我国城镇住房体制市场化改革的进行。在这一过程中，政府依然将保障房建设作为社会建设的重要部分。

1998 年，我国正式取消了福利分房制度。国务院发布的《关于进一步深化城镇住房制度改革加快住房建设的通知》，明确了停止福利分房的时间，且提出"建立和完善以经济适用房为主的多层次住房供应体系"，宣布要建立面向最低收入居民的廉租住房供应渠道，从而确立了商品房、经济适用房和廉租房的三层住房保障模式。我国住房保障制度逐渐得到进一步重视。2007 年印发的《关于解决城市低收入家庭住房困难的若干意见》提出要加快城市廉租房建设，着力解决低收入家庭的住房困难问题，标志着国家开始调整以市场化为主的住房政策，探索建立健全住房保障制度。

---

① 郭苭：《与城市化共生：可持续的保障性住房规划与设计策略》，东南大学出版社，2017。
② 钟宁桦、朱亚群、陈斌开：《住房体制改革与中国城镇居民储蓄》，《学术月刊》2018 年第 6 期。
③ 张清勇：《中国住房保障百年：回顾与展望》，《财贸经济》2014 年第 4 期。
④ 范宪伟：《我国住房制度演化轨迹和长效机制的建立》，《全球化》2019 年第 8 期。

而后于 2010 年发布的《关于加快发展公共租赁住房的指导意见》特别指出，公共租赁住房供应对象主要是城市中等偏下收入住房困难家庭，该文件标志着公租房政策作为一项全国性政策开始实行。2013 年住房城乡建设部、财政部联合国家发展改革委发布《关于公共租赁住房和廉租住房并轨运行的通知》，提出"2014 年起，各种公租房和廉租房并轨统称为公共租赁住房，新一轮侯配租、统一申请标准、统一租金补贴"，是对先前公共住房保障措施的阶段性整合。2019 年发布的《关于进一步规范发展公租房的意见》着重强调针对不同困难群体的多种住房保障办法，在加大公租房发展力度的同时精准覆盖多个困难群体。这一系列文件的出台，体现出我国公共住房保障制度的发展更趋精细化。

（二） 我国保障性住房的基本类型

目前我国已经确立了较为完备的公共住房保障体系，现有住房保障形式可分为实物保障和货币保障两种。实物保障房又可以分为租赁型保障房及购置型保障房。[1] 就基本类型而言，租赁型保障房主要包括廉租房和公租房；购置型保障房则以经济适用房和限价商品房为主。

廉租房是指国家向符合特定条件的城镇居民，例如满足最低生活保障标准，且住房困难家庭所提供的一种保障性住房类型。这是一种对住房弱势群体的保护，但实际上这个群体是有限度的。[2] 其分配形式主要是通过租金补贴，辅以实物配租与减免租金的方式，只进行出租而不进行销售。

公共租赁房则是国家出租给城市中低收入且住房困难群体、城市新就业且无房者及有稳定就业的外来人员的保障性住房。该类住房具有公共资源性和社会福利性，[3] 且供应群体具有相对广泛性。[4] 国家在政策上对此类住房给予支持，且对各类如面积等建设指标进行规定，并限定租金水准，

---

① 《国务院关于城镇保障性住房建设和管理工作情况的报告》，http：//www.npc.gov.cn/wxzl/gongbao/2011-12/30/content_1686369.htm。

② 王吓忠、巫月娥：《廉租房相关问题研究》，《城市问题》2006 年第 6 期。

③ 韩璟等：《县域视角下的公共租赁住房退出意愿分析——以江西省分宜县为例》，《中国房地产》2020 年第 1 期。

④ 孟庆瑜：《我国公共租赁住房制度的政策法律分析——基于公共租赁住房市场化的研究视角》，《河北法学》2011 年第 12 期。

其所有权属于政府或者相关机构。而其与廉租房并轨后二者合称为公共租赁住房。

经济适用房是由国家根据其相关计划安排统一规划建造，免除土地出让金且对相关收费进行一定减免的住房类型。对于此类住房，政府基本采取一种以成本出售或者略微高于成本价出售的方式进行销售，具有福利性质。其主要为了解决城市中低收入群体的住房困境，属于具有社会保障性质的商品住宅。而经济适用房具有一种双重责任，即负担着解决住房困难群体住房问题的同时还期望对市场房价起到调节作用。[①]

限价商品房限定地价与房价，也是一种限定房型、价格进行出售的住房类型，但同时又不属于经济适用房，是一种针对房价调控的临时措施。政府通过对开发商的成本与利润进行一定方式的计算后，对住房的价格、建筑指标、出售对象等进行限定，是一种对住房的调控方式。限价商品房政策实施后，其分担了部分通过市场方式获得商品住宅的需求压力，对调控房价具有一定的积极作用，但仍难以改变整体高房价的趋势（见图 14-2）。[②]

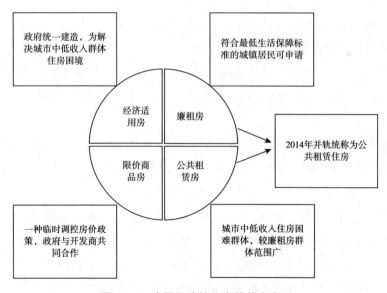

图 14-2　我国保障性住房的基本类型

① 陈杰、王文宁：《经济适用房供应对商品住房价格的影响效应》，《广东社会科学》2011年第 2 期。
② 余滨：《限价商品房发展中的问题及建议》，《中国房地产》2017 年第 25 期。

以上是我国保障性住房的一些主要类型。无论是租赁型保障住房还是购置型保障住房，政府在其中都扮演着主导性角色。我国的保障性住房，无论就其历史、现在还是未来发展而言，也都无法离开政府的作用。[①]

三 作为准公共产品的保障性住房

关于保障性住房特点，有学者从建设主体、保障对象、建设目的、申请条件、住房价格五方面进行了概括总结。[②] 首先，就保障性住房建设主体而言，它是由政府主导建设的。然而也正因为政府是建设主体，决定了政府对此类住房的分配方法有着重要决定权。其次，就其保障对象而言，它面向的是城市中低收入的住房困难群体。作为符合政府政策规定的城市中低收入群体，可以参与获得保障性住房的竞争。因此这种竞争是有限的竞争而非面向全社会的竞争。再者，就其建设目的而言，保障房具有惠民的性质，是社会生产再分配的一种结果，是出于调节和平衡社会关系的目的而建造的。政府对于该类住房的建设，通常不期望回收高于成本的资金，因此是非营利的，甚至还有可能出现亏损的情况。另外，与通过市场途径获得住房的情况相比，保障性住房的申报条件相对复杂，需要申请人提供户口、收入、财产、原住房面积等证明材料，综合审查。最后，就其住房价格而言，保障房的租金和售价均低于市场价格，因此具有福利性质。

综合上述保障房的种种特点，我们将现今中国城市住房保障体系中涵盖的廉租房、公共租赁房、经济适用房、限价商品房等保障性住房界定为"准公共产品"。

究其原因，首先，就保障房本身而言，其既区别于纯公共物品，又不同于私人物品。一方面，保障性住房的性质，不同于国防、知识等纯公共物品的性质。知识一类的纯公共物品，一旦生产出来，实际上可以被社会中的任何个体所获得，并且这又不影响其他个体获得此类物品。而保障性住房，是

---

① 谭锐：《中国保障性住房体系的演进、特点与方向》，《深圳大学学报》（人文社会科学版）2017 年第 2 期。

② 姚灵珍：《中国公共住房政策模式研究》，上海财经大学出版社，2003。

为了城市里中低收入且住房困难的特定人群设定的。这里的"特定人群"即体现为布坎南所谓的"集团"或"俱乐部"，换言之，只有满足"一定条件"的群体才能获得申请资格。就该部分群体而言，保障性住房是公共性质的；而该群体之外，则是非公共性质的，因此，保障性住房具有部分公共性的特点。另一方面，保障性住房又区别于私人物品。就获得保障性住房的个体而言，一定程度上其获得了该住房的私人享用权。但又与自有商品房不同，这类私人权利也是存在一定限度的，例如公共租赁房只能是申请人居住而不能转租或出售，这与作为私人物品的商品房市场租售不同。因此，保障性住房作为准公共产品，不同于纯公共物品与私人物品。

其次，就保障性住房的受众而言，保障性住房具有内部竞争性与外部排斥性。作为准公共产品，政府对保障性住房设定了准入门槛。保障性住房是一种既限定群体，又限定住房标准，同时限定价格或租金的住房。以上海公共租赁房为例，根据上海市《市筹公共租赁住房准入资格申请审核实施办法》① 规定，申请公共租赁房主要满足以下条件之一：第一，具有上海市常住户口且与上海市单位签订 1 年及以上的劳动合同；第二，持"上海市居住证"达到 2 年以上（此前持有有效"上海市临时居住证"年限可合并计算），连续在上海缴纳 1 年以上社会保险，且与上海就业单位签订至少 1 年的劳动合同；第三，持有效"上海市居住证"或"上海市临时居住证"，在上海缴纳社会保险并与本市就业单位签订 2 年或以上的劳动合同，且用人单位同意公共租赁房由单位承租的。申请经济适用房等则必须同时满足居住及户口年限、住房面积、收入和财产以及住房交易行为的限制等四项条件。符合申请条件之后，当事人方可进入申请流程。2012年以来，上海市保障房申请的门槛一再降低。② 2019 年两会期间，上海市更是强调要新增供应各类保障房数量③，且年底发布文件规定允许满足条

---

① 《市筹公共租赁住房准入资格申请审核实施办法》，http：//service. shanghai. gov. cn/ xingzhengwendangku/XZGFDetails. aspx？docid＝REPORT_NDOC_002253。

② 《上海经适房又降"门槛"单身人士最小 25 岁可买》，nbd. com. cn/articles/2013－04－12/ 731929. html。

③ 《2019 上海两会 ｜ 租购并举的住房制度加快建设》，https：//www. yicai. com/brief/ 100107784. html。

件的非上海户籍家庭申请购买共有产权保障住房。[①] 但实际上，相比整个中低收入群体而言，能够申请并获得保障房的人数总体上还是非常有限的，特别是那些既买不起共有产权房又不符合廉租房、公租房申请条件的"夹心层"往往被排斥在可申请群体之外。由此可见，保障性住房的申请具有内部的竞争性与外部的排斥性（见图14-3）。

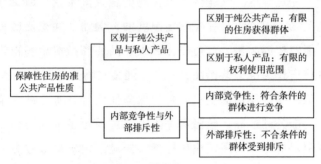

图 14-3　保障性住房的准公共产品性质

四　保障性住房的开放限域及其可能

"准公共产品"的设定，在现实中往往是政府出于"扶持"的目的对"市场失灵"现象进行调整或干预的举措之一。这里，我们以准公共产品的特点及其限域作为讨论的基准，分析将农民工纳入城市住房保障体系的可能性及其制度性困境。

我们发现，尽管从国家到地方有相应的制度安排和政策支持，农民工群体也有表达住房需求的愿望，但是为什么各地在落实农民工住房政策上迟迟没有显著成效？农民工的住房状况得不到明显的改善？

究其原因，有以下五个方面。

第一，户籍制度造就的身份区隔。户籍制度是中国社会一项特殊的管理体制，自新中国成立就在城乡之间多了一道屏障。改革开放后，尽管农

---

① 《上海市人民政府关于修改〈上海市共有产权保障住房管理办法〉的决定（沪府令26号）》，http://www.shanghai.gov.cn/nw2/nw2314/nw2319/nw2404/nw48652/nw48654/u26aw63974.html。

民可以在地理空间上形成自由的流动，但因户籍门槛难以享受迁入城市的诸多权益和福利，如医疗、教育、社会保险等。有研究表明，户籍制度的作用不但是出于地区治理方便的原因，更是以户籍制度作为区别化保障制度实现的重要途径①，甚至可以表现为一种社会排斥。② 从农民工的角度出发，虽然农民工进入城市并且成为影响城市发展的重要群体，但由于受限于城乡二元体制而不具备城市户籍，因而难以公正地享有城市居民公共保障服务。③ 虽然作为城市中的低收入且住房困难群体，其理应被纳入住房保障政策体系，但由于受到多重因素的限制，难以获得享有保障性住房的资格。

第二，农民工纳入城市公共住房问题涉及城市空间资源和财政资源的重新分配。显然，这一分配涉及较大范围的资金变动和人员流动，需要中央财政的支持。虽然当下国家所制定的住房保障政策已经逐步从宏观角度转向中观层面，但由于全国各地发展水平存在差异，加之制度和财政压力等因素的影响，实际上也无法做出进一步的统筹规划。在这样一种总体政策制定下，地方政府要为解决农民工住房问题所需要的空间资源和财政资源买单，势必会增加财政支出。此外，由于地方政府和地区间存在着各种差异，地方层次的政策落实水平参差不齐。"十二五"规划提出我国保障房覆盖率要达到 20%；而"十三五"期间仍在强调不断加强保障性住房建设。可见，我国的保障性住房在总量上是相对不足的。保障性住房与商品房在空间、总量等方面存在极大差异，加之城市资源供给的分割，这些都使得保障性住房的供应面临诸多困境。因此，如何将有限的财政资源与城市空间资源进行重新分配，做到顾此不失彼，是地方政府亟须考虑的问题，也是农民工进入城市保障房体系的主要障碍之一。

第三，地方政府的强势主体地位导致政策的排他性。近些年，在社会治理和城镇化的大背景下，各地方政府都在倡导公共服务均等化，其涵盖

① 彭小辉、史清华、朱喜：《城乡二元户籍制度的认知、现实影响与改革取向——基于上海的调查》，《中国软科学》2013 年第 5 期。
② 陈映芳：《城市开发与住房排斥：城市准入制的表象及实质》，《宁波大学学报》（人文科学版）2009 年第 2 期。
③ 黄祖辉、胡伟斌：《中国农民工的演变轨迹与发展前瞻》，《学术月刊》2019 年第 3 期。

面涉及义务教育、公共医疗、社会保障、就业等方面，但在住房方面，鲜有将农民工纳入城镇住房保障体系的实际举措。地方政策对于保障性住房申请做出了种种限制，符合申请条件的个体才能进行保障性住房申请。这样一来，保障性住房的公共性实际上转变为一种"准公共性"，即保障性住房成为一种"准公共产品"。但实际上，保障性住房的功能定位有时是不清晰的。[1] 由于保障性住房有时不仅仅为城市低收入群体设定，也为了引进人才、防止劳动力流失等目的设定。这就使得作为准公共产品的保障性住房本身更加具有稀缺性，从而可能使得竞争弱势者被排除在外。而对于农民工群体而言，其本身虽然属于城市中的低收入且住房困难群体，但由于不具备政策规定的某些条件，从而被排除在住房保障政策之外，丧失拥有这种准公共产品的资格。此类条件的设立和限定与地方政府的政策密切相关。因此，如何处理好条件和准入门槛的机制，使得住房保障更加公平公正，是解决农民工住房问题的重要着手点。

第四，本地群体中潜在的排外倾向。作为准公共产品，保障性住房原则上应向所有城市居住者开放。但是，保障性住房本身又是稀缺资源，是"俱乐部产品"，其对内是有限竞争性的，对外是集体排他性的。这一悖论显然隐含着内在不同获益主体之间的利益分配问题。一旦政策松口，本地群体与外来群体势必因有限的公共住房资源而产生竞争、矛盾和冲突。就拿同样作为准公共产品的教育资源来说，2012年，上海市政府放开异地高考后，不少沪籍家长提出抗议，要求非沪籍随迁子女离开上海，不要占用上海的教育资源。可以想象，如果政府没有足够的把握，公共住房资源也将触发本地群体中潜在的排外倾向。

第五，农民工居住权维护意识的缺失。"居住权"问题可以被视作某一群体在城市中生活状况的一个重要指标。随着国家相关方面政策的改变，农民工群体可以进入城市并获得居住的权利，但实际上由于各种原因，其仍然被排斥在外而难以获得居住准入资格。[2] 对于农民工个体而言，

---

① 许莲凤：《公共产品理论视域下的新生代农民工住房保障实现路径研究》，《东南学术》2013年第6期。

② 赵晔琴：《吸纳与排斥：城市居住资格的获得路径与机制——基于城市新移民居住权分层现象的讨论》，《学海》2013年第3期。

其绝大部分又存在着对自身居住权利的无意识状态。对于城市保障性住房申请，许多农民工给予的回答是"申请麻烦""没有户口"等原因，从而放弃申请。在这里，一方面由于政策准入门槛对于农民工群体而言相对较高，另一方面则是大多数农民工群体本身缺乏争取保障性住房的意识。相对于其他权益受到侵犯的事件，如拖欠工资等，农民工群体往往会通过各种渠道试图解决，甚至可能采取一些激烈的手段。而对于自身的居住权利问题，似乎极少看到该群体采取明确态度要求解决。这其中也许还存在更深刻的社会机制。但在当下呼吁大力推动政策改革的同时，如何加强对城市居住权益的确认，对于农民工群体纳入住房保障政策体系具有重要意义。

综上所述，诸如此类的各种主客观因素之间相互作用、相互渗透，部分地限制了农民工有效纳入城市住房保障体系。[①] 而这些相互作用的因素也构成了保障性住房作为一种有限性的"准公共产品"的重要条件。我们认为，保障性住房原则上可以向所有住房困难的城市居住者开放。但事实上，这个开放是有限度的，即政府对保障性住房的申请设立了准入门槛和申请条件。另外，与纯公共产品不同，保障性住房作为准公共产品，本身便存在一定程度上的稀缺性与开放的有限性。如果能够较好地对各种因素进行调节，将有助于把农民工纳入城市住房保障体系。

将农民工纳入城市住房保障体系，不是简单的住房市场问题，而是一个社会结构性和制度性的问题。地方政府可以根据现有条件，逐步将农民工纳入城市住房保障体系，使其可以享受城市公共住房。而要实现这种跨越式的"可能"，也需要中央与地方、地方与地方之间的协作，以及人口导入地与导出地之间的横向财政经费转移等多个方面的共同努力。

---

① 赵晔琴：《整合财政资源与城市空间资源解决农民工住房问题》，《中国社会科学报》2015年第8期。

第十五章　新生代农民工进入住房租赁市场的现状与困境[*]

2017 年，我国住房租赁市场交易总量约 1.2 万亿元，租房人口 1.94 亿人，占全部人口的 13.9%。[①] 虽然与美、德、日等国成熟的房屋租赁市场相比，我国房屋租赁市场规模仍然偏小，但在国家政策的扶持与居民需求的双重刺激下，我国房屋租赁市场呈现较好的发展势头。部分学者预测，到 2030 年，我国住房租赁市场将会达到 1.8 万亿元的规模，步入快速发展阶段。[②]《2018 年中国住房租赁报告》指出，外来流动人口是我国当前住房租赁市场的第一大需求群体。[③] 而在流动人口内部，新生代农民工群体与老一代农民工相比，有着更高的受教育水平与眼界，对城市生活方式的认同度更高，因此，他们追求高生活品质与融入城市的动机也更为强烈。

本章，我们将从住房租赁市场发展的角度剖析新生代农民工进入住房租赁市场的现实困境与制约因素。

一　我国住房租赁市场治理的经验与成效

2013 年 10 月，习近平总书记在主持中央政治局就加快推进住房保障体系和供应体系建设的集体学习时强调，加快推进住房保障和供应体系建

---

* 本部分由华东师范大学社会学系 2018 级硕士研究生乐妮协助完成。
① 《2030 年中国租金 4.6 万亿 近 3 亿人租房实现 "住有所居"》，http://news.sina.com.cn/o/2018-09-18/doc-ifxeuwwr5650889.shtml。
② 况澜等：《我国住房租赁市场需求及发展趋势研究》，《开发性金融研究》2018 年第 6 期。
③ 《2018 年中国住房租赁报告》，http://d.youth.cn/newtech/201901/t20190108_11837087.htm。

设，是满足群众基本住房需求、实现全体人民住有所居目标的重要任务，是促进社会公平正义、保证人民群众共享改革发展成果的必然要求。① 近年来，在中央政府的积极推动下，我国的住房租赁市场治理在政策制定、地方实践等各方面都取得了很大的成效。

（一）政府规范住房租赁市场的相关政策

近年来，为充分利用现有的住房资源，激发房地产市场活力，进一步提升城市居民的住房条件，政府开始将规范与发展住房租赁市场作为促进未来房地产市场平稳健康发展的重要途径，并且发布了一系列有益于住房租赁市场发展的政策。2016 年 6 月 3 日，国务院办公厅印发《关于加快培育和发展住房租赁市场的若干意见》，从六个方面提出了培育和发展住房租赁市场的具体政策措施，提出到 2020 年，要基本形成供应主体多元、经营服务规范、租赁关系稳定的住房租赁市场体系的目标。

2017 年后，在习近平总书记"让全体人民住有所居"目标的指引下，中央与地方支持住房租赁市场发展的政策密集发布，涉及房屋租赁的各个环节。2017 年 8 月，国家住房和城乡建设部会同有关部门选取了广州、深圳、杭州、厦门、武汉等 12 个人口净流入的大中城市，首批开展住房租赁试点。② 2017 年 8 月，杭州市印发《杭州市加快培育和发展住房租赁市场试点工作方案》，提出符合条件的承租人子女可享有就近入学等公共服务权益。在杭州市居住证积分管理中，对租赁住房达到一定年限的，实行"租购同分"。同年 9 月，上海以满足市民住房需求为出发点，出台了《关于加快培育和发展本市住房租赁市场的实施意见》。其中，包括完善引进人才租房补贴政策、建立全市统一的住房租赁公共服务平台、建立住房租赁市场监测监管体系等内容，多措并举，多管齐下，以期满足上海多层次的住房租赁需求。

2018 年 10 月，国务院印发《完善促进消费体制机制实施方案（2018—2020 年）》，强调 2018～2020 年要大力发展住房租赁市场，总结

---

① 《习近平在中共中央政治局第十次集体学习时强调加快推进住房保障和供应体系建设　不断实现全体人民住有所居的目标》，《人民日报》2013 年 10 月 31 日。
② 《关于在人口净流入的大中城市加快发展住房租赁市场的通知》建房【2017】153 号。

推广住房租赁试点经验，加快研究建立住房租赁市场建设评估指标体系。2019 年，为鼓励各地住房租赁市场的长期稳定发展，财政部综合司、住房和城乡建设部组织开展了中央财政支持住房租赁市场发展试点竞争性评审工作，将北京、长春、上海、南京、杭州、合肥、福州、厦门等 16 个城市列为 2019 年中央财政支持住房租赁市场发展试点城市。① 同年 12 月，由住房和城乡建设部等六部门联合印发的《关于整顿规范住房租赁市场秩序的意见》从房地产中介机构、房屋租赁企业和网络信息平台的登记备案、房屋信息的发布和真实性验证、租赁合同的签订、服务费的收取、存款和租赁企业的监管等方面给予了明确的指导，囊括了房屋租赁的所有环节，并且足够详细和全面（见表 15-1）。

表 15-1　近年中央政府及各部委出台的住房租赁相关政策

发布时间	发布单位	文件名称	主要内容
2016 年 6 月	国务院	《国务院办公厅关于加快培育和发展住房租赁市场的若干意见》	提出了培育和发展住房租赁市场的具体政策措施，以及住房租赁市场的未来发展目标
2017 年 7 月	住建部等	《关于在人口净流入的大中城市加快发展住房租赁市场的通知》	要求在人口净流入、住房租赁需求旺盛的大中城市，加快发展住房租赁市场
2017 年 8 月	住建部等	《利用集体建设用地建设租赁住房试点方案》	选取广州、深圳、杭州、厦门、武汉等 12 个人口净流入的大中城市，作为首批开展住房租赁试点
2018 年 5 月	住建部	《关于进一步做好房地产市场调控工作有关问题的通知》	明确地方政府的主体责任，进一步做好房地产市场调控工作，促进房地产市场平稳健康发展
2018 年 10 月	国务院	《完善促进消费体制机制实施方案（2018—2020 年）》	大力发展住房租赁市场，总结推广住房租赁试点经验，加快研究建立住房租赁市场建设评估指标体系
2019 年 1 月	住建部等	《关于开展中央财政支持住房租赁市场发展试点的通知》	开展中央财政支持住房租赁市场发展试点竞争性评审工作

① 财政部、住房和城乡建设部发布的《关于开展中央财政支持住房租赁市场发展试点的通知》和《关于组织申报中央财政支持住房租赁市场发展试点的通知》，http://www.gov.cn/xinwen/2019-07/19/content_5411534.htm。

续表

发布时间	发布单位	文件名称	主要内容
2019 年 12 月	住建部等	《关于整顿规范住房租赁市场秩序的意见》	对住房租赁市场房屋信息的发布和真实性验证、租赁合同的签订、服务费的收取、存款和租赁企业的监管等方面给予了明确的指导

此后，各地进一步发布面向城市低收入群体租赁住房的优惠政策。2019 年 5 月，山东省开始有序推进城镇住房保障家庭租赁补贴工作，并明确将稳定就业外来务工人员纳入住房租赁补贴的保障范围。2020 年 3 月，广州市通过《广州市发展住房租赁市场奖补实施办法》，对利用集体、国有建设用地建设租赁住房的法人实行补贴。其中特别提到，"为环卫工人、公交司机等城市重要公共服务群体提供租赁住房，且租金接受政府指导的，新建租赁住房的，按建筑面积 1000 元/平方米给予补贴"。

（二）地方政府治理住房租赁市场取得的成效

在政府高频率、全方面的住房租赁市场发展优惠政策的作用下，2017 年后我国各地住房租赁市场进入了快速发展阶段，城市居民的租房需求被大量释放，住房租赁市场空前繁荣。这在上海、厦门、合肥等地住房租赁市场的发展实践中有着较为突出的体现。

1. 上海：建设多主体参与、多品种供应、规范化管理的住房租赁市场体系

作为国内外来人口输入数量最多的城市，上海始终是住房体制改革与住房租赁市场培育的先行者。近年来，上海根据本市住房市场发展现状，动态调整住房市场发展策略，及时更新与完善住房保障相关的政策和举措。

2012 年，上海初步建立起由廉租住房、共有产权保障房、公共租赁住房和动迁安置房构成的"四位一体"的住房保障体系。2017 年 9 月，为进一步深化住房体制改革，上海市出台《关于加快培育和发展本市住房租赁市场的实施意见》，提出要在 2020 年基本形成多主体参与、多品种供应、规范化管理的住房租赁市场体系，揭开了上海住房租赁市场大发展的序

幕。意见内容包括保障租赁人权益、建立住房租赁平台、加大租赁住房供应、培育租赁市场供应主体以及加强住房租赁监管主体等五方面措施，主要从加大房屋供应量及维护租赁市场秩序两个方面来满足承租人的需求，保护其合法居住权益。2018 年 1 月，上海市政府与国家开发银行、中国建设银行签约，意图通过深化政银合作来满足居民多层次居住需求。①

目前，上海正处于构建住房租赁体系的关键时期，上海市政府在积极拓展本地住房租赁市场的同时，又严格规范市场主体行为、维持公平有序的市场秩序，积极发展住房租赁市场，为承租人提供更多居住选择。2017年以来，上海培育住房租赁市场的相关政策措施已初显成效。根据 2017～2019 年《上海市住房租赁市场发展报告》②，2017 年全市住房租售比在1.43% 上下，2018 年上半年租售比平均为 1.44%，2019 年第二季度租售比均值升至 1.59%。住房租售比的稳定上升意味着上海市住房租赁市场稳步拓展，市内住房逐步回归居住功能。另外，2017 年上海平均租金支出约占收入的 36.8%，同比下降 2%，这也显示出上海租赁住房价格基本在承租人可以负担的范围内。

2. 厦门：多管齐下打造健康稳定发展的住房租赁市场

厦门在 2017 年被列为住房租赁试点以来，在试点工作领导小组的领导下，多角度、多措施、多渠道地推动本市住房租赁市场发展，在住房租赁市场主体培育、房源拓展、平台运营以及配套政策完善等方面皆取得了较为显著的成效，为我国发展与培育住房租赁市场提供了宝贵的经验。③

在市场主体培育方面，厦门市政府通过鼓励国有企业带头、吸纳知名房企入驻等方式，一方面鼓励更多有实力的房企进入住房租赁市场，培养更为多元化的市场主体以激发市场活力；另一方面又充分发挥国有企业在

---

① 上海市人民政府新闻办公室：《推动上海住房租赁市场健康发展，市政府与国开行、建行签约，要做这些事》，http://www.shio.gov.cn/sh/xwb/n918/u1ai15366.html。

② 由上海市房地产经纪协会牵头，上海中估联信息技术有限公司、上海师范大学房地产经济研究中心和上海房屋租赁专业委员会联合组成的上海住房租赁价格指数监测办公室发布，构建了全市、环线、区域、板块等四个系列的租赁价格指数。

③ 厦门市人民政府：《关于大力培育和发展厦门市住房租赁市场的新闻发布会》，http://www.xm.gov.cn/zwgk/xwfbh/85057/。

平稳住房租赁价位、引导市场健康发展上的作用，使得包括新生代农民工在内的城市中低收入人群也能充分享受到住房租赁市场发展的好处。截至2019年5月，厦门全市共有住房租赁企业37家，房源15万余套。其中，14家国有企业拥有近9万套出租房源，约占全市所有房源的60%，较好地实现了住房租赁市场主体的平衡、有序发展。

在房源拓展方面，经由加大土地供应、利用农村集体预留发展用地、盘活存量房屋等渠道，厦门市已经取得了较大进展。至2019年2月，租赁土地供应计划及农村预留发展用地建设租赁住房项目稳步推进，同时全市共整理出各类闲置房屋4500余套，这对于改善房地产市场"重售轻租"的结构，为新生代农民工等城市流动人口提供更多租房选择有重要意义。此外，厦门市还积极推动公共租赁房的建设，面向的人群就包括新生代农民工等在厦门拥有稳定工作的其他无住房职工。

在打造智慧租赁平台方面，厦门市在对租赁过程进行全程监管的同时，还提供涵盖找房、签约、支付、备案、评价和投诉整个流程的"一站式"服务并实行全覆盖评级，为租赁双方提供便利。上述举措在一定程度上降低了城市低收入群体找房、租房的成本，并提供了更多的租房选择。此外，厦门市政府出台了一系列政策以支持与保障住房租赁市场改革的有序推进，包括推行扶持办法、加大公积金支持、完善公共服务等，力图促成"租购同权"的落地实施。

目前，厦门对于住房租赁市场的扶持工作依然在进行，自2019年9月开始，厦门市住房局联合市公安局等部门成立了专项整治工作小组，将对住房租赁市场扩展过程中的非法现象进行查处与整顿[①]，以保障未来住房租赁市场的健康有序发展，实现打造"高素质、高颜值"宜居之城的目标。

3. 合肥：加强政府监管，规范住房租赁市场

合肥是长三角城市群副中心城市，2019年全市常住人口约为818.9万人[②]。自2017年9月被列为国家住房租赁试点城市以来，合肥市将整治房

---

① 《厦门向住房租赁乱象"亮剑"》，baijiahao. baidu. com/s? id = 16730635661148092078wfr = spider&for = pc。

② 合肥市统计局，http://tjj. hefei. gov. cn/index. html。

屋租赁市场的工作重点放在规范租赁住房市场秩序和市场主体经营行为方面。2018 年 10 月,合肥市发布《关于进一步规范我市住房租赁市场的通知》,强调要重点整治克扣押金、抢占房源、发布虚假广告等房屋租赁过程中的违法违规行为,保障出租者与承租人的合法权益。

合肥市政府规范住房租赁市场主要依据以下几条策略。第一,大力推行住房租赁合同网签备案。合肥市自 2019 年 5 月开始施行住房租赁合同线上签约与备案制度,网签备案证明一方面使租赁过程变得更为合法与透明,有利于保护出租人和承租人双方的权利;另一方面也可作为住户拥有合法固定居所的有效凭证,方便承租人办理子女入学、住房补贴等事宜,让承租人更好地享受本地的医疗、教育资源,享有与本地人同等的公共服务。此项制度目前已取得了较好的成效,至 2019 年底,合肥市住房租赁合同网签备案率达 40%左右,在城区试点街道甚至达到了约 70%。第二,核验房源,保证房屋信息的真实性与可靠性。2019 年 8 月合肥开始全面实行房源核验制度。该项制度要求房屋中介机构配合政府,在租赁交易服务监管平台申请房源核验,并录入房源信息备案。这大大减少了住房租赁平台不实、虚假的房屋信息。到 2019 年 12 月,合肥市租赁交易服务监管平台已录入房源 12.5 万套,其中包括核验房源 8.5 万套,租赁合同备案4.8 万套。①

由合肥市推动住房租赁市场改革的相关政策与实施情况可以看出,合肥市对于房屋租赁市场的监管方式有了技术性的革新,监管力度也更为严格、到位。房屋中介乱象得到整治,以往房屋租赁过程中的非法交易行为得到有效遏制,承租人权益获得了有力保障,在异地租房过程中更为放心与安心。同时,合肥市也通过普及网签备案证明的方式,积极推动"租购同权"落地,让本地公共服务资源惠及租房群体。

二 新生代农民工进入住房租赁市场的现实困境

近年来,中央与地方政府在住房租赁市场领域坚持顶层设计与落地实

---

① 《安徽合肥整治住房租赁中介机构乱象 查处 23 家违规中介机构》,http://sme.miit.gov.cn/cms/news/100000/0000000718/2019/11/22/f5fb7d00be1d4e42a23f02611af 09767.shtml。

施两手抓，实现了我国住房租赁市场的突破性发展，也为新生代农民工等城市低收入群体"住有所居"① 做出了诸多努力。早在 2014 年 9 月，国务院印发的《关于进一步做好为农民工服务工作的意见》第十六条便指出：要支持增加中小户型普通商品住房供给，规范房屋租赁市场，积极支持符合条件的农民工购买或租赁商品住房。但是，由于我国住房租赁市场发展尚不充分，现阶段新生代农民工群体作为重要的房屋租赁群体，其进入城市住房租赁市场依然面临着诸多困境。

（一）住房租赁市场中小户型房源供应量不足②

2015 年，住房和城乡建设部针对国内 16 个常住流动人口数量较多、房屋租赁需求量较大的城市开展专项调查。调查结果显示，我国住房租赁市场以中低端刚需为主导，承租 50 平方米以下小户型产品的租房者约占整个住房租赁市场的 75%。同时，由于市面上价格低廉的中小户型住房绝对数量较少，大部分租房者只能选择合租，我国住房租赁市场的合租比例达到了约 50%。③《2018 年中国住房租赁报告》显示，长三角和珠三角地区租金低于 2000 元、50 平方米以下的小户型房源最受租房者青睐，一居室、二居室成为租房者最为推崇的户型结构。④ 但是，为了迎合客户的购买需求，我国房地产开发市场依然以大中户型为主导，小户型房源供应较少。

由于工作原因，新生代农民工一般以个人或小家庭为单位在城市居住。受租金预算的制约，对于住房面积的要求普遍不高。因此，租金较低、环境较好的中小套型出租屋是该群体在城市的租房首选。然而，农民

---

① 《让全体人民住有所居》，http：//www. xinhuanet. com//video/2019－08/11/c_1210237718. htm。

② 《2018 年中国住房租赁行业分析报告——市场深度分析与投资前景预测》，http：//baogao. chinabaogao. com/fangdichang/330546330546. html。

③ 《住建部：将新建中小户型为主的租赁住房》，http：//www. bjnews. com. cn/news/2016/05/06/402474. html。

④ 《2018 年中国住房租赁报告》，http：//news. cnr. cn/native/gd/20190103/t20190103_524469616. shtml。

工住房租赁市场的发展前景与利润空间普遍不被业内看好①，小户型出租房源供应不足，住房租赁市场供求结构始终处于不对称的状态，无法为外来务工人员提供低成本的出租房屋。部分新生代农民工为缩减住房成本，最终放弃在城市租住房屋，居住在工棚、集体宿舍等环境相对恶劣的住所②，其居住条件无法得到有效改善，同样也不利于扩大城市承租群体、扭转住房租赁市场式微的局面。

（二）住房租赁中介机构良莠不齐

目前，我国住房租赁中介机构的准入门槛普遍较低，还有一批无资质、超资质经营的"黑中介"混迹其中扰乱市场秩序，使得出租房层层转租克扣、房屋信息不实、无处投诉报修、肆意提高租金以及非法群租等情况屡禁不止。这些非法房屋租赁中介的存在不但使得租房者的房屋租赁行为无法得到保障，也不利于住房租赁市场的正常运行。

近年来，随着住房租赁市场的快速发展，住房租赁中介机构乱象也成了政府专项整治的重点。2019 年，住房和城乡建设部全面部署了整治租赁中介机构非法现象的各项工作，随后各地各部门开始通过约谈租赁企业、罚款、下线整改等方式规范房屋租赁行业行为。③ 相应的整治行动取得了一定成效，虚假房源信息被更正，部分存在违法违规行为的中介机构也被取缔。但是，与德、日等服务品质高、交易流程规范，有着较高市场占有率的租赁中介机构相比，我国房产中介服务体系还存在较大的差距。

随着"互联网+"时代线上住房租赁交易平台的兴起，寻找房源、联系中介以及租赁双方租金商定等事宜变得更为简便。但是，线上住房租赁交易平台的流行也伴随着众多风险因素。新生代农民工群体在流入地尚未建立起人际关系网络，不甚了解本地的房屋租赁情况与相关政策

---

① 刘保奎、冯长春、申兵：《北京外来农民工居住迁移特征研究》，《城市发展研究》2012年第 5 期。
② 况澜等：《我国住房租赁市场需求及发展趋势研究》，《开发性金融研究》2018 年第 6 期。
③ 《助力"住有所居"住房租赁专项整治持续推进》，《中国建设报》2019 年 11 月 12 日。

法规，亦对房屋租赁中介的一些潜规则知之甚少。[1] 同时，受工作形式影响，农民工群体迁居频繁，普遍需要在短时间内选择房源、做出租房决策，一般缺少前期住房信息收集的时间，容易受到不良租赁中介机构的蒙骗。[2] 如何加快完善我国住房租赁法律法规体系，将市场监督责任落到实处，防止租赁市场中介的违法违规行为在整治"旋风"刮过后死灰复燃，实现住房租赁市场的长期稳定发展，依然是目前需要重视与考虑的问题。

（三）承租人始终在租赁双方关系中处于不利地位

保障承租人合法权益是住房租赁市场成熟的重要标志。德国对于房东收回房屋、调整租金等事项有着严格的规定，不允许房屋所有者随意解除租赁关系；日本租房合同受日本民法特别法律的保护，房屋所有者若想对合同中的相关条款进行改动，需要向当地法院提出申请，且在一般情况下不会得到支持。[3] 在我国，租赁关系双方的权利义务依然处于较为不平等的状态。[4] 在租赁关系中，本地房屋拥有者普遍牢牢掌握着主导权与控制权，而承租人一般只能被动接受房东与中介的安排，一旦遇到出租人违规扣留押金、侵犯隐私、随意提高水电费等情况，也缺乏向有关部门申诉、维护自身权益的有效途径。反之，房屋所有人拥有绝对压倒性的房屋处置权，一旦房东缺乏继续租房的意愿，租赁关系便立刻终止，承租人也随时面临着被迫搬离的风险。这种不对等的租赁关系使得房屋租赁双方难以维持长期、稳定的租赁关系。

作为重要的城市租房群体，与本地房东相比，新生代农民工群体在经济实力上处于弱势的同时，也缺乏获取本地租房市场信息的交际圈与表达

---

① 黄燕芬等：《建立我国住房租赁市场发展的长效机制——以"租购同权"促"租售并举"》，《价格理论与实践》2017 年第 10 期。

② 刘保奎、冯长春、申兵：《北京外来农民工居住迁移特征研究》，《城市发展研究》2012 年第 5 期。

③ 郑宇劼、张欢欢：《发达国家居民住房租赁市场的经验及借鉴——以德国、日本、美国为例》，《开放导报》2012 年第 2 期。

④ 黄燕芬等：《建立我国住房租赁市场发展的长效机制——以"租购同权"促"租售并举"》，《价格理论与实践》2017 年第 10 期。

群体利益的渠道，① 其"进入城市的权利"无法实现，处在十分弱势的位置。这种租赁关系中的弱势地位使得新生代农民工在租赁房屋的过程中严重缺乏安全感，并进一步打击他们的租房意愿，不利于未来住房租赁市场的拓展与健康运行。

三 新生代农民工进入住房租赁市场的制约因素分析

与欧美发达国家成熟、完善的住房租赁市场相比，我国住房租赁市场在建设配套制度、落实主体责任、监管市场行为、促进供需匹配等方面仍然有着较大的提升空间。在今后一段时间内，我国要想清除新生代农民工进入城市住房租赁市场的障碍，真正改善其居住环境，实现住房租赁市场的协调健康发展，仍需要破解制约农民工进入住房租赁市场的诸多困境。

（一）我国房地产市场"重售轻租"的市场结构

长期以来，我国房地产市场一直存在着结构性失衡的特点，住房销售市场"一支独秀""单极化"发展，而住房租赁市场则严重发育不良。近年在政府政策的扶持下"重售轻租"的市场结构虽有所松动，但租售比例失衡的总体局面仍没有明显变化。居高不下的房价提高了城市居民对未来房价的预期，争先恐后购置房产，进一步加剧了我国住房买卖市场与租赁市场的分化。②

2010 年第六次全国人口普查统计结果显示，通过租赁房屋解决住房问题的城市居民约占 25.8%。③ 根据住建部 2017 年统计数据，选择在城镇租赁房屋居住的人口约有 1.6 亿，占所有城镇常住人口的 21%。其中，外来务工人员与

---

① 黄燕芬等：《建立我国住房租赁市场发展的长效机制——以"租购同权"促"租售并举"》，《价格理论与实践》2017 年第 10 期。
② 何爱华、徐龙双：《住房租赁市场发展的制约因素、国际经验与改进方向》，《西南金融》2018 年第 8 期。
③ 《如何读懂培育发展住房租赁市场的政策新信号——供给发力 企业加油 满足需求》，《浙江日报》2016 年 6 月 13 日。

大学毕业生是主要的租房需求群体。[①] 另外，租赁住房人口占比 11.6%，租赁住房占比 18%。[②] 2018 年，我国住房租赁市场规模大致为 1.1 万亿元，而住房交易市场规模（新房和二手房）高达 17 万亿元，差距十分巨大。[③] 我国城市住房供给的结构性短板[④]使得住房租赁市场有效供给不足，市场规模较小，供需矛盾突出，无法为新生代农民工群体提供充足的高质量房源，改善他们在城市的生活环境与居住条件，满足多层次的住房需求。

（二）面向新生代农民工群体的专项租房补贴较少

目前，为鼓励个人租房、激发住房租赁市场活力，各地政府相继出台租房补贴新政，但大部分租房补贴多与承租人的户籍与受教育水平挂钩，城市"夹心层"家庭与高学历知识型人才享受着各类房屋租赁优惠与补贴，外来务工群体却常常被排除在补助范围之外。以厦门市为例，由厦门市政府融资、推动建造的公共租赁房主要满足的是本市户籍"夹心层"家庭、各类人才的住房需求；产业园区配套租赁公寓则主要是为了解决产业园区员工的居住问题。

即使地方政府有面向外来务工群体的租房补贴，也普遍有着门槛较高，金额也相对较少的特征。例如，2016 年南京市出台的《关于加快推进公租房货币化保障的实施意见》将长期居住的外来务工人员纳入房屋租赁补贴范围，符合条件的农民工每人每月可以获得 300 多元的租房补助。但是，只有满足稳定就业、本人及亲属在本市无住房、缴纳社保与住房公积金 3 年及以上以及符合住房困难家庭认定标准等条件的农民工才有资格申领补助。补助覆盖范围较窄，大部分新生代农民工仍然负担着较高的城市住房支出。

---

① 中华人民共和国住房与城乡建设部，http：//www.mohurd.gov.cn/zxydt/201709/t20170912_233262.html。

② 链家研究院 2017 年 3 月发布的《租赁市场系列研究报告》，https：//new.qq.com/omn/20180928/20180928A0DBP7.html。

③ 《2018 年中国住房租赁行业分析报告——市场深度分析与投资前景预测》，http：//baogao.chinabaogao.com/fangdichang/330546330546.html。

④ 陈杰、吴义东：《租购同权过程中住房权与公共服务获取权的可能冲突——为"住"租房还是为"权"租房》，《学术月刊》2019 年第 2 期。

可见，目前我国尚未建立起完备的租房补贴体系，农民工群体可以享受的住房补贴在涉及范围与数量上都较为有限。

（三）承租人难以享受与当地居民同等的公共服务

在很长一段时间里，我国城市居民享受的基本公共服务的权利与户籍、房屋产权证明紧密联系，房屋租赁人与产权人被区别对待，城市租房群体无法平等享受本地优质的教育、医疗资源。近年，伴随着住房租赁市场改革的浪潮，中央将"租购并举"确定为我国未来住房市场发展的新方向，促进"租购同权"也成了各个地方政府施政的重点，如杭州推行"租购同分"制度，承诺租房达到一定年限、符合条件的承租人子女可以享受就近入学；广州各区陆续出台外来务工人员随迁子女积分入学方案；西安提出建立承租人居住证权利清单，逐步实现承租人医疗、养老、教育等方面的公共服务权利。

"租售同权"强调买房者与租房者享有获得城市公共服务的同等权利。在一些人口大规模流入的城市，城市优质公共资源的供给能力往往决定了"租售同权"在操作层面的可能性。以广州为例，2017 年，广州率先出台了"租售同权"政策，其中特别规定，无论是买学区房还是租住学区房，都可以享受同等的就近入学政策。但事实上，租住学区房也只是获得进入对口学校的排队资格，最终能否入学还取决于当年度入学的人数。在有限的教育资源背景下，要做到所有的租房者和业主都同时享受优质的教育资源几乎是不可能的事情。城市有限的公共资源无法满足大量外来人口的需要，地方政府也缺乏负担外来务工市民化公共成本的能力和意愿①，这也使得北京、上海等地"租购同权"的推行举步维艰。部分学者发现，在大部分试点"租购同权"的城市，承租人享受的"同权"仅限于其子女可以在居住地入学、接受义务教育，但本市最为优质的教育资源实际上并未对农民工子女敞开大门。②

---

① 王丽艳、季奕、王振坡：《我国城市住房保障体系建设与创新发展研究》，《建筑经济》2019 年第 4 期。

② 陈杰、吴义东：《租购同权过程中住房权与公共服务获取权的可能冲突 ——为"住"租房还是为"权"租房》，《学术月刊》2019 年第 2 期。

"租售同权"从理念到实践，必然有一个过程。在现行条件下，只有增加公共服务资源供给，促进公共服务资源均衡化发展，才能有效推进"租售同权"的进一步落实。

（四）住房租赁市场缺乏长效发展机制

近年，为维护住房租赁市场健康运作，规范市场主体行为，中央与地方政府出台了一系列整顿住房租赁市场秩序的文件，意图对住房租赁的各个环节实施严格监管。监管行动取得了明显的成效，恶意收取押金租金、违规使用租金贷款等市场顽疾得到有效治理，但同时也暴露出我国住房租赁市场缺乏精细化、标准化管理制度的不足。在现阶段，我国住房租赁市场缺乏专门性的法律法规，部分房屋租赁行为尚未被纳入法制轨道，无法根治住房租赁市场的发展痼疾，为市场主体提供完备的法律保障。另外，住房租赁市场日常管理中需要处理的问题多涉及房产、公安与工商等多个部门的职权范畴，由于缺乏标准化的管理制度与管理手段，各部之间难以形成联动管理机制，易造成多头管理、推诿扯皮、职权归属模糊的混乱局面[1]，难以保障住房租赁市场的长效发展机制。

相比之下，美、德、日等发达国家已形成了较为成熟的住房租赁市场制度体系，为房屋租赁过程中的各个主体提供法律保障。以美国为例，美国作为国际上房屋租赁规模最大、市场最为成熟的国家，其房屋租赁相关的法律法规十分完善，房屋出租的相关事项在租金管制法、公寓法中都有着严格、细致的规定[2]，这使得住房租赁市场主体责任判定与市场秩序管控都较为容易。

持续推进立法工作、完善制度设计，形成标准化的住房租赁市场制度管理体系，才能确保市场整治行动成果的常态化与制度化，为住房租赁市场未来发展保驾护航，营造有序竞争的行业氛围。

---

① 刘明建：《我国住房租赁市场现状与对策》，《纳税》2019年第2期。
② 郑宇劼、张欢欢：《发达国家居民住房租赁市场的经验及借鉴——以德国、日本、美国为例》，《开放导报》2012年第2期。

第十六章　城中村：非正规住房市场的
居住困境[*]

作为我国城市化进程中形成的特殊空间，城中村不仅在地理和物理环境上构筑了城市边缘的特殊地带，同时也是外来流动人口自发聚居的空间。在近年来的城市更新和环境整治运动中，城中村经历了一系列的变动和挑战，也影响了一大批外来务工人员的居住安排。本章中，我们试图以城中村为例，深入剖析这一颇具中国城市化特色的空间形态是如何成为解决外来流动人口居住需求的非正式住房市场，并讨论城中村治理给外来务工人员居住带来的影响。在此基础上，我们需要进一步反思城中村治理的制度安排和城市治理逻辑，以期对相关问题做出回应。

一　城中村——移民城市的空间产物

（一）城中村的起源及发展概况

城中村（urban village）这一概念最初由美国社会学家赫伯特·甘斯（Herbert Gans）提出，用以描述当时波士顿西区（West End）移民聚居的邻里街区。这些从欧洲乡村移民到美国的新美国人将他们乡村的习俗和文化带到了这一新的城市区域，并逐渐在城市环境中落地生根，形成了一种异质的城市空间。

20世纪90年代末，伴随着中国城市化迅速发展和郊区化进程的推进，城中村得以出现和迅速蔓延。作为一种特殊的社区形态，城中村主要是指

---

* 本部分发表于《华东师范大学学报》（哲学社会科学版）2018年第4期，原题为《法外住房市场的生成逻辑与治理逻辑——以上海城中村拆违为例》，此处略有改动。

随着城市的建成面积迅速扩张，原先分布在城市周边的农村被纳入城市的版图，被鳞次栉比的高楼大厦所包围，成了"都市里的村庄"①。由于拥有靠近市中心的地理区位以及价格相对低廉的租金，城中村迅速成为外来人员聚集地，并形成了与本地居民混合的社会空间。城乡接合部的城中村具有两个核心特征：一是保留了以自然村为单位的原农村宅基地，构成其空间形态特征，从物理空间布局上来看，城中村是在原本的空间布局基础上发展形成的，仍然保存着村落原本的样貌。村庄原有的场所，如祠堂、庙宇、水井等设施依旧发挥着原本的功能。同时，一些现代建筑也在村庄原本的基础上出现，形成了新旧建筑共存的社区居住景象。二是宅基地上的农民私房聚集了大量来沪人员，构成了一种混合居住的社区特征。在这一地带，村庄原本的社区关系纽带和生活空间被保留，同时也糅合包容了新的生活元素。因此，城中村社区具有亦城亦乡的特点，呈现一种介乎于城市与乡村混杂糅合的社会关系和社会结构形态。可以说，城中村是城市与乡村结构力量相互交织的"中间地带"，这里既存在着乡村原本的熟人社会，也注入了外来租客的陌生群体关系。

但同时，由于原本居住建筑的老旧以及空间内居住人口的密集紧凑，城中村与现代化都市格格不入，"脏乱差""城市血栓"等字眼成为其标签，"一线天""握手楼"是城中村最写实的样貌。大量进城打工的外来租客与本地居民共同居住在拥挤、破败的农民私房里，构成了城中村独有的社会生态格局。从城市治理者角度来看，城中村在建筑安全、环境卫生、社会治安等方面存在着各种问题和隐患，是现代化城市建设的阻碍。

由于城市化和政府对城中村整治的共同推进，针对城中村规模和数量的统计模糊且不确定，大多数城市往往没有官方统计数据公布，因而很难在全国范围内进行系统的推算。这里，我们以几个典型一线城市数据为例来对城中村发展情况进行说明。以上海为例，上海的城中村调查起步较晚，但城中村问题也已经成为上海快速城市化中的一个突出问题

---

① 蓝宇蕴：《都市里的村庄：一个"新村社共同体"的实地研究》，生活·读书·新知三联书店，2005。

而备受重视①。20 世纪 90 年代以来，随着上海城市化的提速，原本分布在城市周边的农村地区被不断纳入城市版图，这些在自然村的农民宅基地基础上形成的城中村构成了上海城乡接合部的典型空间形态。上海社科院社会学研究所的张友庭等人②根据全市行政村数量变化推算：1993～2010 年全市共减少了 1281 个村，占原有行政村总量的 42.4%。其中主要包括四种类型：一是尚未"撤村建居"的行政村；二是已完成"村改居"的居委会，但仍保留部分自然村或村民小组的宅基地；三是已改制为公司的村级集体经济组织，但仍承担原村民的福利服务职责；四是"村改居"后遗留的宅基地块，居委会无法管理转由街镇直接管理的社区形态。扣除由于行政村合并造成的数量减少因素，预计城中村总量在1000 个左右。而从第五次全国人口普查到第六次全国人口普查的 10 年间，来沪人员的 2/3 以上分布在全市 109 个村镇中，即主要租住在以城中村为主的社区空间内。③ 以珠三角地区的深圳为例，据深圳市城管局的统计数据，2018 年深圳总共有 1877 个城中村居住单元，全市在 2018 年底前完成综合治理范围内城中村总量的 20%，到 2020 年全面完成城中村综合治理任务。④ 京津冀地区以北京为例，有关研究数据显示，在数次城市规划和更新过程中，北京的城中村已经自内而外推到了四环以外，2015 年前后北京四环以内的城中村数量不足 50 个，四环到五环之间有 75 个，五环以外达到 100 个。⑤ 可见，城中村在快速城市化的推进中不断涌现，虽然没有官方统一的数据公布，但整体上可见城中村数量和规模较为庞大。

---

① 汪明峰、林小玲、宁越敏：《外来人口、临时居所与城中村改造——来自上海的调查报告》，《城市规划》2012 年第 7 期。

② 张友庭、周建明、夏江旗：《上海"城中村"的治理困境及其对策研究》，载卢汉龙、周海旺主编《上海社会发展报告（2014）：加强社会建设》，社会科学文献出版社，2014。

③ 张友庭、周建明、夏江旗：《上海"城中村"的生成机制、治理困境及对策研究》，《社会学》2013 年第 1 期。

④ 《深圳 1800 多个城中村开展十项综合治理》，http://sz.people.com.cn/n2/2018/0706/c202846-31783775.html。

⑤ 温宗勇等：《城市体检：北京城中村特征及整治策略研究》，《北京规划建设》2018 年第 3 期。

二　城中村研究

自 20 世纪 90 年代以来，学术界对城中村现象已经积累了大量的研究成果①，同时开展了包括社会学、人口学、地理学、城市规划学、管理学等相关学科在内的多学科研究。纵观这些研究，可大致分为几种类型。

第一类研究着重从宏观角度分析城中村的产生原因、特点。在城市-农村的二元分析框架下，早期的研究者认为城中村的形成完全是一个被动的过程。如敬东指出，城中村源于改革开放以来，一些经济发达地区或城市疾风骤雨式的城市建设和快速城市化，导致城市用地的急剧膨胀，于是把以前围绕城市周边的部分村落及其耕地纳入城市用地范围，大部分耕地的性质由集体所有制转化为全民所有制，而在征地过程中返还给乡村的用地和以前的村民宅基地、自留地、自留山等则维持集体所有制性质不变，在这些用地上以居住功能为主所形成的社区称为城中村②。郑静认为，为降低补偿成本，也为了避免处理与城中村相关的一系列复杂的社会管理问题，城市在征地中有意避开城中村，村镇也乐意保留原有的居住方式与社区关系，这是城中村产生的直接原因③。因此，城中村被认为是被动的城市化、不彻底的城市化或不完全城市化④。

第二类研究主要围绕城中村改造和治理模式。作为新型三元结构之一（中心城区、城乡接合部、远郊区），城乡接合部深受双重城乡二元结构叠加效应的影响，其城中村问题涉及人口群体更为复杂，社会矛盾更加多元⑤。城中村普遍存在管理无序、布局结构混乱、基础设施缺失、环境卫

---

① 黄淑瑶：《近年来关于城中村治理研究综述》，《国家行政学院学报》2013 年第 1 期。

② 敬东：《城市里的乡村研究报告——经济发达地区城市中心区农村城市化进程的对策》，《城市规划》1999 年第 9 期。

③ 郑静：《论广州城中村的形成、演变与整治对策》，《规划与观察》2002 年第 1 期。

④ 章光林、顾朝林：《快速城市化进程中的被动城市化问题研究》，《城市规划》2006 年第 5 期。

⑤ 张友庭、周建明、夏江旗：《上海城中村的治理困境及其对策研究》，载卢汉龙、周海旺主编《上海社会发展报告（2014）：加强社会建设》，社会科学文献出版社，2014。

生脏乱差等特点，因此，自形成以来城中村就成为政府管理中的一大难点。有学者提出，要终结城中村现象，有效手段是"撤村建居"①。但蓝宇蕴的研究发现，改制后的村集体并未像预期那样退出社区的治理舞台，反而与新进入的街道办事处和居委会分庭抗礼，形成"三驾马车"的格局。而改制后的村庄也并未实现向城市社区的飞跃，相反却日益封闭，成为一个"新村社共同体"②。关于城中村改造的模式众说纷纭，各地方政府也进行了较多的实践。如政府主导方式、集体经济主导的企业化方式、半市场化的社区型改造方式、市场化的房地产开发方式等等在各地均有一定的实践③。但在改造过程中，地方政府普遍忽视了其中主要的居住群体，即外来人口在城市中的住房需求④。

第三类研究主要是对城中村的实证调查。这些实证调查在某种程度上是对既有宏观研究的补充和延伸，也在一定程度上使得关于城中村的研究更加丰富、立体和多元化。北京的"浙江村"是较早被学者关注的一种城乡接合部形态⑤。作为城市地域的自然延伸，"浙江村"已由传统的农村转变为以工商业为主的村落，这里聚居着大量外来流动民工和农村小业主。近20年来，珠三角地区因其快速扩张的工业化和城市化产生了大量的城中村，这一现象引起学术界的关注，并涌现了一批专注城中村研究的学者。周大鸣、高崇较早对广州"南景村"进行社会人类学调查，认为城乡接合部社区是指介于城乡之间的第三种社区类型。这类社区既是中国城市化过程中普遍存在的一种社区类型，也是中国特有的土地征购政策、户籍管理

---

① 沈兵明、朱云夫：《撤村建居：城市化过程中的必然选择》，《新农村》1999年第11期。
② 蓝宇蕴：《都市里的村庄：一个"新村社共同体"的实地研究》，生活·读书·新知三联书店，2005。
③ 2009年3月，由国家住房和城乡建设部牵头在郑州市举行全国城中村改造经验交流大会。被誉为城中村改造的"郑州模式"作为专题进行介绍。
④ Hao, P., Sliuzas, R., Geertman, S. 2011, "The Development and Redevelopment of Urban Villages in Shenzhen." Habitat Internationa 35（2）.
⑤ 王春光：《社会流动与社会重构：京城"浙江村"研究》，浙江人民出版社，1995；王汉生、刘世定、孙立平：《"浙江村"：中国农民进入城市的一种独特方式》，《社会学研究》1997年第1期；项飙：《社区何为——对北京流动人口聚居区的研究》，《社会学研究》1998年第6期。

政策体系下的产物①。与此同时，蓝宇蕴也发表了一系列颇有分量的城中村研究成果，奠定了她在国内城中村研究中的重要地位。在她看来，城中村就是一种建立在非农化经济基础之上的"新村社共同体"②。2004 年，李培林出版了以广州城中村为背景的《村落的终结：羊城村的故事》一书，通过对广州羊城村的实证研究，李培林提出了"村落单位制"③ 的概念。此后，村落与农民的终结成为研究社会巨变的主要路径之一。④

　　2008 年 2 月 20 日建设部发文要求各地从本地实际出发，根据城市发展的情况、财力、城中村具体状况和原村民的意愿，开展城中村整治、改造工作，改善城中村人居环境质量，提高城中村土地的集约利用水平，保护原村民合法利益，解决外来务工人员的居住需求。从近几年的实践来看，各地频频开展的城中村整治情况表现出从国家政策到地方执行的治理决心；但同时，在整治过程中，原村民利益与外来务工人员的居住需求没有得到足够的重视。

三　非正式住房市场的生成逻辑

（一）作为一种移民自发聚居的空间

　　作为一种特有的城市社会空间，由于特殊的地理位置和社会背景，城中村往往成为低收入、无住房的外来人口的重要聚居地⑤。城中村是外来人口的一种临时居所，聚集了大量的外来人口，为其提供了廉价的住房和

---

①　周大鸣、高崇：《城乡结合部社区的研究——广州南景村 50 年的变迁》，《社会学研究》2001 年第 4 期。

②　蓝宇蕴：《都市里的村庄：一个"新村社共同体"的实地研究》，生活·读书·新知三联书店，2005。

③　李培林：《村落的终结：羊城村的故事》，商务印书馆，2004。

④　蓝宇蕴：《从"终结"视野中打量城中村改造》《中国社会科学报》2014 年 5 月 9 日。

⑤　Wu W 2004, Sources of Migrant Housing Disadvantage in Urban China. *Environment and Planning* 36（7）；汪明峰、林小玲、宁越敏：《外来人口、临时居所与城中村改造——来自上海的调查报告》，《城市规划》2012 年第 7 期。

较低的生活成本①。罗仁朝等以聚居区形成机制为切入点,将上海的流动人口聚居区划分为自发聚居、简易安置、集中安置 3 个主要类型②,城中村无疑是自发型聚居地典型。2010 年第六次全国人口普查数据显示,上海外来常住人口达 897.7 万人,其中农民工占 8 成。他们主要分布在中心城区边缘和经济相对发达的近郊地区如浦东新区、闵行、松江、嘉定和宝山等区。伴随着"常住化"的趋势,他们已形成以房屋租赁方式为主导,城乡接合部为区位选择的居住模式,其中又以"租赁私有房屋"为主③。城乡接合部的农民出租房因其相对较低的居住成本和便利的交通吸引着外来人员居住。

从严格意义上讲,城中村的居住方式具有"非正规"的性质(无正式租约)。但是在当前中国城乡,大规模的非正式住房市场的形成有其合理性和内在逻辑④。我们在长期的外来人口居住调查中发现,对具有稳定就业的外来务工人员,部分企业会提供职工宿舍(自建或租赁),供其申请居住。如我们在调查中发现,部分近郊的工业园区会为园区内落户企业的外来务工人员提供职工宿舍。鑫泽公寓是闵行莘庄工业区投资建造的公共租赁房项目,可容纳 6000 人居住,目前入住率达 60%。入住对象主要是落户园区的企业职工,以外来务工人员和大学毕业生为主。我们在青浦工业园区调查时也发现了一幢 5 层楼的工厂宿舍,由工业园区内的某公司建造,主要出租给园区内外来务工人员,分集体宿舍和夫妻房两种房型⑤。但是从总体上看,依据稳定就业解决城市居住问题的外来务工人员仅占少部分,原因在于,一方面,并非所有的企业都给工人提供宿舍;另一方

---

① Wu F., "Land Development, Inequality and Urban Villages in China," *International Journal of Urban and Regional Research* 33 (2009); Liu Y, He S, Wu F et al., "Urban Villages under China's Rapid Urbanization: Unregulated Assets and Transitional Neighborhoods," *Habitat International* 34 (2010).

② 罗仁朝、王德:《上海流动人口聚居区类型及其特征研究》,《城市规划》2009 年第 2 期。

③ 上海市统计局:《外省市来沪常住人口发展现状及特征》,http://www.stats-sh.gov.cn/fxbg/201109/232741.html 。

④ 陈映芳:《房地产政策与当前社会生活秩序的脆弱性》,《探索与争鸣》2016 年第 5 期。

⑤ 赵晔琴:《大城市农民工的居住生活调查:以上海为例》,上海社科一般项目调查报告未刊稿,2014。

面，绝大部分外来务工人员并没有稳定就业①，他们无疑需要自行解决居住问题。城乡接合部的农民出租房因其租赁价格相对较低及邻近郊区工厂、大型集贸市场等优势，成了外来务工人员解决居住的主要途径之一。

（二） 非正式居住空间内的利益一体关系

城中村农民因土地被政府征用，他们往往不同程度感到利益被剥夺与受损。违规搭建住房出租成为他们在制度之外寻求经济补偿的一种有效方式，也使他们完成了从失地农民到房东的身份转变。在城中村中，村民违规搭建住房出租现象极为普遍，是政府执法管理中的灰色地带。丰厚的经济收益把本地房东与外来住户紧紧捆绑在了一起，形成了一种相互依赖的共生关系。有研究指出，在外来人口的管理上存在几大利益群体，包括大大小小的雇主、一些管理部门的成员、一些主要依赖外来人口生存的人，如城乡接合部出租屋的房东。关于本地居民与外来人员之间形成特殊的利益关系的事实，在其他学者的研究中已有一些介绍和解释。王汉生、刘世定、孙立平在《"浙江村"：中国农民进入城市的一种独特方式》一文中也指出，"对当地居民来说，出租房屋获得的经济收益是很有吸引力的"，"房租收入已经成为当地居民的一项主要经济收入"②。周大鸣、高崇在研究城乡接合部社区时也描述了"依靠'吃瓦片'为生的'食租阶层'"：外来人口的流入给该村带来的好处是很明显的，最主要表现在他们提供了大量的房租。本村（南景村）90%的村民家庭有空闲房屋出租，租金收入成为村民们最稳定的经济来源。③ 唐灿、冯小双把城乡接合部地区居（农）民与外来人口之间的互利共存关系称为"外来人口与城乡接合部地区的利

---

① 来自工商部的数据显示，来沪人员中从事无照经营的共 5.5 万余户，约占全市无照经营户总量的 85%。其中，无照从事食品生产经营的约 2 万户，从事小商品经营的约 1.5 万户，从事美容、足浴、棋牌经营的约 0.5 万户，从事废旧物资回收、音像出租经营的约 0.4 万户，从事电器、汽车等维修服务的约 0.4 万户。另据测算，400 余万名来沪人员的就业状况并不明晰，约占符合劳动年龄段来沪人员总数的 42.28%，是 "灰色就业" 的潜在人群。详见：http://sh.sina.com.cn/news/b/2014-08-05/0658104612.html? from=sh_ydph。

② 王汉生、刘世定、孙立平：《"浙江村"：中国农民进入城市的一种独特方式》，《社会学研究》1997 年第 1 期。

③ 周大鸣、高崇：《城乡结合部社区的研究——广州南景村 50 年的变迁》，《社会学研究》2001 年第 4 期。

益一体化关系"①。陈映芳则用"利益链"的概念来概括城市居（农）与外来人员之间的利益关系②。

毫无疑问，作为当前非正规住房租赁市场的主体，城中村内租赁行为的存在在某种程度上给了外来务工人员解决城市居住的可能。游离于正规住房租赁市场之外，城郊周边的城中村成了外来者落脚城市的重要聚集地，也是他们寻求解决城市居住的重要方式。与此同时，伴随着社区混居③，城中村里各种社会关系网络和日常生活图景也被延展开来并结构化，成为社区内部结构化的重要力量。表面杂乱无章的生活秩序下，各种以关系和利益为纽带的结构化力量使得城中村一直作为灰色空间被保留和延续下来。

四　农民工非正式居住空间治理与发展困境

（一）日益消失的移民自发性聚集空间

由于城中村空间内聚集大量外来务工人员，人口来源复杂，地方政府往往从城市治理角度倾向于将其视为影响城市秩序与美观的障碍。1999 年6 月 1 日，作为一部治理城中村问题的地方性法规，上海市人大通过了《上海市拆除违法建筑若干规定》，对拆除违法建筑的有关事项做出了具体、明确的规定，认为违法建筑的存在妨碍公共安全、公共卫生、城市交通，影响市容景观，是城市管理的顽症之一。依据此法规，各区县纷纷加大了拆除违法建筑的力度。同时，通过设立多条市民投诉举报热线等方式，动员全民积极投身这场轰轰烈烈的拆违运动。据统计，2005 年 1 月~

---

① 唐灿、冯小双：《外来人口与城乡结合部地区的利益一体化关系》，载李培林主编《农民工：中国进城农民工的经济社会分析》，社会科学文献出版社，2003。

② 陈映芳：《利益链如何形成——城市吸纳外来务工人员的机制》，《二十一世纪》（香港）2005 年第 8 期。

③ 赵晔琴：《先占者与局外人：社区混居与本地居民的行动选择——来自上海"元和弄"社区的实证调查》，《华东师范大学学报》（哲学社会科学版）2012 年第 3 期。

2008 年 12 月，上海共拆除违法建筑 1083 万平方米①。2009 年 8 月 1 日，新修订的《上海市拆除违法建筑若干规定》进一步明晰了违法建筑的界定、拆违的程序和执行主体等，同时指出，市和区、县人民政府统一领导和负责所辖区域内拆除违法建筑工作，建立健全拆除违法建筑工作机制，完善、落实拆除违法建筑责任制，对拆除违法建筑实施部门进行考核②。"五违四必"的口号③也彰显了政府对环境综合整治的决心与魄力，其执行力度更是下行至最基层，从市、区到各街镇都将拆违指标纳入了年度工作计划。2016 年初，上海市政府提出年度拆违任务 2400 万平方米，而至 5 月 25 日已拆除违法建筑 2100 多万平方米，完成全年指标近 90%④。2019 年 3 月 30 日，上海市城市管理精细化暨架空线入地和合杆整治、无违创建工作会议提出：结合旧区改造和乡村振兴战略，上海将在 2019 年全年拆除违法建筑面积 2000 万平方米，重点类型违法建筑全面消除，无违建居村（街镇）创建完成率达到 90%。⑤ 我们在杭州的田野调研也发现，杭州在城中村治理和改造方面遵循"三改一拆"的原则，即改造旧住宅区、改造旧厂区、改造城中村、拆除违法建筑。2013~2015 年，杭州市城中村改造目标是主城区城中村改造 5981 户、面积 153.98 万平方米，其中 2013 年改造 2394 户、面积 63.14 万平方米；2014 年改造 1931 户，面积 50.02 万平方米；2015 年改造 1655 户，面积 40.82 万平方米（见图 16-1）。拆除违法建筑目标：2013 年全市确保拆除城乡违法建筑 300 万平方米，力争拆除城乡违法建筑 375 万平方米。拆除 1999 年以来建造、经立案查处的违法建

---

① 上海市城市管理行政执法局：《关于上海市拆除违法建筑若干规定（修订草案）的说明》，http://cgzf.sh.gov.cn/main/news_3308.html。

② 上海市城市管理行政执法局：《上海市拆除违法建筑若干规定》，http://cgzf.sh.gov.cn/main/news_171.html。

③ "五违四必"："五违"是指违法用地、违法建筑、违法经营、违法排污和违法居住；"四必"是指安全隐患必须消除，违法建筑必须拆除，脏乱差现象必须改变，违法经营必须取缔。

④ 上海市人民政府：《上海治理五违成绩单：完成全年拆违近九成》，http://www.shanghai.gov.cn/nw2/nw2314/nw2315/nw4411/u21aw1134579.html。

⑤ 上海市人民政府：《今年将拆违 2000 万平方米 聚焦城市精细化管理上海拆违力度今年再次加大》，http://www.shanghai.gov.cn/nw2/nw2314/nw2319/nw11494/nw44727/nw44734/nw44742/u21aw1377751.html。

筑，全面禁止新的违法用地和违法建筑。① 自 2016 年启动城中村改造三年攻坚行动以来，杭州已基本完成主城区 246 个城中村的改造，安置房项目实现"应开尽开"，2019 年至 2021 年底，全市已累计完成 714 个小区改造，惠及住户近 36 万户。②

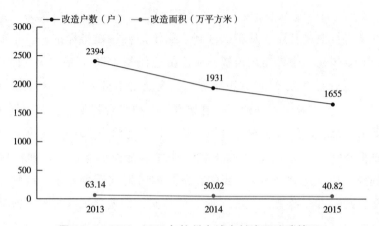

图 16-1　2013~2015 年杭州市城中村治理改造情况

通过以上数据可以看到，经历了一系列的城市更新和改造，城中村在数量和规模上发生了巨大变化。从环境卫生和公共安全角度来考量，整改后的城中村焕然一新，宽阔的道路、整洁的街区、开阔的公共活动空间置换了原本的"一线天""握手楼"。但同时，由于房屋改造和拆除，原本租住在城中村内的外来务工人员选择外迁至离城市中心更远的郊区或者其他城市。

（二）可及性租房渠道减少

在城市化与现代工业发展诉求的推动下，现代国家、地区和城市将经济发展作为第一要义，地方治理者也为经济指标的提升而不懈努力。在这

---

① 杭州市政府办公厅：《关于印发杭州市"三改一拆"三年行动计划（2013—2015）的通知》。
② 《城乡建设擦亮共富幸福底色》，https://hzdaily.hangzhou.com.cn/hzrb/2022/06/13/article_detail_1_20220613A012.html。

一逻辑之下，城市治理的制度安排往往为经济发展服务，而对社会群体内部的变动和分化考虑较少。萨森指出，在这个全球日益严重的不平等之下，贫穷和分配不公这类熟悉的概念已经无法解释当今世界的运行逻辑。因此，她提出了一个新的概念框架——驱离（expulsions）。她指出，在这个瞬息万变的世界中，每个人都可能面临被驱逐的境地，都可能被无情的逐出社会生态圈。在逐渐分化的社会结构中，不同阶层和背景的群体在获取发展资源时有差异化的机遇，那些缺乏社会资源的群体往往在社会制度结构中处于边缘地带。①

从自上而下的城市治理角度出发，城中村整治运动已经成为城市治理和环境整治的应有之义。这些被拆除的违章建筑有临街的乱搭建、乱设摊，更有大量的出租给外来者的临时居所。可以说，城中村改造在拆除违章建筑、美化社区环境的同时，减少了社区中可出租房屋的数量，原本的外来租客转而寻求其他途径解决住房问题。相比于价格低廉的城中村租房市场，其他解决住房问题的方式成本更加高昂，很多外来务工者因住房压力而选择离开务工城市或外迁到离城市中心更远的郊区。我们在调查中也得知，原来居住在许村里的大部分外来人口因拆违而陷入了居住不确定性的困境，他们不得不选择离开许村，返乡或搬到更远的郊区寻找住处。对他们而言，一方面，一路攀升的房价和二手房租金使得他们既买不起房，也无法进入正规住房租赁市场；另一方面，他们很难跨越申请公共租赁房的门槛。这种双重裹挟强化了外来务工人员的居住不确定性与不稳定性，成为他们最主要的居住困境。

（三）提供住房保障的妥善之道

早期欧美城市发展也曾出现过大规模推倒重建与清除贫民窟、"衰落地区"的现象，由于忽视了"人"的社会性，导致了一系列的民生问题而备受议论。一个典型的案例是英国伦敦的贝斯纳·格林工人居住区的改造。这个工人居住社区长期以来有着亲密的邻里关系，虽然设施破旧、杂

---

① Sassen S., *Expulsions：Brutality and Complexity in the Global Economy*（Harvard University Press，2016）.

乱不堪，但人们依然愿意几代人居住于此。当时的伦敦政府对这一社区采取了全面清理拆除的规划。这些内聚性的居住空间被简单清除后，邻里关系解体。而随着邻里关系的破坏，社会化和交往网络中断，结果造成人们的社会心理问题等。这样一些社会性问题在早期欧美城市发展中大多没有被主流城市规划学者重视，直到20世纪70年代以后，诸如扩大公共参与、加强社区规划等措施才开始慢慢进入规划者视野。因此，欧美城市的发展经验告诉我们，城中村拆违不仅是一个社区美化、环境整治的过程，更应该从人本主义角度出发、从实际居住者的社会需求和制度保障角度出发，寻求更为妥善的解决之道。

近年来上海先后出台了一系列住房保障政策，如廉租房、经济适用房等，着力构建分层次、多渠道的住房保障体系。以公共租赁房为例，供应对象除户籍人口外，也包括持有"上海市居住证"达两年以上和连续缴纳社会保险金（含城镇社会保险）一年以上的外来常住人口。这是上海首次明确把非户籍人口纳入政府主导的住房保障工作范围内，也是政府兑现外来人口住房保障的初步尝试。居住保障是衣食住行的核心，建立在个人基本的居住权基础上的居住正义是现代国家的基本职责①。在"五违四必"环境综合整治工作之下，作为城中村的主要聚居者，大量外来务工人员的居住权如何获得应有的保障，这应该成为今天城市治理中需要直面与应对的重要问题。

---

① 易宪容：《中国要有"居住正义"吗?》，kingland119. com/infos/3110/details2014-11-04。

第十七章　对改进新生代农民工住房的政策思考*

以习近平同志为核心的党中央高度重视人民的住房问题。2016年12月21日，习近平在中央财经领导小组第十四次会议上指出："房子是用来住的，而不是拿来炒的。要把握住房的居住属性，满足城镇化过程中新市民的住房需求，尤其是农民工群体的住房需求。"① 本章中，我们将分别从观念层面、制度层面、实践层面和社会层面四个角度入手，为改进新生代农民工住房提供政策思考。

一　观念层面："由拆变治"——转变城中村治理理念

我们的调研发现，城中村是大量外来务工人员的主要聚居地和落脚点，然而在现有的城市治理体系中，城中村一直作为藏污纳垢的灰色地带，被列为城市治理和改造的重点区域。在过去的很多年中，各地对城中村都实行了"大拆大建"策略。城中村在承载外来务工人员居住需求方面发挥了巨大的功能，"大拆大建"的思路不但阻碍了外来务工人员在城市里发展生活的机会，而且给城市公共住房带来了更多压力。

我们认为，转变城中村的治理观念需要将城中村作为一个解决外来流动人口住房的工具而非"顽疾"，由"拆除城中村"的观念转向"在原有基础上改造城中村"，保留城中村供给外来流动人口住房的功能。要在观

＊ 本部分由华东师范大学社会学系 2017 级硕士研究生张荣瑾协助完成。

① 《房子是用来住的，不是用来炒的》，http://zqb.cyol.com/html/2017-02/06/nw. D110000zgqnb_20170206_1-02. htm。

念层面建立以新生代农民工流入地为主的管理模式，认识到农民工对于流入地区的经济贡献和其群体应当享有的居住生活权，重视新生代农民工在城市移民中的重要作用和地位，避免在社区美化和环境整治的过程中挤压外来流动人口的居住空间。

在这方面，杭州下城区的梦之湾蓝领公寓值得一提。2017年，杭州下城区提出在城中村改造范围内，由辖区内的国资公司出资，对将拆未拆的农民私房、仓库等废弃建筑进行改建和统一管理，作为辖区内外来蓝领工人的临时住房，缓解以基础服务业为主的低收入外来人口的住房压力。2018年7月，梦之湾蓝领公寓迎来了辖区内第一批申请入住的蓝领工人。这一举措作为全国首创，受到各界高度关注。① 这种可持续发展的治理理念节省了土地资源、建设成本，也将原本的村舍/厂房等城市旧式建筑规划改造成为焕然一新的居住空间，更在一定范围内满足了一部分外来务工人口的居住需求，容纳了杭州市下城区一批一线服务行业劳动者，为他们在杭州提供了暂时的容身之地。

作为珠三角地区外来人口聚集高地，深圳的城中村也曾是城市治理难题之一。近年来，深圳开始转变城中村治理理念，如2019年3月27日《深圳市城中村（旧村）综合整治总体规划（2019—2025）》正式发布，规划中明确指出，城中村改造"不急功近利"、"不大拆大建"和"高度重视城中村保留"。② 为了保证城中村这种低成本的居住空间不在城市更新过程中被挤压，保障产业工人的居住权，深圳市拟将城中村纳入住房保障体系，同时鼓励企业不以追求利润为目的，积极参与到城中村的综合治理当中。

可见，可持续发展的治理理念将逐渐得到更多城市的认可。这要求治理者在城市建设和人口治理过程中避免出现"一刀切"和过度治理的问题，将外来流动人口的居住现实问题统筹进公共住房体系，科学规划、统

---

① 《杭州首个蓝领公寓迎来首批租客 月租最低仅300元》，http：//jx.people.com.cn/GB/n2/2018/0623/c190271-31735564.html。

② 深圳市规划和自然资源局：《深圳市城中村（旧村）综合整治总体规划（2019—2025）》，http：//www.szgm.gov.cn/xxgk/xqgwhxxgkml/zcfg_116521/gjsszcfg_116522/201903/P020190328645303870124.pdf。

筹选址，建立低成本的土地供应体系，把城中村改造与公共租赁住房建设相结合，以解决农民工居住问题。这样不但可以降低公租房的建设和投入成本，而且在改造过程中也可以最大程度保留原城中村的交通区位和生活的便利性。至于改造后的公租房的准入机制设定，各地应根据实际物价和收入水平，尽可能覆盖外来务工人员，回应他们的住房诉求。

二　制度层面：构建租售并举的住房体系

党的十九大报告明确提出，随着我国城市化进程的推进，城市人口在住房市场中的租房需求越来越高涨。为了适应城市化发展趋势，满足城市人口的多元居住需求，要加快建立多主体供给、多渠道保障、租售并举的住房制度体系，让全体人民实现住有所居。一个"以租为主、租售并举、先租后买"的多元住房供应体系正在形成。[①]

除了在观念上转变利用城中村作为解决农民工住房问题的功能之外，政府应该在制度层面重视住房租赁市场的作用。特别是近些年来房地产企业开始发展"长租公寓"版块业务，在此市场浪潮变革之下，政府应该大力培育和引导私人租房市场，规范租房市场交易行为，加强租房市场的法治管理建设，搭建透明化、公开化、制度化的租房信息服务平台，保证一批有经济支付能力的外来流动人口通过市场途径租赁住房的权益，降低其在租房市场上的风险和交易成本。

推进租售同权制度的建设和落实，是解决外来务工人口住房问题后顾之忧，为其提供正规租赁住房市场的重要制度保证。具体来说，要在实践层面针对农民工群体推进良性租房市场的培育。

第一，要在制度层面切实推进"租售同权"。"租售同权"意指租房居民与购房居民享有同等的待遇，包括教育、医疗等基本公共服务。国家住建部门早在2017年就提出这一说法，表示要通过立法，明确租赁当事人的权利、义务，保障当事人的合法权益，建立稳定租期和租金等方面的制

---

① 吴什岩：《用党的十九大精神指导房地产经营实践》，http://www.xinhuanet.com/money/2018-01/30/c_129802080.htm。

度，逐步使租房居民在基本公共服务方面与买房居民享有同等待遇。[①] 在当前的制度设计中，很多社会福利与居民住房产权捆绑在一起，如城市居民只有拥有产权住房才能保证子女入学、医疗保险等基本社会福利，这使得没有支付能力的外来流动人口无法享受这些公共福利。"租售同权"并不是喊口号式的宣传，而是切实推进将住房产权与子女就学、居民就医等一系列社会福利松绑，才能在制度层面将外来务工人口的注意力从购房转移到租房。

第二，要规范租房市场的法律法规，以保障出租者与承租者在市场中的权益。在我国当前尚未成熟的租房市场中，承租者与出租者之间存在着信息和权益不对等的局面，尤其是对于信息掌握不全的外来流动人口来说，他们作为承租者往往处于相对弱势的地位。具体而言，在承租者与出租者协商过程中，出租者往往掌握主动权，而承租者大多急于寻租不得不服从出租者的条款意愿，所以其等待和选择的时间比出租人更加有限，议价空间十分有限。因此，通过建立完善相关法律法规，规范租房市场秩序，保护双方利益，可以有效消除农民工群体在租房选择过程中的后顾之忧。

第三，要推进住房租赁市场整体的专业化和规范化。自 20 世纪 80 年代末的住房商品化改革以来，我国住房市场被"只售不租"的政策所主导，而住房租赁市场发展一直处于滞后状态。而在我国流动人口聚集的一线城市，商品化住房价格持续走高，高涨的租房需求存在于外来流动人口群体之中。大量的农民工通过非正式渠道租住在城中村、城市的边缘地带，一些城市社区中也存在着群租现象。可见，我国的住房租赁市场在很大程度上是不成熟、覆盖面不足的。因此，要综合运用税收、金融、土地、规划等政策的支持，从产业层面大力推进租赁性住房产业向专业化和规模化迈进，满足外来务工人口多层次、多样化的住房消费需求。

---

① 赵晔琴：《进不去的城，回不去的"家"——"漂"群体的居住权如何保障》，《探索与争鸣》2020 年 2 月 16 日。

三　实践层面：进一步扩大保障性
住房覆盖和房源供给

加速实现城镇基本公共服务均等化，促进和引导新生代农民工在城市定居并完成其市民化，是推动以人为核心的新型城镇化的重要环节。其中，为支付能力不足的新市民提供公共住房的供给和申请渠道是实现城镇化的必要内容。在过去一段时间内，公共租赁房是指由国家提供政策支持、限定建设标准和租金水平的保障性住房类型，其面向的受众主要包括城镇中等偏下收入的住房困难家庭。① 公共租赁房不应只成为城市吸纳"人才"的重要手段，同时也要兼顾低收入的外来务工人员。因此，我们认为要进一步扩大保障性住房覆盖和房源供给。

首先，政府应出台相应的政策，进一步扩大保障性住房的覆盖面。适当放宽住房保障的准入条件，提高新生代农民工对保障性住房的可及性，在实践层面提供充足的保障房源，通过"农民房"集体改建、新增蓝领公寓、转化房地产库存等方式增加与农民工的住房可支付能力相适应的租赁住房供给。在保障性住房的供给中加大对农民工的扶持力度，适当放宽现有住房保障的准入条件，以收入为参考标准确定可负担的租金，以适应新生代农民工多样化、多层次的住房需求。城市公租房保障体系将不断扩大，分阶段纳入符合有稳定工作、参加社会保险、居住年限较长等条件的外来务工人员，使他们逐步享有在居住地获得住房保障的权利。

其次，确定"公建为体、廉租为用"的保障体系，即通过政府直接或间接投资方式建造面向新生代农民工的公共住房，增加对外来流动人口的住房供给。尝试推动行政体制与财政体制改革，将城市常住人口的数量和规模作为确定城市行政级别的依据之一，财政权力和转移支付与城市的常住人口挂钩。② 如此一来，各地方政府必须通过增加常住人口，以获得更

---

① 《2017年民生热词发布：老幼受关注　安居成焦点》，http：//www.xinhuanet.com/politics/2017-12/27/c_1122170845.htm。

② 曾国安、李晋华、曹文文：《农民工住房问题的体制约束和创新构想》，《江西社会科学》2015年第6期。

高的行政级别、更大的财政权力和更多的财政转移支付，农民工住房问题
可以在一定程度上得到解决。为了确保及时落实农民工住房保障政策，建
议住房和城乡建设部成立专门的工作小组，整体规划全国农民工住房保障
政策，中央和地方根据实际情况，制订相应的发展目标，定期公布和监督
各地政府的政策执行情况，在未来五年内逐步将全国 30% 的农民工纳入城
镇住房保障体系。[①]

最后，应当制定向新生代农民工适度倾斜的政策。公共住房申请的相
关政策要落实到位，尽量放宽申请标准，简化申请程序与办理手续，最大
程度地方便新生代农民工申请公租房；也要设计良好的申请、审核、公
示、轮候和配租程序，使每个申请者都有平等竞争的机会，保证公租房房
源信息透明化。公租房规划可以尝试运用中心地块与边缘地块混搭原则，
提供便利的公共配套体系。通过配建、共建等形式，实现公租房选址在城
市中心与边缘地块的混搭。在城市中心聚集大量优质的公共资源，而在城
市边缘较偏远地段，在修建公租房的同时推进公共服务设施建设，比如公
共交通、医疗场所、商业等生活必需的配套体系。

四　社会层面：鼓励市场企业
与组织投建农民工住房

尽管近年来受到产业结构升级和劳动力价格区域收敛等因素的影响，
长三角地区导入人口在制造业、建筑业就业的比例大幅下降，服务业就业
人口上升。但是，从总体上来看，作为我国最重要的人口导入地区之一，
长三角地区依然有着大量的劳动密集型企业。以苏州为例，作为江苏省第
一大移民城市，目前在 1000 多万的常住人口中共有外来人口 831.8 万。
70% 集中在加工制造等行业。工作地和居住地以企业工厂较多的昆山以及
苏州工业园区、吴中区、高新区为主。我们在苏州工业园区的调研中也发
现，一些外来务工人员居住在用工企业提供的集体宿舍中。这些宿舍往往

---

① 《住房创新：农民工落脚城市，如何提供住房保障》，https：//m. thepaper. cn/newsDetail_
forward_2636399？from=timeline。

面积狭小、拥挤，几人甚至十几人住在一间房内，居住状况堪忧。我们认为，以政府为主体建立的针对新生代农民工的公共住房体系，并不意味着排斥市场和社会在解决住房问题中的作用。因而，在政府承担住房保障责任的前提之下，可以通过引入市场机制，通过合同外包等方式，实现与企业合作建房、委托管理等方式，提高公共住房的建设和运营效率。

第一，通过多渠道、多主体的供给，确保提供适合新生代农民工各类需求的租赁性住房。一方面，要充分激发市场活力，引导民营企业、私人业主、房地产开发商、非营利组织等有序进入租赁房产业，建设和培育农民工公寓；另一方面，要增加由国资、国企筹建和参与的房源，补充市场需求的同时，制衡租赁性住房市场租金的价格。

第二，通过鼓励、支持用工单位组建、自建职工临时性住房，缓解务工者的住房压力。从用工企业角度来看，对无法达到申请住房保障条件的流动人口，用工单位应该承担社会责任，为他们营造符合整洁安全的居住环境。地方政府可以利用财政补贴和贷款贴息等方式，加强对用人单位的支持力度，鼓励引导用人单位对已有集体宿舍进行改造，或新建高标准高品质的蓝领公寓，并允许企业、园区在新建或改建项目中，按照一定比例统一规划、配套建设蓝领公寓。①

第三，着重关注重点行业企业单位，对招收外来务工人员较多的企事业单位，应在一定程度上放宽现有的企业用地政策。打破企业行政办公及生活服务设施用地的比例限制，节省下来的土地可专项用于建造集体公寓或集体宿舍，作为企业附属用房提供给本企业的外来务工人员使用。在外来务工人员较多的开发区和产业园区附近，当地政府可以集中规划建设公共租赁住房，由企业统一申请作为职工宿舍。

第四，鼓励发展蓝领长租公寓市场，为新生代农民工提供可负担的居住选择。根据国外租赁性住房的发展经验，租赁性住房涉及利益主体多元，政府对租赁性住房市场要进行有效的监管，不能缺位。但同时，我们更应该重视激励市场作用，鼓励企业针对城市建筑、服务等行业人员的住

①　张黎莉、严荣：《农民工在流入地住房困难的代际差异研究——基于"中国社会状况综合调查"的数据》，《华东师范大学学报》（哲学社会科学版）2019 年第 1 期。

房进行开发建造，目前市场上已有资本将目光投向蓝领公寓市场，如深圳的丰乐公寓是快递公司顺丰旗下的蓝领公寓。同时，在租金方面，应当考虑到蓝领工人的支付能力和居住需求，合理定位租金，使其符合群体收入水平和支付能力。对于收入水平有限，但能支付起租赁房市场租金的新生代农民工，或者虽有购买能力但没有购买意愿的新生代农民工，应鼓励其在租赁房市场获得居所。

解决外来流动人口的住房问题，既要考量城市治理效果，又要考虑建设成本；既要以政府为主导进行制度设计，又要广泛动员社会力量；既要考虑经济手段，又要考虑社会手段。因此，我们主张从整体思路上构建一个高效率、低成本同时又惠及广大外来流动人口的住房供给体系。

附录 被访者信息表

	编号	年龄	性别	职业	籍贯	来苏/沪时间	居住形式
1	XP20170710C	46	女	清洁工	安徽	17年多	租住私房
2	XP20170710L	40	男	外卖配送、地铁站收停车费	安徽	20年	租住私房
3	XP20170711Z	46	女	家庭主妇	安徽	17年	租住私房
4	XP20170712C	55	男	油漆工	江西	—	租住私房
5	XP20170712H	50	男	特保	江西	—	集体房屋
6	XP20170713L	46	男	工厂工人	河南	—	租住私房
7	XP20170713W	27	男	软件工程师	安徽	17年	租住私房
8	XP20170713L	26	女	英语教师	河南	2年	租住私房
9	XP20170714L	56	女	家庭主妇	安徽	8年	租住私房
10	XP20170714W	49	女	家政	安徽	—	租住私房
11	XP20170714Z	49	女	家政	安徽	24年	租住私房
12	XP20170717S	50	男	修电瓶车	江西	14年	租住私房
13	XP20170717C	42	女	做布生意	安徽	10年	租住私房
14	XP20170717H	21	女	快递客服	山东	1月	租住私房
15	XP20170718X	70	男	绿化	浙江	1年	租住私房
16	XP 20170718Z	50	男	绿化	贵州	17年	租住私房
17	XP 20170719W	60	女	清洁工	安徽	15年	租住私房
18	XP 20170731L	40	男	企业主	安徽	16年	自购房

续表

	编号	年龄	性别	职业	籍贯	来苏/沪时间	居住形式
19	XP 20170801	45	男	室内装修	江苏	17 年	租住私房
20	XP20170710C	46	女	清洁工	安徽	17 年多	租住私房
21	XP20170710L	40	男	外卖配送	安徽	20 年	租住私房
22	YS20170225D	24	男	达内学员	河南	2 周	租赁住房
23	YS20170225L	25	男	达内学员	浙江	2 周	租赁住房
24	YS20170225L	25	男	达内学员	上海	—	租赁住房
25	YS20170225B	30	女	全职妈妈	新疆	1 年多	租赁住房
26	YS20170225L	26	女	白领	湖北	2.25 年	租赁住房
27	YS20170225L	25	女	全职妈妈	浙江	3 年	租赁住房
28	YS20170331W	28	男	金融	江苏	1.75 年	租赁住房
29	YS20170331Y	26	女	白领	安徽	2 年	租赁住房
30	YS20170331P	26	男	国企	江苏	2.3 年	租赁住房
31	YS20170501S	26	女	白领	江苏	1 年	租赁住房
32	YS20170501W	26	男	大众员工	安徽	3.3 年	租赁住房
33	YS20170501L	27	女	百度员工	吉林	3.3 年	租赁住房
34	YS20170501X	28	女	全职妈妈	江苏	6.2 年	租赁住房
35	YS20170501Y	26	男	金融	湖南	1.25 年	租赁住房
36	YS20170501L	36	男	民工	安徽	半年	租赁住房
37	XK201705030M	55	女	无业	河南	1 年多	租赁住房
38	XK201705030L	30	女	外企	湖北	5 年多	租赁住房
39	XK201705030L	28	女	私企	河南	2 年半	租赁住房
40	XK2017061204F	35	男	外企	安徽	10 年多	租赁住房
41	XK201706120L	35	女	全职妈妈	安徽	9 年多	租赁住房
42	XK201706120X	34	女	外企	浙江	11 年	租赁住房
43	XK2017061207P	24	女	个体	浙江	2 年多	租赁住房
44	XK2017062308P	22	男	个体	河南	1 年	租赁住房

	编号	年龄	性别	职业	籍贯	来苏/沪时间	居住形式
45	XK201706230X	30	女	保洁员	安徽	16年多	租赁住房
46	XK201706231L	42	女	无固定工作	安徽	7年多	租赁住房
47	XK201706231L	31	男	私企	内蒙	9年多	租赁住房
48	XK201706231Z	28	女	外企	湖北	4年多	租赁住房
49	XK2017062313S	26	女	私企	江苏	6年多	租赁住房
50	XK201706231Z	33	男	IT	江苏	8年多	租赁住房
51	XK201706231Z	28	女	外企	安徽	1年多	租赁住房
52	HB2017072201Z	41	男	工人	江苏	23年	已购安置房
53	HB2017072202J	40	男	水果摊贩	江苏	9年	已购商品房
54	HB201707220W	34	男	影视基地后勤人员	江苏	3年	已购商品房
55	HB201707220W	36	女	影视基地后勤人员	陕西	8年	单位住房
56	HB2017072301T	42	男	司机	安徽	14年	已购商品房
57	HB2017072302J	33	女	服务员	江苏	17年	租赁住房
58	HB2017072303L	38	男	摄影楼老板	安徽合肥	20年	已购商品房
59	HB201707230D	22	男	自由职业	安徽	1.5年	租赁住房
60	HB2017072305L	40	男	二房东	江苏盐城	5年	已购商品房
61	HB2017072306T	32	男	面点老板	重庆	6年	已购商品房
62	LX201708231N	24	男	普工	广东	3年	已购商品房
63	LX201708232Z	26	女	普工	山西	2年	租赁住房
64	LX201708233X	33	女	普工	山东	4个月	集体宿舍
65	LX201708234C	32	女	普工	安徽	10年	租住私房
66	LX201708235Z	38	男	普工	山西	10年	集体宿舍
67	LX201708241P	28	男	工程师（机修）	山东	9年	租住商品房
68	LX201708242W	23	男	普工（会计）	湖北	2年	集体宿舍
69	LX201708243L	24	男	普工（物流员）	河南	2年	集体宿舍
70	LX201708251W	40	女	管理（品管）	安徽	10年	自购商品房

	编号	年龄	性别	职业	籍贯	来苏/沪时间	居住形式
71	LX201708252Z	33	女	普工（品管）	河南	12 年	自购商品房
72	RW20170820L	53	女	兼业务农	安徽	3 个月	租赁住房
73	RW20170820X	23	男	吸尘器公司	江西	4 年	租赁住房
74	RW20170820Ca	57	女	—	江苏	1 年多	租赁住房
75	RW20170820Cb	23	女	编程开发	江苏	2 年	租赁住房
76	RW20170826F	33	男	医疗器械	江苏	10 年	已购住房
77	RW20170826W	65	男	兼业务农	河南	—	租赁住房
78	RW20170826Y	25	男	博士在读	浙江	4 年	租赁住房
79	RW20170826L	23	女	天猫运营	江苏	本地人	租赁住房
80	RW20170830Z	29	男	房地产评估	江苏	5 年	租赁住房
81	RW20170830S	30	男	房地产评估	安徽	10 年	租赁住房
82	RW20170820M	26	女	美甲店主	江苏	3 年	租赁住房
83	RW20170830Y	45	女	—	河南	3 个月	租赁住房
84	TY20180901X1	31	男	机械行业	浙江	10 年	公租房
85	TY20180901Z1	34	女	药房职员	河南	6 年	公租房
86	TY20180901W1	33	男	公交修理工	安徽	15 年	公租房
87	TY20180901Z2	40	女	加气站员工	浙江	13 年	公租房
88	TY20180901X2	34	女	自由职业者	安徽	13~14 年	公租房
89	TY20180901X3	45	男	维修电工	浙江	17~18 年	公租房
90	TY20180901Z3	37	女	工厂工人	浙江	9 年	公租房
91	TY20180901W2	32	女	康居公租房管理中心工作人员	浙江	8 年	公租房
92	TY20180901L1	50	男	自由职业者	广西	10 多年	公租房
93	WML20180830A	40	男	保安	安徽	14 年	公租房
94	WML20180830R	26	女	报社行政	河北	1 年	公租房
95	WML20180830H	34	女	酒店服务	河南	13 年	公租房
96	WML20180830B	45	男	物业保安	湖南	6 年	公租房

续表

	编号	年龄	性别	职业	籍贯	来苏/沪时间	居住形式
97	WML20180830Q	35	男	酒店服务	浙江	15 年	公租房
98	WML20180830W	42	男	驾驶员	浙江	3 年	公租房
99	WML20180830S	57	男	停车收费	江苏	8 年	公租房
100	WML20180830L	40	女	保洁	黑龙江	5 年	公租房
101	WML20180830Y	30	男	公司保安	云南	1 年	公租房
102	WML20180901Z	23	女	酒店前台	四川	4 年	公租房
103	WML20180901G	25	女	酒店前台	安徽	1 年	公租房
104	WML20180901X	28	男	公司职员	内蒙古	5 年	公租房
105	YL20190114W	21	女	服装研发助理	安徽	4 年	租赁住房
106	YL20190114K	24	女	文员	浙江	1 年	租赁住房
107	YL20190114L	35	男	样衣工	河南	2 年	租赁住房
108	YL20190114C	38	男	样衣工	河南	7 年	租赁住房
109	YL20190114T	35	女	裁缝工	河南	5 年	租赁住房
110	YL20190115L	20	女	实习助理	江西	6 个月	租赁住房
111	YL20190115L	28	男	公司职员	江苏	2 年	租赁住房
112	YL20190115Z	20	女	实习助理	江西	6 个月	租赁住房
113	YL20190115P	23	女	服务员	安徽	3.5 年	租赁住房

注：本书的被访者均采用匿名处理。编码规则：首位字母代表调查点，中间的数字代表调查时间，最后一个字母是被访者姓氏的首字母。

后　记

　　这一沓厚厚的书稿终于行将付梓了，而这距离我开始关注流动人口的住房问题，已经有整整十个年头了。从入职高校后申请到的第一个独立研究课题开始，我陆续围绕农民工、住房、大型居住社区等一系列问题做了深入而持久的调研。其间也零零散散发表了一些文章，但始终如履薄冰，苦于找不到更合适的理论路径与研究方法。

　　我对流动人口的城市居住问题的关注最早开始于对上海棚户区居民生活史的调查。彼时，我关注的问题主要是棚户区居住者的日常生活与社会变迁。然而，我在调查中发现，20世纪90年代以后，随着大规模人口迁移，棚户区的居住者已经被重新定义了，他们已经从以本地人为主转变为以外来人口为主。这些外来的流动者是如何落脚城市、寻找住处的？他们在城市的居住生态如何？他们的住房权益是否被政府/社会关注？这些问题成为最初引发我研究兴趣的导火索。2010年，入职高校的第二年，我就以此为选题方向申报了课题。意外的是，没有任何课题申报经验，甚至申报书也是边学边写的我竟然中了第一个研究课题，这为我深入开展这方面的研究打了一剂强心针。此后多年，我开始从居住的角度切入，审视和思考新生代农民工的日常生活及由此衍生的住房困境。

　　本书的主要调查工作集中在2016~2019年。2016年暑期，我带着研究生开始了长三角地区的调查，我们的田野点既有城中村、民工公寓，也有公租房社区、农村拆迁安置房社区。谢永祥是2015级研究生，安徽人，个性内敛稳重。一次在我们集体调研城中村之后，他主动承担起驻点调查的任务。为了免于每天往返田野点和学校的4小时车程，他索性在城中村里租了一间10多平方米的板房。在酷暑难耐的7月，他戏称租赁的小板房是40度恒温的"桑拿房"。在持续一个月的田野调查中，他每天跟着村里外口办的工作人员巡查外来租房者，观察社区拆违的进展、外来租户的行动和村里的日常生活。与此同时，刘璐走进了位于上海郊区的一个保障房社区。她发现这个政府规划建设的保障房社区中，邻里关系非常脆弱，本地居民人户分离，缺乏对社区的认同感与归属感，外来人口也只是把这里当作一个临时的落脚点，"流动的邻里"成为保障房社区的真实写照。张乐乐在调查上海郊区的民工公寓中发现，随着经营方式的转化，原本的民工公寓被第三方公司统一租赁，统一装修后再经由市场化方式转租给需要住房的外来青年群体。从单位承租到个体入住，市场化的租赁公司本质上扮演了二房东的角色。2017、2018 年连续两个暑期，我和学生陆续又来到江苏常州、苏州，浙江杭州等地调研当地的农村拆迁房、蓝领公寓、大型保障房基地和被改造的城中村……在我们不定期的田野交流会上，大家相互讨论，交流心得，细细体会社会学田野调查的魅力。

感谢我指导的 2015 级、2016 级、2017 级、2018 级的研究生们，他们是谢永祥、刘璐、张乐乐、汤佳丽、胡诗文、张荣瑾、乐妮，还有研究生谭芳和 2014 级本科生邓子如。他们或独自或跟随我走进这些隐藏于都市中的角落，倾听被访者们诉说住房与生活的经历。正是因为他们的参与，本书的写作才有了如此丰富的第一手资料。感谢 2019 级研究生许添琦和梁日盛协助我进行了后期的资料补充工作。他们在田野和写作上的贡献已经在对应的章节中标明。如今，谢永祥在复旦大学攻读社会学博士学位，邓子如在香港大学深耕卫生政策专业，其余同学也都活跃在各自的工作岗位上，或执鞭课堂，或埋头文案，衷心祝福大家一切安好。

感谢这几年选修"住房与社会"课程的同学们。2018 年春季学期，我鼓起勇气给社会学专业本科生开设了一门选修课"住房与社会"，试图通过教学的方式把这些年的调查、思考和写作形成一个课程体系，通过住房链接社会、观察社会。2018 年 5 月，应香港大学社会学系潘毅老师的邀请，参加由她组织的一个关于城市新移民住房保障的工作坊。那次活动不仅让我有机会实地了解香港居民的居住生态，为我的课程增加鲜活的他者素材，也为我进一步思考本土住房问题提供了一些启发。在此特别感谢潘毅老师和她的研究团队在我留港期间的周到安排和细心关照。

感谢所有帮助我们联络调研点的朋友，如在杭州工作的师弟接东正、我指导的 MPA 研究生蔡亮等，此处不一而足。诸位的鼎力支持和忙前忙后为我们顺利开展田野调查做了大量的联络工作。感谢所有愿意接纳我们调研的被访者，让我们走进你们的日常生活，倾听你们的故事。

感谢华东师范大学中国现代城市研究中心与澎湃新闻共同合作的长三角议事厅栏目对本项研究的报道（《寻找住处：长三角地区新生代农民工的住房现状调查》2019 年 4 月 25 日），感谢《改革内参》的全文转载。

最后，要特别感谢我所在的华东师范大学社会发展学院给予本书的出版提供经费支持，感谢学院学术委员会诸位教授对我个人研究的支持与鼓励，感谢社会科学文献出版社编辑在出版过程中给予的无私帮助。

诚然，因为能力和资源等有限，我也不敢过于强调这项研究的意义，更不奢望本研究有任何理论或政策上的突破。我仅希望这样一项持续的调查可以更加直观、丰满地呈现长三角地区新生代农民工的居住社会生态及他们在当下面临的居住困境。如果这样的调查可以给地方决策者提供一些碎片化的经验素材，足以。

2022 年 5 月
于上海寓所

图书在版编目（CIP）数据

落脚城市：长三角新生代农民工的居住生活调查 /
赵晔琴等著. -- 北京：社会科学文献出版社，2022.11（2024.2 重印）
（城市社会与文化研究丛书）
ISBN 978-7-5228-0755-3

Ⅰ.①落… Ⅱ.①赵… Ⅲ.①长江三角洲 - 民工 - 生
活状况 - 调查研究 Ⅳ.①D422.7

中国版本图书馆 CIP 数据核字（2022）第 175534 号

城市社会与文化研究丛书
落脚城市
　　——长三角新生代农民工的居住生活调查

著　　者 / 赵晔琴　谢永祥 等

出 版 人 / 冀祥德
责任编辑 / 孟宁宁
文稿编辑 / 王明慧
责任印制 / 王京美

出　　版 / 社会科学文献出版社·群学出版分社（010）59367002
　　　　　地址：北京市北三环中路甲 29 号院华龙大厦　邮编：100029
　　　　　网址：www.ssap.com.cn
发　　行 / 社会科学文献出版社（010）59367028
印　　装 / 唐山玺诚印务有限公司

规　　格 / 开 本：787mm × 1092mm　1/16
　　　　　印 张：18.25　字 数：283 千字
版　　次 / 2022 年 11 月第 1 版　2024 年 2 月第 2 次印刷
书　　号 / ISBN 978-7-5228-0755-3
定　　价 / 118.00 元

读者服务电话：4008918866